我
思
· COGITO ·

热土荒丘五十年

中亚考古回忆录

Edvard Rtveladze

（乌兹别克斯坦）瑞德维拉扎　著

陈杰军　译

广西师范大学出版社
GUANGXI NORMAL UNIVERSITY PRESS
·桂林·

热土荒丘五十年：中亚考古回忆录
RETUHUANGQIU WUSHINIAN: ZHONGYA KAOGU HUIYILU

丛书策划：吴晓妮@我思工作室
责任编辑：赵黎君
装帧设计：何　萌
内文制作：王璐怡

本书由作者独家授权出版，依据塔什干 SAN'AT 杂志出版社 2012 年版（第一部）、2014 年版（第二部）从俄语译出。

著作权合同登记号桂图登字：20-2021-248 号

图书在版编目（CIP）数据

热土荒丘五十年：中亚考古回忆录 /（乌兹）瑞德维拉扎著；陈杰军译. -- 桂林：广西师范大学出版社，2021.11
（新丝路艺丛）
ISBN 978-7-5598-4281-7

Ⅰ．①热… Ⅱ．①瑞… ②陈… Ⅲ．①考古学家－回忆录－乌兹别克－现代 Ⅳ．①K833.625.81

中国版本图书馆 CIP 数据核字（2021）第 192906 号

广西师范大学出版社出版发行

（广西桂林市五里店路 9 号　邮政编码：541004）
网址：http://www.bbtpress.com
出版人：黄轩庄
全国新华书店经销
北京汇林印务有限公司印刷
（北京市大兴区黄村镇海鑫路 9 号　邮政编码：102611）
开本：710 mm×1 000 mm　1/16
印张：18.25　　　　　字数：258 千
2021 年 11 月第 1 版　　2021 年 11 月第 1 次印刷
定价：78.00 元

如发现印装质量问题，影响阅读，请与出版社发行部门联系调换。

中译本序

孙立杰

2013—2018 年任驻乌兹别克斯坦共和国特命全权大使

大漠苍苍，孤烟直上，驼铃声声，驿站灯火，市场喧闹……在古老的丝绸之路上，中亚地区一直是神秘、神奇、令人神往的地方。在漫漫的历史长河中，这里曾发生过怎样惊心动魄的历史变故，又经历了哪些影响深远的社会变迁？当一代又一代考古学家和历史学家呕心沥血，辛劳工作，一层层揭开中亚地区神秘面纱，不断为我们解答这些疑问的时候，我们不禁好奇，这些学者工作成果的背后有着怎样的故事，他们又是怎样画出自己的人生轨迹的呢？可惜，关于中亚地区考古学和历史学的著作不少，但回忆录性质的作品却寥寥无几。所幸，《热土荒丘五十年：中亚考古回忆录》这本书在一定程度上弥补了我们的遗憾。

本书作者瑞德维拉扎院士是乌兹别克斯坦著名的考古学家和历史学家，他多次参与中亚、高加索地区的考古发掘工作，足迹遍布古丝绸之路的重要驿站。在长期的考古发掘和历史研究过程中，他撰写了三十多部学术著作、八百多篇论文，从不同的角度对中亚地区文明史、东西方文化和经贸交流、丝绸之路的伟大作用进行了深入研究，其一系列学术观点在国际考古界产生了重要影响。我的好朋友萨法耶夫先生在俄文版序言中写道：学者最大的幸福，莫过于能够成为一个为时代和人民所需要的人。瑞德维拉扎的科研生涯证明了这一点。

瑞德维拉扎院士在本书中总结了自己的考古人生历程，梳理了自己参与的重大考古发掘项目，分享了考古发掘成果背后的一个个故事，有助于我们加深对中亚地区历史的认识。通过这本回忆录，我们也看到了一位科学家少年立志、青年奋斗、终生探索的人生轨迹。瑞德维拉扎出生在一个酷爱学习的家庭，"从童年起，就在渴望读书和获得知识这样一个环境中成长"，少年时代他就立志从事科学探索，历经各种困难，始终不懈努力，最终成为知名考古学家。在今天的乌兹别克斯坦，瑞德维拉扎的名字已经成为热爱科学的象征。这对于走向未来的年轻一代来说，无疑具有激励作用。

本书中文译者陈杰军先生俄语功底深厚，有在中亚国家工作和生活的经历，热心推进中国与中亚地区的文化交流。他曾对我谈起，这本书的翻译工作历时一年多，个中虽有许多艰辛，但也收获了满满的幸福感。因为瑞院士的书告诉我们一个道理：兴趣加努力，才是事业成功的秘诀。掩卷沉思，深以为然。是为序。

2021 年 5 月 6 日
布拉迪斯拉发

序
苦行者之路

萨·萨·萨法耶夫

乌兹别克斯坦共和国最高会议参议院外事委员会主席

每当乌兹别克人评价某位学者非凡的研究工作时，都会用"以针挖井"这个比喻来形容。而这一比喻，非常恰当地概括了院士艾德瓦尔德·瑞德维拉扎的科研生涯。三十部专著、八百多篇科学文章，不仅发表在乌兹别克斯坦，而且还见诸世界许多国家的刊物。这一切的背后，不仅包含了大量的智力劳动，艰辛的科学探索，以及与同行们的合作，还有学者本人亲手用小型的考古工具，一点点铲出的能以吨计量的土堆和沙山。更何况，这些用铲的体力劳动，不是开展于植被茂盛的绿洲，而是在中亚的荒漠之中，都是些远离城市的气候恶劣的地方。也许正因为如此，在很多个世纪之前，人们就离开了这里，迁往他乡。考古工作者长年累月在帐篷里过着苦行僧式的生活，没有自来水；对发掘成果的总结分享，也不是在城市安静舒适的办公室里，而是在真正的"田野"上。

瑞德维拉扎总是对大自然的完整性充满好奇。我们可以从这本回忆录中了解到，他从少年时期就已具备了这一特性。早在那时，他既不让自己沉醉于青春期的各种诱惑，也不畏惧战后艰难生活中的各种困难，坚定地朝着既定的目标前进。这是一个没有期许物质实惠也不贪图安乐享受的目标。他的脚步是那么的坚决，若要我补充一点——是那么的勇敢。是的，除了勇敢，还有哪个词配得上称颂这位十九岁青年小伙的行为呢？他要离开温暖的家，离开舒适的疗养之城基斯洛沃茨克，衣兜里仅有一点备用金，"跨海"去严峻的卡拉库姆戈壁，去找那些素不相识的人，去参加一次未知的考古探险。

或许，瑞德维拉扎个性中最吸引人的一点，是真诚和谦虚有度，是真正的知识分子特有的那种有时会变得腼腆的谦虚。他是一位出身老牌名校的教授，与其他同事一样，他们都在学生食堂里排队打饭，轻松地与自己的学生交往，从不会让学生因师者的特权而感到拘谨。"瑞德维拉扎式的"谦虚也体现在这本书里。作者在讲述往事时，绝不突出个人，如强调自己的活动、自己的交际和自己的见解。尽管对考古学有狂热的忠诚，且对劳动拥有无穷的热情，瑞德维拉扎却不是一个困惑的"科学蠕虫"。除却满满的天赋，他身边还环绕着智慧和善良的气场。他又是一位有趣的谈话者，能胜任各种话题，从文学到足球新闻。当他回忆起探险中发生的有趣故事时，他的温和及善意的幽默感，也会在本书的字里行间有所展现。

本书讲述了艾德瓦尔德·瑞德维拉扎——生为格鲁吉亚族父亲和俄罗斯族母亲的儿子，如何成了一个地道的乌兹别克斯坦人的故事。他真诚地热爱自己的祖国，为了弄清它的历史，他做出并继续在做着令人惊叹的大量研究，并将它们不加任何粉饰地介绍给全世界，就是为了让人们更多地了解这片土地——它曾经有过的伟大文明史页和文化记忆。

我觉得，正是这些优秀的品质，加上学者的天赋，最终成就了艾·瑞德维拉扎，使他成为影响力超越乌兹别克斯坦科学领域的一位大师级的人物。

如今在社会中，我们看到了一种浪潮正在兴起：随着人们对历史、对起源的认识，他们对自己的根源有了重新了解的兴趣。乌兹别克斯坦总统伊斯拉姆·卡里莫夫曾指出："每个人都渴望了解自己的祖先和祖国的历史。"这是因为，"没有历史的记忆就没有未来"。绝非偶然的是，正是在国家独立之后，瑞德维拉扎所拥有的巨大才能得到了充分的展现，并获得了广泛的国际认可。

学者最大的幸福，莫过于能够成为一个为时代和人民所需要的人。我觉得，很少有研究者，能够在考古学那么专业的一个领域，发表的文章能广受欢迎，并能像瑞德维拉扎的书那么通俗易懂。也很少有那样的学者，他们的话不仅在科学界，而且在社会领域也很有分量。众所周知，瑞德维拉扎还是国家议员，他为保护乌兹别克斯坦的物质和文化遗产做了很多的工作。

我自己深有体会的一点是，与艾德瓦尔德·瑞德维拉扎交往总是有趣的，总是能够让人感到更加充实。亲爱的读者，阅读这本书，您也能深刻地体会到这一点。

2012 年于塔什干

CONTENTS

目 录

第二部

热土荒丘五十年

01

第
一
部

谨将此书献给我的亲人们，
是他们为我照亮了通往科学的路。
献给仙逝的爱妻丽迪亚，
她是一位女考古学家。

　　中亚考古学在其整个存在的时间里（19世纪下半叶至21世纪初）取得了辉煌的科学成就，尤其在战后数年出现的一个繁荣期里，相继开启了中亚考古研究史上最大规模的考察——由 M. E. 马松教授领导的 ЮТАКЭ（南土库曼考古综合考察）[1] 以及由 С. П. 托尔斯托夫 [2] 领导的 ХАЭЭ（花剌子模民族学考古考察）[3]。

　　在这一时期，其他的一些考古考察项目也在同时进行。许多学者的研究活动取得了成果，他们发现了上千个从石器时代到中世纪晚期的考古遗址，出版或发表了数以千计的科学著作和文章，让此前中亚历史上因少有书面文字记载而不为人所知的前伊斯兰时期，得到了全面的介绍。

　　毫无争议的是，考古学家和其他科学领域的科学家一样，对科学有狂热的忠诚，有时是完全的无私，是他们打开了此前鲜为人知的伟大的中亚文明世界。

1　Южно-Туркменистанская археологическая комплексная экспедиция（ЮТАКЭ），南土库曼考古综合考察（简称为南土考古综合考察）。译注（本书未特殊说明的脚注均为译者注）。

2　谢尔盖·帕夫洛维奇·托尔斯托夫（Сергей Павлович Толстов，1907—1976），苏联历史学家、民族学家和考古学家。

3　Хорезмская археолого-этнографическая экспедиция，花剌子模民族学考古考察，也称花剌子模考察，是由苏联科学院组织的研究古代"花剌子模国"遗产的一个大型综合考古项目，从1937年起，到1991年止。这是苏联时期持续时间最长，成果最为显著的一个考古项目。

遗憾的是，在这浩瀚的科学出版物的海洋里，鲜有回忆录性质的书籍，除了几篇文章和两本非常精彩的书：其中一本是 M. E. 马松教授的，讲述了三个重要的考察，以及在托伊铁帕、阿依尔塔姆和费尔干纳大渠[1]开展考古工作的情况[2]；另一本是斯维特兰娜·果尔舍尼娜[3]的书，作者在书中记录并整理了加·安·普加琴科娃对自己的科学生涯乃至一生的回忆。

回忆录文学有重要的科学和科普意义，这一点毋庸置疑。很显然，回忆录文学在中亚考古研究史领域极度缺乏，可以说是该领域的一个空白。在专业的科学文献中，通常没有与科学家有关的对这处或那处古迹的个人看法方面的信息，也没有涉及考察的组织准备工作和物质资料准备等方面的内容。同样重要，或许也最为重要的是回忆录能反映出学者的成长过程，他所受培养的环境，以及影响他成为学者的一些因素，等等。

类似的回忆录中有一个很好的样板，就是杰出的苏联考古学家鲍里斯·鲍里索维奇·彼奥特罗夫斯基[4]的回忆录，书中展现了学者成长的道路和条件：一个有着悠久和丰富科学传统的城市，这里有许多科学机构和相关领域的科学社团；有一批在数个领域中有威望的科学家，可以聆听他们的讲课并有机会与他们直接进行交流——这些对踏上科学之路的青年人都有巨大的影响。

1　Тойтепа, Айртам и Ферганский Канал，音译为"托伊铁帕""阿依尔塔姆"和"费尔干纳大渠"。"托伊铁帕"（又译托伊捷帕）市（1973），位于乌兹别克斯坦塔什干州境内，也是该地火车站的站名（托伊铁帕，Toytepa，代码：723206）。"费尔干纳大渠"（中文译名多见"费尔干纳运河"），是苏联于 1939—1940 年依靠人力在费尔干纳盆地建成的大型灌溉工程，共有 16 万集体农庄的农民参加建设。取水口在锡尔河流域的纳伦河河段乌奇库尔甘处，全河段在乌兹别克斯坦境内有 283 公里，塔吉克斯坦境内有 62 公里。因为俄语名称为"Большой Ферганский Канал"，其中，"Канал"一词意为"运河、水渠"，而该项目并无内河航运功能，故译成"费尔干纳大渠"更符合其用途。苏联时期，其他中亚国家也建有类似的大渠灌溉项目，如吉尔吉斯斯坦楚河平原的"楚河大渠"（Большой Чуйский Канал，简称译音"拜奇卡"—БЧК）。

2　马松：《一位中亚考古学者的回忆》（*Из воспоминаний среднеазиатского археолога*），塔什干，1976 年。原注。

3　斯维特兰娜·果尔舍尼娜（Светлана Горшенина），历史学家（中亚艺术史学家）。于 1996 年在乌兹别克斯坦获得副博士学位，2007 年在洛桑大学和索邦大学获得博士学位。先后在法兰西学院（College de France），法国国家科学研究中心（CNRS），巴黎高等师范学院（ENS）和法国社会科学高等研究院（EHESS，巴黎），以及洛桑、曼切斯特和塔什干的大学工作过，还曾经在巴黎、里昂、日内瓦、塔什干和撒马尔罕等地举办过 19、20 世纪中亚历史图片展，出版、发表过不少著作和文章。

4　鲍里斯·鲍里索维奇·彼奥特罗夫斯基（Борис Борисович Пиотровский，1908—1990），著名苏联考古学家和东方历史学家，苏联科学院院士。

从投入科学活动之初，我就对鲍里斯·彼奥特罗夫斯基的人格十分崇敬，不仅是因为他有伟大的科学成就，还因他忠实于自己的老师并且坚持科学的原则立场。在对尼古拉·雅科夫列维奇·马尔的"马尔主义"[1]斗争得最激烈的时候，在当时出版的一本专集里，只有鲍里斯·彼奥特罗夫斯基的文章不同于其他作者，他没有对马尔进行诽谤，而是表现出了一种克制，并在复杂句子的掩护下，隐蔽地表达了对马尔[2]一些思想的正确性的承认。正如 M. E. 马松告诉我的那样，瓦·弗·巴尔托德（他和马尔的妻子是姐妹，她们都是著名的俄国东方学学家瓦·朱可夫斯基的女儿）曾经对他说过："尼古拉·雅科夫列维奇·马尔太聪明了，连我都无法懂他。"

我在此向大家讲述这一段往事，是因为鲍里斯·彼奥特罗夫斯基在很大程度上影响了我，使我有了要把自己走上考古科学之路的经历写成回忆录的想法，我的经历与彼奥特罗夫斯基的研究之路在特征和条件上有很大的不同。但在那个年代，这些特征和条件很大程度上在我们的归属上是相似的，尽管年龄有差距，可我们只属于伟大的科学，属于本国科学家特有的科学传统。

我相信，我的书可以帮助青年学者们在过渡期复杂的环境中，当科学在商业利益重压之下退到最末位时，选择好自己的研究之路。

本书是我脑海里构想的三部曲中的第一部，我希望自己能够实现完成这三部曲的心愿。

在写这本书时，如同以往四十多年的科学研究中那样，我的妻子丽迪亚·利沃夫娜·瑞德维拉扎（年轻时的姓为布基尼奇）[3]给予了我最大的支持。我与她同在考古教研室上学，一起参与了许多考察项目。

1　马尔主义（Марризм）是苏联（格鲁吉亚）历史学家、语言学家尼古拉·雅科夫列维奇·马尔（Николай Яковлевич Мапр，1864—1934）在 20 世纪初提出的语言起源理论，即"语言新学说"——"雅弗学说"（Яфетидология），也称"马尔主义"。

2　苏联科学院物质文化史研究所：《反对马克思主义在考古学上的庸俗化》（*Против вульгаризации марксизма в археологии*），莫斯科，1953 年。原注。

3　丽迪亚·利沃夫娜·瑞德维拉扎（Лидия Львовна Ртвеладзе），父姓布基尼奇（Букинич），乌兹别克斯坦著名的考古学家和档案学家，是俄国和苏联著名的中亚研究学者 D. D. 布基尼奇的孙女。丽迪亚昵称为丽达。

一 基斯洛沃茨克，感受考古

1942 年 5 月 14 日，我出生在格鲁吉亚的疗养之城博尔若米，它以出产矿泉水而闻名于世。我的父亲在博尔若米最大的疗养地利卡尼工作，负责从前线返回的伤员的伙食供应。他曾参加过第一次世界大战，而第二次大战时未被征召的原因是已经上了年纪。

妈妈曾讲过，不少前线人员在康复后还来过我们家。他们专门前来，是为了感谢父亲当时做的菜好吃，还特别夸赞了我们家乡的红酒（在那个饥饿的年代，要想弄到一点红酒喝，是非常不易的事），可以说红酒在一定程度上帮助他们恢复了健康和体能。

我们的房子，就在从博尔若米去利卡尼的路边上，这个地方的风景出奇地美。对面是一个公园，里面有俄国皇帝亚历山大三世的皇宫。而房子的后面，就是博尔若米自然保护区茂密的森林，它一直绵延至与土耳其接壤的边界。

我们住的这栋格鲁吉亚式房子挺大，分成了两半。一半住着父亲的老朋友——保护区的看护员尼古拉·卡姆卡米泽（都叫他科利亚叔叔），他的妻子鲁苏旦和他们的几个孩子；而另一半，则住着我们一家——爸爸、妈妈、两个姐姐、哥哥瓦列里和我。我的姐姐和哥哥是在基斯洛沃茨克出生的，直到卫国战争前，一家人都住在那里，住在一栋十月革命前买下的房子里。

关于博尔若米的童年回忆是断断续续的，然而有些事，还是在记忆中保留了下来。

我记得我家住的那栋房子旁边，有一棵很大的桑树。科利亚叔叔养了一大群狗，有一次我从家里跑去利卡尼找爸爸，它们一直像保镖似的跟着我。科利亚叔叔家还有一个很大的陶罐，有一次我钻进去玩，后来睡着了。妈妈先是在院子里找我，没有找到又跑到街上去找，可把她急坏了！直到后来，鲁苏旦婶婶生气地用她很重的格鲁吉亚口音告诉妈妈："安尼娅，看你急的！你的宝贝艾多在我的陶罐里睡觉呢！"

我经常跑出家门到外面玩，去利卡尼，到森林里，跑到街上，或许从那个时候我就爱上了旅行。

我印象很深的是亚述小贩刺耳的叫卖声："玛措尼，玛丛，玛措尼！[1]"

图1.1 父亲和母亲。1928 年摄于基斯洛沃茨克。

---

1 Мацони，мацун，音译为"玛措尼""玛丛"，一种酸奶。

每天早晨都会把我吵醒。

　　永远记得胜利的那一天，所有的人都涌上了街头，军人们朝着天空开枪庆祝。

　　由于特立独行的性格，父亲在战争之后和疗养院的领导吵翻了。到了1946年，他决定回到基斯洛沃茨克。就在他离开后不久，我们一家人坐上了从第比利斯开往基斯洛沃茨克的火车，开始了一次长途旅程。路上我看到了黑海，列车长时间地沿着它的海岸行驶；还有涅温诺梅斯克（口语中叫它"涅温卡"）火车站，一幅完全破烂不堪的画面，所有的旅客都跑上车站站台打开水。

图1.2　母亲。1928年摄于巴库。

　　我们到达基斯洛沃茨克时已是傍晚，爸爸却没在车站迎接我们。于是，妈妈把家里其他人留在车站等候，带上我沿着"彼亚塔乔克"[1]下行去迎他。街道两边是一些装饰华丽的商店，耳旁是从坐落在十字山斜坡上的一家小餐馆里传出的歌声，那是一首内战时期流行的歌曲：

> 土耳其人进攻的时候，
> 他们拿下了卡拉克利兹[2]。
> 所有的士兵都开了小差
> 他们躲到了梯弗里斯[3]。
> 哎呀，死尸，死尸，死尸，
> 可怜的鹦鹉学舌不止。

1　Пятачок，音译"彼亚塔乔克"。基斯洛沃茨克市民通常把市内一条从火车站到柱廊的中心街道称为"彼亚塔乔克"。
2　Караклиз，音译"卡拉克利兹"，或"卡拉基利斯"（Каракилис），即今天亚美尼亚的瓦纳佐尔市。"卡拉-克利兹"是突厥语，由该地13世纪建起的一座"黑色寺院"而得名。
3　Тифлис，梯弗里斯，第比利斯的旧名。

图 1.3 我们一家在苏联军队又一次胜利后在外野餐以示庆祝。自右至左：爸爸、哥哥瓦列里和妈妈，塔玛拉姐姐的小女伴加莉娅，我和塔玛拉姐姐，涅莉姐姐。利卡尼，库拉河畔，1944 年。

碰到爸爸时，他正走在去火车站的半路上，已经走到了"纳尔赞"宾馆。他走得不慌不忙，因为把火车到站的时间算晚了一个小时。

在基斯洛沃茨克，我们在奥利霍夫卡河[1]河畔安顿了下来，这里距离著名的莱蒙托夫岩石[2]不远。作家米哈伊尔·尤里耶维奇·莱蒙托夫在其长篇小说《当代英雄》里，浓墨重彩描写的格鲁什尼茨基与毕巧林的那场决斗，就发生在这块岩石上。一年后，我们一家搬到了巴雅泽特区[3]的厄尔布鲁斯基街，它以出小流氓而臭名远扬。从厄尔布鲁斯基街的高处一端起，就是人口稠密的"亚美尼亚人村"，它在一座高山上，里面多数是讲休尼方言的亚美尼亚人[4]，他们是在 1915 年青年土耳其党人进行大屠杀后逃到北高加索地区的。

1　奥利霍夫卡河（Река Ольховка），俄罗斯斯塔夫罗波尔边疆区普列德果尔区和基斯洛沃茨克市境内的一条河流，为别廖佐瓦亚河（库马河流域）右侧支流，长度 22 公里。
2　莱蒙托夫岩石（Лермонтовская скала）是基斯洛沃茨克著名的景点，在距离该市数公里的奥利霍夫卡河河谷处。
3　Район Баязета，音译"巴雅泽特"区。
4　即休尼亚美尼亚人（Сюнийские армяне），或休尼克亚美尼亚（Сюникские армяне）。休尼克（Сюник），是位于今天亚美尼亚南部的一个州，曾是亚美尼亚古代和中世纪休尼（Сюни Династия）亚美尼亚王朝所在地域。自公元 3 世纪起，该王朝已成为亚美尼亚历史上最重要的王朝之一。直到 1375 年最后一个亚美尼亚君主垮台之后，古代休尼王族依然在这块土地上繁衍。

此外，我们这个区还居住有俄罗斯人、格鲁吉亚人、列兹金人、鞑靼人、库尔德人、卡巴尔达人，以及其他一些高加索民族。我的性格正是在这样一个多民族环境中逐渐形成的。那个时期，包括再往后的一段时间，对于我们这些半大小子来说，民族属性没有任何意义，最主要的就是胆量和会打架！当然，也并非只是拳头硬才行。按照街上不成文的规矩，我们所有人都必须会说自己玩伴们的语言，因此，从童年早期开始，我就已经能够或多或少像讲母语一样讲许多高加索的语言。可惜，时间久了，这些语言也就逐渐忘光了。然而，恰恰是这种能力，帮助我自如地弄清了高加索民族各种语言的特点。

除了与同龄伙伴们交往外，还有一些学习语言的方法不同寻常。讲个例子，我六岁时，一些大男孩经常把我带进那种刺在身上会很痛的荨麻草丛中去，他们中的一个人挥舞着荨麻草枝，用严厉的口气考我："喂，艾多，你知道多少个单词，比如，就讲卡巴尔达语和列兹金语？"

很遗憾，我同龄伙伴中的不少人，后来走上了"邪路"，他们中有一些在还未成年时，就被判刑枪毙了。还有人谈恋爱争风吃醋，相互间动刀子，结果造成致命伤害。这些伙伴们的性子都很火爆，无拘无束，也从来不让自己吃亏。

1949 年，我在第 17 小学上一年级，后来和当时一年级的几位同班同学，一起转到了第 14 小学读后面的几年。在基斯洛沃茨克，我家有不少亲戚，爸爸和妈妈两边的都有。爸爸的妹妹，即我的妈咪达（格鲁吉亚语姑姑的叫法）叫玛萝，还有她的孩子尼娜和托利克，她的丈夫亚科夫·达甫利阿尼泽是一位政治指导员，去前线后牺牲了。妈妈这边有个亲妹妹，姨妈莉娜和她的三个孩子：依涅萨、阿拉和列尼

图 1.4　二姐塔玛拉。博尔若米，1945 年。

亚。战前有段时间，妈妈的一个叫米沙的弟弟，也住在基斯洛沃茨克。战争期间，他在克里米亚参战，是海军陆战部队一个冲锋队的指挥员，在一次进攻作战中失踪。妈妈直到去世前，一直在给各种部队单位发信查询自己弟弟的下落，但始终没有等到任何回复。

1949 年 2 月，因为那几年脑膜炎大流行，我的姐姐塔玛拉，一个非常能干的女孩，不幸患病离世，当时才 13 岁。这对我们全家打击很大。

这个事件之后，爸爸起先去了克鲁霍里市[1]，现在已经改叫卡拉恰耶夫斯克市，之后又到了泽连丘克镇，在当地一家茶馆做主管。和他一起工作的是几位老友，清一色都是格鲁吉亚人。说来也怪，他们都有俄罗斯人的姓，不同的是他们的外表，透出纯正的贵族气质。

有一天，妈妈决定动身去爸爸那里，想看一看我们搬到泽连丘克镇居住是否可行。妈妈带着我好不容易到了切尔克斯克市，费了好大劲，终于爬上了一辆顺路前往该镇的汽车。顺路的车多是美国"斯蒂旁克"牌卡车，因为那时还未通客运班车。货车车厢上，满满地码放着装了土豆的袋子，乘客则要坐在它们的上面。这种乘车方式太危险，因为汽车颠簸厉害的话，人会从车上飞落下去。

就这样，我和妈妈坐在车上，也不知驶到了哪里，就在卡车从交错的悬崖和森林中驶出后，借着车灯的照射，妈妈看见我们正驶近一处大门，上方挂着"麻风病院"的字牌。瞬间，她惊恐万分。我想，这里没有必要向读者解释这几个字的意思。记得当时是妈妈迅速地拽了我一把，匆忙地跳下了汽车，然后就是快速地跑了起来，沿着来时的道路朝相反的方向奔去。现在已经不记得当时我们到底走了多久，只记得后来我们是在一棵大树下面安顿下来并过了一夜，直到黎明，再次听到了那辆车的轰鸣声。而这回，它正是开往泽连丘克镇的。我们坐着的这辆车直接开到了父亲工作的茶馆，迎接我们的是他的一位格鲁吉亚人老友（因为父亲当时正好不在）。当看到我一副站立不稳的样子，这位叔叔递给我一杯红酒，并用平静的语气回

1　克鲁霍里市（Город Клухори，1944 年起），音译，系现卡拉恰耶夫斯克市前身。1944 年前名称为"米高扬-沙哈尔"（Микоян-Шахар，1929—1944），以苏联政治家阿·依·米高扬（1895—1978）的名字命名。

应了妈妈的埋怨："他可是格鲁吉亚人啊，安尼娅！"喝下这杯红酒后，我便沉沉地睡着了。

没过多久，爸爸回来了。原来，他是去找猎人们，帮茶馆要些他们猎杀的熊肉。回来得知此事，他也责怪了自己这位名叫格里沙的朋友。尽管爸爸的工作岗位是个"肥缺"，可他一生没有得到过富足，因为他是一个特别诚实，还十分慷慨的人。孩子们甚至是一些狗都很喜欢他，当他下班回来走在街上时，会有一群孩子跟在他的身边，而他会分些糖果、饼干或其他什么甜点给他们吃。虽然母亲很少责备父亲，但有时也会为此埋怨，说他总是想把一切东西给所有人。对此，他回应说："那该怎么办，安妮卡[1]，他们都还小，也想吃东西啊！"

1950 年 8 月，我们一家终于搬到了泽连丘克镇，在这里住了三年。

我是自发迷上科学的，像是被一种至今连自己也不明白的感觉所吸引，这种情感在我年少时就已萌生。

在我读五至十年级的基斯洛沃茨克市，和我度过小学最初几年的斯塔夫罗波尔边疆区的泽连丘克镇，没有一处与考古和历史有关的教育和科学机构（基斯洛沃茨克的第一个考古小组成立于 1958 年）。

我的父母没有受过高等教育。父亲瓦西利·约希夫维奇，19 世纪末 20 世纪初是在我祖母身边生活，住在一个很难走进的山村，它位于上拉恰[2]。从库塔伊西来的老师要上去，必须赶在封山之前，之后就得待上整个冬天；而离开，要等到来年山口的雪全部融化，道路完全能够通行的时候。他在童年和少年时只会讲格鲁吉亚语和斯凡语，俄语是在他到了第比利斯，尤其是到了巴库后才学会的。20 世纪初，巴库有很多侨居的俄罗斯人，他们中大多数是在石油采油场务工。父亲在去世（1966）前，尽管熟练掌握了俄语，但在讲话时，格鲁吉亚口音仍然很重。

妈妈安娜·济莫菲耶夫娜在尼古拉耶夫和塞瓦斯托波尔的普通中学一共念了三年书，她的父亲济莫菲·雅科夫列维奇·霍宁是塞瓦斯托波尔的一名修船工，专门做战舰的铆接，而这些战舰正是俄国舰队的骄傲。

1　"安妮卡"是安尼娅的爱称。
2　上拉恰（Верхняя Рача），位于格鲁吉亚拉恰-列其呼米地区境内。

图1.5　父亲家的全家福照片。中间一排左起：我的祖母玛克丽涅·赫捷丽安妮、父亲和姑姑们，前排也是姑姑们，后排中间是祖父伊叶森（约希夫）·瑞德维拉扎，身旁是两位叔叔。奥尼市，1925年。

图1.6　母亲家的全家福照片。中间是外公济莫菲·霍宁和外婆叶芙多基娅·巴雷什尼科娃，母亲坐在最左边，其他是舅舅和阿姨。尼古拉耶夫市，1914年。

据妈妈讲，有一次沙皇尼古拉二世来船厂，外公把敲打最后一个铆钉的机会留给了皇帝，之后一起喝了庆功的香槟酒。[1]

此后就是第一次世界大战、十月革命、国内战争、英法武装干涉、罗马尼亚占领[2]、雅科夫·斯拉肖夫[3]将军率军征伐、土匪和匪首们的侵袭、格里高里·科托夫斯基[4]突袭等。所有这些事件数不胜数，在当时对俄罗斯的南方产生了很大的影响。后来，又发生了战后的霍乱疫情。哪里还顾得上学习，只要能活下去就行！

图 1.7 大姐涅莉，1965 年。

我记得，尽管如此，父母很爱读书。尤其是父亲，他在退休后整天泡在市里的阅读室里。除了自己的格鲁吉亚语和斯凡语外，他还能讲土耳其语和波斯语，这是十月革命前，他去波斯和土耳其时学会的。更不用说，他的阿塞拜疆语和亚美尼亚语也讲得非常流利。十月革命前他结识了不少阿塞拜疆和亚美尼亚族的朋友，父亲与他们中活下来的人一直保持着友谊，并且活到老玩到老，他们常常在一起聊天，下传统的双陆棋。

说到母亲，只要平时家务活中稍有空闲，她就会坐下来读书，有时甚至读到深夜。

他们把对书的热爱，感染并传递给了姐姐涅莉和塔玛拉，又通过她们传到了哥哥瓦列里和我的身上。

就这样，从童年起，我就在渴望读书和获得知识的环境中成长，因为

1　关于霍宁工匠家族祖传的故事，曾在阿·齐若夫（А.Чижов）的文章《造船者》中有过描述，该文发表在 1977 年 5 月 26 日果罗霍维茨市（г.Гороховец）的《新生活报》（*Новая Жизнь*）上。

2　原文为 "Румынская оккупация"，指 1918 年罗马尼亚对比萨拉比亚的占领。

3　雅科夫·亚历山大罗维奇·斯拉肖夫（Яков Александрович Слащёв，1885—1929），俄国少将，十月革命期间克里米亚白军首领之一。

4　格里高里·伊万诺维奇·科托夫斯基（Григорий Иванович Котовский，1881—1925），苏联早期军事和政治领导人。

书籍是所有知识的源泉。而在对我的培养当中，姐姐涅莉的影响最大。自从全家由博尔若米搬到基斯洛沃茨克后，她就承担起了对我的辅导。她喜欢阅读文学作品、听歌剧，还写诗。战后的那些年，每到夏季，基斯洛沃茨克会来一些苏联大城市的优秀歌剧团，还有一些诗人和文学家造访。她便常常带我去看他们的演出，参加诗歌和文学作品的朗诵会。

我很早就开始阅读严肃文学，觉得读它们要比读童话书或那些通常能够吸引小学生的书籍更有意思。

泽连丘克镇里有一个挺大的图书馆，里面有部分藏书对于一个小镇来说是稀罕物。我清楚地记得，在这个图书馆里借到的第一本科学书是《朗斯多夫的南美之旅》；之后，我又研究了查尔斯·达尔文的《乘小猎犬号环球航行》；再往后，是 N. M. 普尔热瓦尔斯基、V. I. 罗波罗夫斯基、G. E. 戈卢姆–戈尔日麦洛（Grum–Grzhimailo）和 P. K. 科兹洛夫等探险家的书，这都是些讲述中亚旅行故事的书籍。

那时，我第一次见到了古代钱币，好像是一枚拜占庭的硬币，于是就迷上了古钱币学。

图 1.8　小学四年级的班级合影，瑞德维拉扎在第二排左三。泽连丘克镇，1953 年。

在我们全家回到基斯洛沃茨克之后，我上了五年级，继续阅读科学书籍。主要是地理方面的书，多是描写旅行和发现新大陆的内容。到八年级前，我已经读完了基斯洛沃茨克所有图书馆里地理文学方面的藏书，其中有马吉多维奇写的《地理发现史纲》，还有亨利·史丹利和戴维·利文斯通的书，等等。说实话，我在这方面的知识，已经高于小学地理老师的水平。

图1.9 瑞德维拉扎。基斯洛沃茨克，1958年。

那时，我就开始游走于基斯洛沃茨克附近的山谷地区。在泽连丘克镇，我喜欢钻到森林里去玩，甚至有一次还同小伙伴们一起穿过森林，来到了上阿尔黑兹的一座拜占廷修道院。这是我亲眼看到的第一个古迹。

1956年，我完成了一次到达厄尔布鲁士的旅行，穿过哈萨乌特[1]和哈尔巴斯[2]两条河的河谷，走到马尔卡[3]河上游，在那里欣赏到苏尔坦大瀑布[4]的美景；之后，再翻过难以通行的克尔特克-阿乌什山口[5]，进入巴克桑峡谷[6]，从那里乘上一辆公交车回到了家。还有其他一些旅行经历：我去过埃什卡孔[7]山谷，还经过马林山口到过克鲁霍里，那时，它已经成了卡拉恰耶夫斯克市。

应该说，妈妈当时从未阻止过我去旅行，也许她曾经十分担心，因为多数时间我都是独自一人徒步旅行的。那时候，大山里面几乎没有人烟，因为当地土著卡拉恰耶夫人才开始从流放地返回，游人也非常稀少，偶尔

1　Хасаут
2　Харбаз，Харбас
3　Малка
4　Водопад Султан
5　Перевал Кыртык-ауш
6　Баксанское ущелье
7　река Эшкакон

图 1.10　六年级班级合影，最上排右一为瑞德维拉扎。基斯洛沃茨克，1955 年。

能在通往别尔玛梅特[1]的纳尔赞峡谷里零星地遇到旅行的人，而在其他地方，几乎不可能看到他们。因为荒无人烟，山里有许多野兽，尤其是狼的数量很多（正是这个原因让人担心）。野狼常常会走近我在丛林密布的哈尔巴斯河河谷扎帐之处，我还给这里起了个名字，叫"布罗马德罗"，取自20世纪50年代末非常流行的墨西哥电影《爱的日子》，它是主人公庄园的名称。

在那个时候，我开始迷上历史和考古方面的书籍，逐渐用它们取代了地理文学，同时还做起地区的实地考古调查。

在一次研究中，发生了一个有意思的插曲。我去了博尔古斯坦山，它紧挨着基斯洛沃茨克盆地的北沿。就在我不停转悠的地方，有一大群人，都穿着我那时还完全看不明白的服装。人群中一些人骑在马上互相打斗，有一位不知是干什么的人，站在一辆黑色的汽车上，穿梭在混战的人群中，突然骂着粗话让这些打斗的人停下。原来，这是以著名的阿尔巴尼亚勇士斯坎德贝格为主题的电影的拍摄现场。要知道，这位英雄在对抗土耳其人的战争中名扬天下（当时苏联与阿尔巴尼亚交往甚好）。而在这伙人当中往来不停的人，正是著名的导演谢尔盖·尤特凯维奇。在远处一个山丘上，独自站着一位手持长剑的勇士，这就是主人公斯坎德贝格，由杰出的格鲁吉亚族电影演员阿卡基·霍拉瓦扮演，而他正是著名历史电影《格奥尔基·萨卡泽》中同名英雄的扮演者。我挤过人群走到了他身边，请求能触摸一下

1　Бермамыт

他手中的长剑。他面带微笑，把长剑递到了我面前。当我很轻松就接过它时，顿时感到十分惊讶：原来，它是用木头做的。

所有骑兵手中的长剑都是木制的道具，当他们之间经过激烈搏杀之后，被击断的木剑落在地上，有数十把之多。我们这些围观的男孩纷纷跑上前去，把这些残剑捡了起来。可是，导演谢尔盖·尤特凯维奇却一边凶狠地骂着，一边轰我们走开。我也总算是捡到了一把，还在家里保存了多年。算我有幸，曾亲眼看到如何拍电影，并遇见了一些著名的演员。我记得很清楚，在40年代末，由谢尔盖·古尔佐主演的著名电影、苏联第一部动作片《勇敢的人》曾在基斯洛沃茨克拍摄。

有一天，在坡度很大的斯杰潘·沙乌姆扬街道上，我和妈妈正上坡的时候，突然两个身穿制服并牵着狗的"党卫军分子"出现在我们面前，可把我们吓坏了。妈妈在第一时间并未想到这是在拍电影，她迅速用自己的身体挡住了我，拼命地贴靠在一栋房子的墙边，巧的是，上面正好有一行标语："死亡属于法西斯占领者！"

在泽连丘克镇，我有幸赶上了影片《金星英雄》的拍摄，这是根据谢苗·巴巴耶夫斯基的同名小说改编的电影。此片中有不少当时还很年轻的著名电影演员，如谢尔盖·邦达尔丘克、季娜伊达·基里延科[1]、塔玛拉·诺索娃[2]。他们就住在我们隔壁，所以，我的姐姐与他们结成了好友。直到今天，我的旧影集里还珍藏着几张影星们的照片，或许这很难得。我记得，谢尔盖·邦达尔丘克总是身着军装，脚上是一双靴子，而女演员们都穿着非常普通的印花布连衣裙，与我们当地的哥萨克女人毫无区别。

有一次，从学校放学回家的路上，我正好看到一群演员在逛巴扎，他们津津有味地吃着酸奶油，而卖货的几个女人在侧面互相轻推并说道："瞧瞧呀，快瞧瞧呀！你瞧莫斯科佬们的吃相，大概在莫斯科是什么都吃不到的吧！"

有几部今天已成经典的影片，我也见证过它们的拍摄。比如，其中的一部片名叫《那个世界来的未婚夫》，主演是格奥尔基·维岑。

1　Зинаида Кириенко

2　Тамара Носова

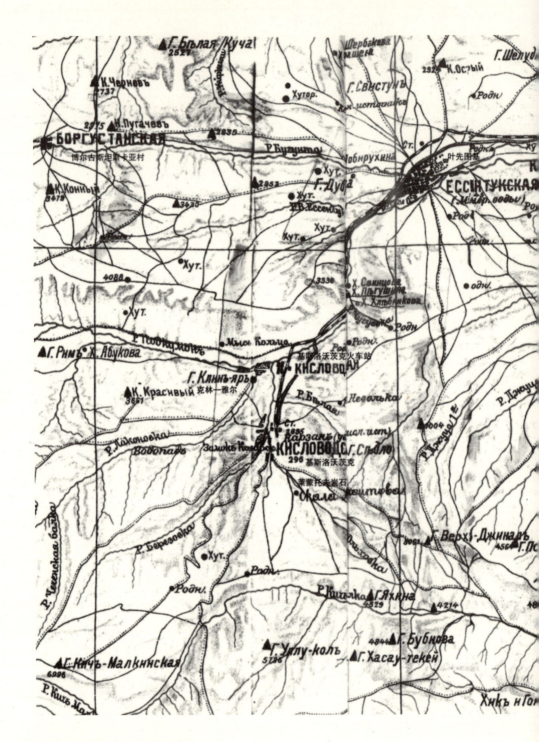

图 1.11　基斯洛沃茨克在地图上的位置

但愿这本书的读者原谅我有点跑题，但我想，这是有必要的，因为这些在一定程度上反映了我成长的那个年代。我还想指出的是，该时代完全不是一些靠别人供养的现代作家所描绘的那样。

　　我不知道莫斯科和其他城市是什么样，但在小镇的学校里面，是纯一色的麦秸屋顶的简易木房，墙上没有悬挂过约瑟夫·维萨里奥诺维奇·斯大林的画像；而且从来也没人，像现在所说的那样，说过"谢谢斯大林同志给了我们幸福的童年"的话。我们完全是自由地生活，尤其是孩子们，就像今天全世界的孩子一样，生活在自己的喜忧之中。没有什么人迫害或监控过我们，信教人们的宗教感情也从来没有被压制过。

　　镇里有一个教堂，我清楚地记得复活节期间信徒们的游行，以及在街上相遇的哥萨克男人和女人都会说的这句话："基督复活了！"，"真的复活了！"——三次传统的嘴吻，这一点很吸引年轻和年长的哥萨克男人走上街头！当一群男孩挨家串门走动时，他们会唱新年颂歌，向镇上居民祝贺新年，并收集到成堆的礼物。

　　镇上还有一个文化宫，有许多兴趣小组，少年或儿童们可以在这里开

图 1.12　电影演员塔玛拉·诺索娃和涅莉·瑞德维拉扎（右）的合影。泽连丘克镇，1951 年。

图1.13　左起：瓦洛佳·巴戈达萨罗夫、瑞德维拉扎、格纳季·阿法纳瑟耶夫。克林-雅尔，1960年。

展活动，而在今天的许多村镇里，这些东西早已不见踪迹。

还是回到我从事科学的话题上吧！

1958年夏，我和同班同学及好友巴戈达萨罗夫[1]一起，已经全力从事了一次野外考古活动，他后来去埃及当上了翻译，之后在苏联科学院图书馆当了多年的部门负责人。活动中，我们的另一名同学阿尔图尔·卡普里耶洛夫有时也会加入。

我们常去克林-雅尔[2]，这个名字与地形有关，它是一块长长的楔状地，周围环绕有半圈的岩石。这块楔形地，曾是阿兰王国一个聚落的地址，有三个储水槽，以便在被围攻时使用。

我们发掘了一个储水槽，搜集了陶器，其中就有内部带手柄的釜。后来我弄懂了，一些专家认为这些陶釜属于突厥保加尔部落[3]，它到北高加索

1　巴戈达萨罗夫·弗拉基米尔·卡拉佩托维奇（Багдасаров Владимир Карапетович, 1941—2009），生于基斯洛沃茨克，在苏联部队服过役，毕业于莫斯科大学历史系。1968—1971年在苏联能源部下属的国外电力总局（Главзагранэнерго）外派埃及的项目上当翻译，1972—1997年在苏联（俄罗斯）科学院社科学信息所（ИНИОН）工作。

2　Клин-яр

3　Тюркское племя болгар

的时间是公元 7 世纪，是在顿河库布拉特汗王的强国败落之后。

后面的几年里，我与尼·尼·米哈依洛夫、安·彼·鲁尼奇和其他小组成员一起，不止一次来到过克林-雅尔，在这里还发现了几处青铜时代的古墓。后来，莫斯科的考古专家在这里进行了发掘，关于克林-雅尔的发掘有一系列的科研文章出版。而在当时，除了当地的地方志学者，克林-雅尔的遗址无人知晓。

那几年，我们住在第 16 学校后面的一个哥萨克村庄里，它的位置正好就在通往克林-雅尔的路上。村后紧挨着一片果园，再往后，是一条绵延在丘陵草原上的小路。那时还没有任何建筑，田野里各色野花竞相开放，散发出醉人的香味，山崖的陡坡上是茂密的榛果林，里面有一些不大的洞穴。尤其是在五六月份，克林-雅尔的风景十分美丽。

1959 年春，《高加索疗养地报》[1] 发了一条简讯，说是在博尔古斯坦山的山脚下，在一个正在建设的家具厂工地上有了考古发现。由此我得知，基斯洛沃茨克市有个考古兴趣小组。这条简讯的撰稿人，是地方志工作者尼·尼·米哈依洛夫。这个名字我非常熟悉，因为在 1955—1956 年，在医学工作者俱乐部里，我曾在他的手下从事过田径运动。正巧，此处还曾是最后一位布哈拉埃米尔赛义德·阿里姆-汗的行宫。迄今，我还保留着一张有米哈依洛夫签字的"海燕"体育协会[2] 的门票。

第二天，我就来到了他家。他住在一个挺大的院子里，里面是住宅租赁合作社的出租房，位于谢马什科街[3]。该街道从站前广场上坡，直通一座高山，山顶坐落着基斯洛沃茨克古教堂。街道起始的另一端，有一栋漂亮的独栋住宅，位于一片高大的松林之中，这是著名歌唱家费多尔·夏里亚宾[4] 的别墅。而在这栋房子的后面，是一家不大却很舒适的"曙光"餐厅。街道的左侧有高高的石头护墙，上面爬满了酒草花和常春藤。这样的护墙

1　《高加索疗养地报》(*Кавказская здравница*) 是俄罗斯疗养胜地的一家报纸，1863 年 5 月 18 日创办，历史悠久。

2　Спортивное общество "Буревестник"

3　尼古拉·亚历山德罗维奇·谢马什科 (Н. А. Семашко，1874—1949)，苏联卫生保健事业的杰出组织者，俄罗斯联邦第一任人民委员，医生、教授，苏联医学科学院院士。这条街即以他的名字命名。

4　费多尔·伊万诺维奇·夏里亚宾 (Шаляпин Фёдор Иванович，1873—1938)，俄国男低音歌唱家，被誉为世界低音之王。

在基斯洛沃茨克街道上很常见。

尼古拉·尼古拉耶维奇很客气地迎接并认出了我。他说，有几个学生常来兴趣小组，其中就有格纳季·阿法纳瑟耶夫，当时他最小，才十三岁，和尼古拉·尼古拉耶维奇住一个院子，再后来，他成了著名的考古学家。

尼古拉·尼古拉耶维奇是一个善良的人，非常热心，有求必应。在基斯洛沃茨克建立考古小组的功绩非他莫属，有许多年轻人来参加活动。他并未接受过高等教育，即便如此，他对高加索的考古却钻研很深，孜孜不倦地吸取知识以丰富自己的学识，与一些著名的学者通信，并为当地报纸撰写简讯。基斯洛沃茨克盆地许多考古遗址的发现，都有他的贡献，它们后来都成了重大的科学成果。格纳季·阿法纳瑟耶夫发表过一篇介绍该地区考古史的随笔，文中介绍了尼古拉·尼古拉耶维奇的发现，写得很好也很详细。该文被收录于 2005 年莫斯科出版的《基斯洛沃茨克盆地遗址》[1]一书之中。

米哈依洛夫是参加过三次战争——国内战争、芬兰战争和卫国战争的老兵。他不止一次给我讲过，他年少时就进了部队，所在师的师长是布尔什维克传奇人物瓦西利·基克维泽[2]。米哈依洛夫参加过约瑟夫·斯大林领导的察里津保卫战，曾随骑兵军的突袭队抵近华沙。当时，由北部发起进攻的撒马尔罕亚美尼亚人盖依（布日什克扬）[3]，率领大军越过了华沙后被扣在德国，最后带着铁列克[4]和顿河的哥萨克人，零散或成伙地穿越了波兰并回到了祖国。

我现在还清晰地记得，尼古拉·尼古拉耶维奇作为这些事件的亲历者，他讲的故事，与苏联解体后出现的大量伪史文章，尤其是俄罗斯报刊上的那些，有着明显的区别。比如，不管是尼古拉·尼古拉耶维奇本人，还是

1　*Археологические памятники Кисловодской котловины*，М.，2006 г.

2　瓦西利·伊希多罗维奇·基克维泽（Василий Исидорович Киквидзе，英文为 Vasili Kikvidze，1895—1919），出生于格鲁吉亚，积极投身十月革命后的俄国内战，是红军司令部南线的军事指挥员。曾被斯大林称为"格鲁吉亚的夏伯阳"。

3　盖依·盖亚·德米特里耶维奇（布日什克扬），Гай Гая Дмитриевич（Бжишкян），1887 年出生于波斯的大不里士（今天伊朗的大不里士），1901 年回到梯弗里斯就读于亚美尼亚宗教学校，1904 年加入俄国社会民主工党，并投身俄国革命。十月革命后，成为红军高级指挥员。1937 年 12 月在肃反中遭迫害致死。

4　Терек

图1.14 在去别列佐夫卡古墓的路上。左起：B.B.博宾教授（辛菲罗波尔）、瑞德维拉扎、安·彼·鲁尼奇、A.普罗宁。基斯洛沃茨克，1962年。

活着的哥萨克人——高加索温泉地区地方志协会下属的"红色游击队"小组的成员们，一致认为华沙突袭失利的原因是米哈伊尔·图哈切夫斯基的错误指挥：他不是在一线部队，而是在明斯克发令指挥整个战役。

随着我加入尼古拉·尼古拉耶维奇的小组，我们在基斯洛沃茨克市区和周边的考古路线考察活动就开始了，主要是寻找新的遗址并进行发掘。没有我们未去过的地方，也没有什么遗址未被我们发现！有位于索斯诺夫卡[1]、苏尔坦山和别列佐夫卡河的青铜时代墓地，有潮湿山谷[2]里的阿兰人地下墓穴，有靠近一个滤水池旁的几个萨尔马特人古墓，有乌奇科肯[3]村、哈萨乌特村、"安静角落"景区、鲁姆-卡列村、乌卢-杜尔博恩鲁村和博尔

---

1 索斯诺夫卡（Сосновка），音译，意为有树林的地方，相当于东北"松树屯"。
2 原文为 Мокрая балка，地名，位于俄罗斯斯塔夫罗波尔边疆区诺沃亚历山大罗夫斯克区境内。
3 Учкекен

古斯坦的崖墓，但这些远不是我们所发现的遗址的全部清单。当然，这一切都详细地做了文字和绘图记录，之后都发表在高加索各地方志文集和中心学术期刊之上，比如《苏联考古》，等等。其中，主要工作多是安德列·彼得罗维奇·鲁尼奇所做，也有一部分记录、总结并发表的工作交给了几位高加索地方志学者兼考古学家们，比如，叶·伊·克鲁普诺夫[1]、弗·亚·库兹涅佐夫、B. A. 马尔科维奇，后来还有 B. Б. 维诺格拉多夫。尼·尼·米哈依洛夫也有一些文章发表，但他在报刊上刊登的简讯，更侧重于对考古发现意义的宣传。因此，常有许多基斯洛沃茨克的居民来找尼·尼·米哈依洛夫，带来偶然在田间劳动时发现或捡到的古代文物，或者向他报告所发现的新的古迹等。得益于小组的活动，原本几乎鲜为人知的基斯洛沃茨克盆地的考古，在科学界变得家喻户晓，此地也成为 20 世纪末莫斯科、圣

图 1.15　在萨弗罗诺夫斯基古墓[2]。左侧近景站立者为尼·尼·米哈依洛夫，右侧站立者为瑞德维拉扎和格纳季·阿法纳瑟耶夫。坐着的是参与地方志活动的中学生。基斯洛沃茨克，1960 年。

1　叶·伊·克鲁普诺夫（Евгений Игнатьевич Крупнов, 1904—1970），苏联著名的考古学家、历史学博士和教授。
2　Сафроновский могильник

彼得堡及其他一些城市学者心目中的"考古麦加城"，这都应归功于尼古拉·尼古拉耶维奇·米哈依洛夫，还有由他创建的考古兴趣小组。

通常，小组的会议多是每周六在尼古拉·尼古拉耶维奇的家里召开，夏天是在一个舒适的小凉亭下进行。有许多青年小伙和姑娘来参加会议，而安德列·彼得罗维奇是从皮亚季戈尔斯克[1]赶来。有时，也有权威的学者来看我们的活动，比如，加琳娜·安娜托莉耶夫娜·普加琴科娃[2]，有一年夏天她来时对我们说，她要去英国参加一个学术大会。米哈依尔·叶甫根尼耶维奇·马松给我们做了中亚考古史的报告，而弗拉基米尔·亚历山德罗维奇·库兹涅佐夫讲了北奥塞梯阿兰人遗址的发掘工作。

我们通常是总结自己的新发现，热烈讨论有关北高加索考古的一些书籍和文章。

田野路线和发掘，小组的讨论，这一切对我来说，就是最初学习科学的学校。我把尼古拉·尼古拉耶维奇和安德列·彼得罗维奇两位看成启蒙导师，他们培养了我对考古的热爱，教会了我如何做田野记录和日记，让我全方位懂得了复杂的考古工作。如果要对此再加一点补充，那就是从1960年起，我已开始经常参加卡巴尔达-巴尔卡尔科学研究所在上切格姆、五月村和埃托卡村的考古考察，还有我对马扎尔[3]的研究进入常态化。在1962年进入塔什干（列宁）国立大学读大学前，我已经成了有经验的考古人员，有数十次田野实地考察经验，参加过学术会议并发过言，撰写过科研文章，等等。

我的第一篇文章，写于1958年，题目为"哲学和考古学"，很有点自命不凡。在此之后，我就转为撰写更实际的题目，开始写有关基斯洛沃茨克的遗址、上切格姆的巴依拉姆-巴什[4]古墓和埃托卡的岩石墓葬等的文章和简讯。非常遗憾的是，除极少数外，由于各种原因，这些资料大多未能

---

1 音译为"皮亚季戈尔斯克"（Пятигорск），俄语意为"五峰城"（或"五山城"），因周边有五个小山峰而得名。这里是俄罗斯北高加索著名的矿泉疗养城，位于斯塔夫罗波尔边疆区境内。
2 即 G. A. 普加琴科娃。
3 马扎尔（Маджар），音译，是13至16世纪北高加索金帐汗国之城，位于现在的布琼诺夫斯克市，是外高加索通往黑海沿岸北部和伏尔加河地区的过境贸易路线交汇的中心。
4 Байрам-Баши

保存下来。

再后来，我已经有了想法，要把自己的一生都献给高加索考古。我在写于1961年并保存下来的一篇考察日记上，做了精美的卷首题词："我要把自己的一生献给萨尔玛特人、阿兰人和其他北高加索的部落。"有什么办法，初生牛犊不怕虎！

但是，与米哈依尔·叶甫根尼耶维奇·马松的见面，对我来说是决定命运的时刻。它决定了我的科研生活，彻底地改变了我的科研兴趣和方向。

顺便说一下家里的亲人们对我从事考古事业的态度。

我的哥哥瓦列里，20世纪50年代末在格罗兹尼市一所著名的石油学院学习机械专业。起初，他对我从事考古持怀疑态度，但后来成了我科研事业的热情拥护者，并对我在科学领域取得的成就感到非常骄傲。姐姐涅莉一直都是我的支持者，常常尽力提醒我要关注报纸上刊登的一些考古文章，或带这方面的书籍给我。爸爸似乎没有参与我的选择，对他来说，最重要的是让我能成为真正的人，别走我那些高加索朋友的路，他们中的许多人，直白地说，早已学会了犯罪。

我的科学爱好最热情的拥护者和保护者是妈妈。我们有段时间住在"波波夫多利亚"村，妈妈经常会听到哥萨克女邻居们说些风凉话："这是为什么呀，济莫菲耶夫娜，你的儿子，放着好工作（意思就是来钱快的）不做，反而去爬山包，专去拣那些小石子，到底图了个啥？"而她总是不屑一顾地说："她们啥都不懂！"她坚信，与那些只会带"外快"回家的孩子不一样，自己的儿子将来会成为学者和院士。

母亲的预见和对我能力抱有

图1.16　哥哥瓦列里的照片。苏尔古特市，1962年。

图 1.17　朋友们。右三为瑞德维拉扎，最左侧为鲁季克·马尔季罗索夫，最右侧为维利亚·达尼耶洛夫。
基斯洛沃茨克，1959 年。

的信心，至今依然鼓舞着我。我将母亲从高加索接到塔什干度过了晚年，
她八十八岁离世。在她生前，我先后完成了自己的副博士和博士论文的答辩。
一年多前[1]，瓦列里在莫斯科去世，他在生前见证了我当选院士。

1　作者此部回忆录初次出版时间为 2012 年，据此推断，一年多前，应为 2010 年或 2011 年。

二　切格姆，最初的考古考察体验

毫无疑问，参加纳利奇克市卡巴尔达-巴尔卡尔科学研究所（以下简称"卡巴科研所"[1]）的工作队，在上切格姆巴尔卡尔村开展考古发掘，是我早期科学活动的一个重要阶段。

1960 年 4 月，我有了参加这项考古考察工作的想法，在与尼古拉·尼古拉耶维奇交谈之后，这一愿望更加强烈，他建议我给这家研究所写封信。于是，我写了一封信，附上了自己的简历，并未奢望能收到回复。但没想到的是，大约过了一周我就收到了该所考古部加·易·依奥涅主任的回信。他通知我说，我被编为考古考察工作的实验员，整个工作将在上切格姆村进行，一直到夏末结束。我为此信感到十分骄傲，因为它是我首次收到的参加考察工作的邀请信。我不仅拿给考古小组的同学看，而且也给朋友们看过，这封信至今还完好地保存在我收藏的档案之中。

我开始努力为这次考察做准备，找来有关卡巴尔达和巴尔卡里亚[2]考古史的书籍仔细地阅读。1957 年出版的《卡巴尔达的历史和文化》[3]一书，是

1　俄语原文为 Кабардино-Балкарский научно-исследовательский институт，缩略名称为 КБНИИ。
2　Горная Балкария，译为山地巴尔卡里亚（即巴尔卡尔），位于俄罗斯北高加索中部的卡巴尔达-巴尔卡尔自治共和国境内。
3　*Древняя история и культура Кабарды*

图 2.1 朋友们。左起：安佐尔·洛布扎尼泽、瓦甘·奥加涅相、阿尔图尔·卡普里耶洛夫、瑞德维拉扎、费利克斯·尤尔琴科、热尼亚·别列佐夫斯基。基斯洛沃茨克，1962 年。

杰出的高加索地方志学者和考古专家叶·伊·克鲁普诺夫的力作，可以说，也是这方面唯一的概要性著作。在尼古拉·尼古拉耶维奇不多的科技藏书中就有这本书，他把它送给了我。迄今，它仍在我的书柜里，与高加索考古的书放在同一层。我将它读了数遍，像是被所获知识武装好了一样，5 月末的一天，我在汽车站登上了基斯洛沃茨克至纳利奇克的公共汽车。那时的车站，位于波德库莫克河[1]边，只是一幢很小的平房，所有驶出基斯洛沃茨克的公交班车均由此站始发。

在纳利奇克，我很快找到了研究所，它就在城中心，是一栋两层带圆柱的建筑。不远处是一个很出名的公园，所在街道的名称是莱蒙托夫。

考古学和民族志学部在该建筑的一楼，那时候，该部里有两位负责人，

1　波德库莫克河（РекаПодкумок），在俄罗斯卡拉恰伊-切尔克斯共和国和斯塔夫罗波尔边疆区境内，为库马河右侧最大的支流，全长 160 公里。

他们是帕纳伊特·格奥尔吉耶维奇·阿克里塔斯和加甫里伊尔·易奥西莫维奇·依奥涅[1]。

其实，这个部门的负责人是帕·格·阿克里塔斯，他年岁已高（那时他大概已近八旬），总是头戴草帽身披雨衣。他是一名民族志学家，发表过不少著作，有些还是在十月革命之前。他原籍是希腊，总是在四处不停地寻找着希腊人到过包括巴尔卡尔在内的北高加索地区的痕迹。

该部门的另一位负责人加甫里伊尔·易奥西莫维奇·依奥涅，是一位考古学者，从阿塞拜疆被邀请到纳利奇克。他是波兰裔，生于阿塞拜疆，并在那里度过了一生的大部分时光，调来是为了开启卡巴尔达-巴尔卡尔的考古工作。卡巴科研所的考古考察计划正是由他确定的。加·易·依奥涅在阿塞拜疆参加过不少遗址的发掘，特别是当时在建的明盖恰乌尔水电站区域的发掘工作，之后他撰写了一部学术著作，瓦伊多夫和萨伊多夫是合著者。

图 2.2　瑞德维拉扎在卡巴科研所的办公室里。纳利奇克，1960 年。

1　Панаит Георгиевич Акритас и Гавриил Иосифович Йоне

在纳利奇克，加·易·依奥涅一家住的是公寓套房，有三个孩子，妻子是德裔。在过去的德国人殖民村[1]里，直到二战前的高加索温泉地区，还有阿塞拜疆，不少地方是用德语名称命名的，与其他地方有别之处就是特别整洁，街道和房屋都很干净，还有很坚实的产业，可以说是高加索地区的"小德国"。这些名称后来都被取消并进行了更替。加·易·依奥涅的妻子叫奥蒂丽娅·弗里德里霍夫娜，她出身著名的地区志学者、考古学家古梅尔家族，古梅尔[2]因在阿塞拜疆发现许多著名遗址而享誉学界。

加·易·依奥涅个子挺高，身板坚实。他熟悉阿塞拜疆的考古学，刚开始熟悉北高加索的这一领域。

战争期间，加·易·依奥涅作为一个波兰人，被借调到著名的安德尔斯将军的部队，这位将军不想在苏联的指挥下与德国人作战，而是要听从流亡在伦敦的波兰政府的命令。因此，根据约瑟夫·斯大林的决定，安德尔斯的部分兵力被调到了中亚，他们的驻扎之地就在塔什干和沙赫里萨布兹。之后，他们又被调到了北非，在那里与英国人一起抵抗隆美尔的德国军队。加·易·依奥涅在乌兹别克斯坦服役时与他们一起，因此非常了解这些部队里盛行的规矩。他曾愤愤不平地给我们讲过波兰军官的傲慢和他们对苏联的不屑。

顺便说说一同参加考察的另一位成员，司机米沙·维尔什科夫，他是一个头发棕红身体结实的男子，总有使不完的劲儿和热情。作为一个年轻人，他拿着共青团的介绍信，曾在奇尔奇克市[3]化工联合体的建设工地上工作过。所以，读大学前我虽从未去过乌兹别克斯坦，但在那些年里已经相当熟悉这个国家了，这不仅仅源于书籍，还因为与我们在一起的这几位，曾经去过那里。

考察的准备工作于六月初结束，于是，我们从纳利奇克乘坐卡车出发，前往上切格姆，考察的主要工作拟定在那里进行。实际上，在编科研人员

1　бывшие немецкие колонии-хуторы
2　指古梅尔·雅科夫·伊万诺维奇（Гуммель Яков Иванович，1893—1946），阿塞拜疆苏维埃教育家、考古学家和民族学家。
3　奇尔奇克市（Город Чирчик），在乌兹别克斯坦境内。

图 2.3　路线之旅。上排自左至右：考察队司机 M.维尔什科夫，考察队负责人加·依奥涅，O.奥普雷什科，Л.依奥涅。前排自左至右：伊斯马伊尔·米济耶夫和瑞德维拉扎。卡巴尔达，1961 年。

就两位，考察负责人是加·易·依奥涅，而另一位考察实验员就是我；其他人都是依奥涅的家庭成员，即妻子、大女儿和小儿子。

　　从纳利奇克到皮亚季戈尔斯克的路况不错，沿着它，我们到达切格姆峡谷的转弯处。哈米季耶[1]是卡巴尔达人的一个小村，好似一个大花园，驶过它，我们开始逐渐深入峡谷。

　　应该说，整个卡巴尔达-巴尔卡里亚地区是由两个自然区组成：一个是卡巴尔达人及少量俄罗斯人居住的平原区，另一个是以巴尔卡尔族居民为主的山区。而位于巴克桑峡谷里的特尔纳乌兹市[2]则成了例外，这里有不少开采矿石的企业，生活着很多俄罗斯族居民。从高加索山脉处开始，巴尔卡里亚区域自南端起，被切出了三条主要的峡谷，沿着这些峡谷，分别流淌着巴克桑、切格姆和切列克这三条山地河流，它们都源自厄尔布鲁士，

1　Селение Хамидие
2　Тырныауз，地图上俄语名称为 Тырныауз，音译"特尔纳乌兹"。

图 2.4　背景是卡巴尔达 19 世纪的陵墓。后排右起第三位是格纳季·阿法纳瑟耶夫，第四位是瑞德维拉扎；前排蹲者中间是丽达·布基尼奇。哈米季耶村，1966 年。

前两条流入马尔卡河，而后者流入铁列克河。在东边与奥塞梯的边界上，还有另一条乌鲁普河峡谷。

巴尔卡尔人的村落多沿这些峡谷，在自然条件相对有利的地方搭建，偶尔也能见到这些河的侧翼支流上，有零散的小村。

与属于伊比利亚-高加索语系阿迪格-阿布哈兹语支的卡巴尔达人不同的是，巴尔卡尔人讲的是一种突厥语，比如，与乌兹别克语的"'dj'字母浊化"不同，他们把"约克"（没有）一词说成"卓克"，把"雅姆古尔"（雨）说成"贾姆古尔"，等等。

与高加索地区的所有少数民族一样，巴尔卡尔人的特点就是爱好自由和自主独立，以保留了民族的纯净而自豪。

在 1960 年，与其他被逐离的北高加索人一样，巴尔卡尔人从遥远的流亡地中亚回迁仅仅两年，才刚刚开始习惯他们以前居住地的定居生活。因此，

图 2.5 巴尔卡里亚山区，杜玛拉村

许多小村都只住了半数居民，还有不少的村子仍处于废弃状态。我印象比较深的，比如，从上切格姆通往切列克峡谷的道路要经过雄伟的卡拉加申利-套峰[1]的山脚，路边不远处有个小村，村里空无一人，可四处的房屋都是门窗大开，院里是冷清的炉灶，喂牲畜的饲料槽里也空无草料。

　　驶入切格姆峡谷后，最初，我们是贴着相对较低、有茂密树林的几座山在行进，但在驶过当时已经有人居住的下切格姆后，我们的车就开进了隘路，两旁是高耸的山峰，中间是一条很窄的道路，因为峡谷底部留下的宽度极小。

　　过了下切格姆，一眼就能看到一道瀑布从山上飞流直下，气势宏伟。驶过它，我们便开始在陡峭的悬崖间不停地盘旋，直到晚上，终于到达上切格姆。这是建在山坡上的一个小村，位于切格姆河的上游，在一条名叫哲尔格-苏[2]的高山小河的左岸，环境十分优美。小村的南面，大高加索山

1　Карагашинли-тау
2　Джылгы-су

图 2.6 切格姆峡谷，瀑布，1960 年

脉的雪峰向远处蜿蜒绵亘。从这里穿过复杂的特维别尔山口[1]，可以到达上斯瓦涅季亚。村子的东、西两侧，是陡峭的悬崖，在它的东南方向，高高地耸立着雄伟的卡拉加申利-套峰，海拔高度有 4500 多米。

村中心有座瞭望塔，朝南面的村外山坡上，有各种各样的古代石墓。塔的周围是错落有序的房屋，都是用片石和鹅卵石建成的，院墙也用鹅卵石垒成。有些院内的角落里，有存活下来的果树，大多为杏树。当然，在那个时代，村里既未供电，也无广播，有一个邮局是在布隆古村，在上切格姆的南面，距离此地还有十来公里。

1960 年，这个村子又重新住进了部分居民，而许多房子依旧空着。我们被安排住进了一户人家，户主是一个巴尔卡尔老头儿，名叫伊布拉吉姆，他的房屋离著名的巴尔卡尔诗人卡依森·库利耶夫[2]老家的房子不远。当时，诗人每次回老家，都会来发掘现场看望我们。我们的房东瘦高个儿，尽管已年过七旬，却能把装满粮食的沉甸甸的麻袋，稳当地扛到肩上，送到专门为哲尔格-苏村建造的小磨坊里。他把自己返回故乡的经历告诉了我们：先是乘汽车到切格姆峡谷，然后再步行回到上切格姆。可以说，他兑现了自己被逐离到遥远的哈萨克斯坦生活时默默许下的誓言。最初的几天，我

---

1 Перевал Твибер
2 卡依森（又译凯森）·舒瓦耶维奇·库利耶夫（Кайсын Шуваевич Кулиев，1917—1985），苏联巴尔卡尔诗人和散文作家，记者兼战地记者，曾荣获卡巴尔达-巴尔卡尔苏维埃社会主义自治共和国的人民诗人称号（1967）、苏联国家奖（1974）和俄联邦政府高尔基国家奖（1967），是 1990 年的列宁奖得主。

图 2.7　上切格姆峡谷和大高加索山脉，1960 年。

先是与依奥涅一家同住，后来，我和司机米沙·维尔什科夫被安排住进了当地的一所学校，在一间不大的教室里。

我记得，过了大概十来天的样子，莫斯科档案学院的一名毕业生加入了我们的队伍，他名叫奥列格·奥普雷什科，被分配到了卡巴科研所的考古和民族志学部。这就是我们考察队的全体人员。考察队从村里请到一位民族志学的顾问，名叫萨伊德·沙赫穆尔扎耶夫[1]，是一位身材干瘦的老人，非常友善，有求必应。他是当地知名的巴尔卡尔诗人、作家和时评家，写了不少关于考古勘察工作的小文，刊登在纳利奇克出版的报纸上面。

萨伊德·沙赫穆尔扎耶夫经常给我们讲巴尔卡尔人的历史，还教我们说巴尔卡尔语。我从他口中第一次听到了有关格罗兹尼的科列万-阿斯科尔[2]（巴尔卡尔人的先辈称其为帖木儿）及其到过切格姆的故事。后来，我

1　萨伊德·奥斯玛诺维奇·沙赫穆尔扎耶夫（Саид Османович Шахмурзаев，1886—1975），苏联诗人，巴尔卡尔苏维埃作家、诗人和教育家，苏共党员。

2　Грозный Келеван-аскер

图 2.8　切格姆考古考察二队合影，从前往后第二排左起第三位是瑞德维拉扎，第四位戴白色凉帽的长者是帕·格·阿克里塔斯，第五位是加·依奥涅。上切格姆卡拉-丘别岩穴，1960 年 6 月。

将此信息与波斯历史学家沙拉夫·丁·阿里·亚兹迪的文字进行比较，并反映在我于 1976 年在格罗兹尼发表的《帖木儿远征北高加索》一文中，而实际上，这篇文章写于 1966 年，那是我在读大四的时候。

　　除了加·易·依奥涅之外，考察队里没有真正的考古学家，奥列格在上切格姆才首次接触考古发掘工作，据我的观察，他对考古学并没有强烈的兴趣，而是更喜欢历史。他写了几本关于卡巴尔达和巴尔卡尔历史方面的书籍，主要是现代史，而考古学在他的书籍中，多是科普性的介绍。由于此前我已有一定的北高加索考古方面的经验，所以，担子主要落在了我的肩上。我做田野记录，写报告，还要从事发掘。我的大部分笔记都交给了依奥涅，但仍有部分被我保留了下来。依奥涅并不经常到发掘现场。有时他写一些东西，但更多的时候他是在讲述……讲自己的人生，讲战争，讲在阿塞拜疆的发掘，而且，看上去很像是在发泄被排挤出祖国的积怨，还常常骂几句自己的阿塞拜疆同行。由于他没有另外的听众，我和奥列格便经常被迫听他长达几个小时的讲述。

图 2.9　左起：奥列格·奥普雷什科、丽达·依奥涅、瑞德维拉扎。

考察队的工作从发掘卡拉-丘别[1]石窟新石器遗址开始，遗址是在哲尔格-苏河的峡谷。新石器时代层在洞穴的最底部，为了挖到这一层，必须要经过许多层，有数米的厚度，其中多数层是积灰、燃烧的残渣和家畜痕迹的沉积物，每一次从开挖的井坑中爬出，我们都变成了矿工的模样。

后来，我们开始了在卡拉-丘别石窟上方不远处的一个中世纪村落的发掘。就是从这个村子开始，有一条被称为"希腊石阶"[2]的路，从石窟上方经过，沿着悬崖上人工开凿的宽度仅一米出头的檐边向前延伸，有些路段已经崩塌，而再向前，可转向侧面的一个峡谷。这条石阶路，是该村落的居民在有战争威胁的时候，用于撤到别处去躲避敌人的退路。在这个村落里，我们研究了那些在地表还保存完好的石砌，由此清晰可见住房的遗迹。我们发掘的另一个遗址是一座13至14世纪的古墓，它位于上切格姆村北缘的巴依拉姆-巴什区域。

1　Кала-тюбе
2　Греческая лестница

图 2.10　巴依拉姆-巴什发掘现场。加·依奥涅、瑞德维拉扎、巴尔卡尔作家萨伊德·沙赫穆尔扎耶夫和上切格姆村的村民在一起。上切格姆，1960 年。

图 2.11　14 世纪巴依拉姆-巴什女尸古墓

图 2.12　瑞德维拉扎在做野外日记。巴依拉姆-巴什古墓发掘现场，1961 年。

　　根据加·易·依奥涅的决定，我对古墓进行了发掘，与往常一样，所有的田野文件也都是我做的。在这个墓地上，我找到并发掘了一个衣饰保存完好的女性墓葬。这一发现，无论是在当地居民间，还是在科学界，都有很大的反响。本地居民，尤其是妇女，成群结队来发掘现场观看。记者们也来采访我们，这个古墓非同寻常，纳利奇克发行的所有报纸上面，一时间都有他们写的报道。尸骨本身连同保存完好的木棺，都被运到了纳利奇克，我记得，它被放置在了城市地方志博物馆的一个大厅里面。

　　就我个人而言，考察工作的最初阶段相当紧张，在发掘现场一待就是一整天，午饭之后，要对发现物进行清理和编码，填写日记，等等。但渐渐地，我习惯了考古考察工作，熟悉了它的规律性和日常事务，对我来说，这正是田野研究的真正学校。在计划好的日子里，我们徒步行走了一些路线，为的是寻找到新的考古遗址，这些遗址通常是在人迹罕至的哲尔格-苏峡谷或是通往什图卢[1]山口的道路上，经过它，可以到达邻近的切列克河峡谷。

1　перевал Штулу，音译为"什图卢"山口，位于中高加索。

图 2.13　斯瓦涅季亚，恰扎什村。

　　1960 年及第二年，考察队人员几乎没有任何变化。后来，加入了两位巴尔卡尔人，是纳利奇克市一所大学的历史系学生，分别是伊斯马伊尔·米济耶夫和伊斯马伊尔·切切诺夫，后者在加·易·依奥涅去了白俄罗斯后，成了考古学和民族志学部门的负责人。

　　上切格姆村的位置正好在通往特维别尔山口的路上，通过该山口，可以一直到达斯瓦涅季亚、梅斯蒂亚和乌什古利[1]。因此，时常会有从苏联各个城市前来的旅行者，有时还有专业的登山运动员，徒步走到我们进行发掘的地方。有一天，有两位戴着斯万人毡帽、身材结实的年轻人直接走到了我的发掘现场。他们中的一位，是著名的登山家米哈伊尔·赫尔吉阿尼[2]，世界知名的攀岩运动员。他有"岩虎"之称，不止一次获得过苏联登山冠军；他也是国际顶级的攀岩手，在这个项目上，曾在国际大赛上多次胜出。另一位也是

1　Сванетия、Местия、Ушгули，音译为斯瓦涅季亚、梅斯蒂亚、乌什古利。这三地均在格鲁吉亚境内。
2　米哈伊尔·维萨里奥诺维奇·赫尔吉阿尼（Михаил Виссарионович Хергиани，1932—1969），苏联著名登山家、世界著名攀岩运动员。

斯万人，名叫费利克斯，但我未能记住他的姓。他们这次来上切格姆，是为即将到来的比赛进行训练，并要完成对卡拉加申利-套峰的攀登。

我亲眼见证了米沙·赫尔吉阿尼在攀岩方面的杰出能力。有一天，他来到我们在村子里的发掘现场，人们指着"希腊石阶"告诉他说，迄今尚无人能够沿着这条石阶小路走到终点。听罢，他当即决定要征服它。我与他一同前往。可是，我沿着悬崖檐边，向前走了还不到四分之一，就决定回头了。因为我感觉到，如果再向前迈出一步，人就会坠落下去。米沙则独自一人继续向前，用一种无法想象的方式：依靠着脚尖的支撑，并以手指抠住悬崖上很小的突出部位，使身体平展地贴在悬崖表面。没过一会儿，他就消失并拐进了侧面的峡谷。就这样，"希腊石阶"被征服！

告别时，米沙·赫尔吉阿尼把斯万人的毡帽送我留念，这顶帽子，我在基斯洛沃茨克和塔什干戴了很多年。

20世纪60年代末，米哈伊尔·赫尔吉阿尼在法国阿尔卑斯山进行登

图2.14　哲尔格-苏峡谷聚落发掘。上切格姆，1961年。

山表演时，因为上方岩石坠落，发生悲剧事故而亡。报纸对此有过许多报道。在塔什干，我与塔什干摄影师和著名登山家康斯坦丁·米纳依琴科交往时，常常提起自己与米沙的相识。米纳依琴科曾征服过中亚的许多座高峰，我与他一起合作，写了一本关于铁尔梅兹周年纪念的书。

有时候，有些画家会走到上切格姆来寻找美丽的风景。其中有一位萨拉托夫的画家，他送我一幅绘有上切格姆陵墓内容的画稿，迄今还挂在我办公室的墙上。它常常能勾起我的回忆：那遥远和不可复制的青春岁月，还有在那个巴尔卡尔高山小村里度过的时光。

在切格姆，也会发生令人难以置信的事情。有一次，由于暴雨和快速融雪，切格姆河洪水泛滥，水位猛涨，水流凶猛，摧毁了道路上的一切，包括桥梁，使上切格姆村陷入与外界完全隔绝的境地。过了数日，加·易·依奥涅和他的家人乘坐直升机转移至纳利奇克，而我们几人，则靠步行到达市里，一路上要翻过数座大山，路线非常复杂，多亏有一位名叫苏尔坦的巴尔卡尔人向导为我们带路。

1960 年 8 月末考察任务结束之后，我在纳利奇克又多待了一些日子，好在当时有地方可住。我父亲当时在少先队和旅游营地当餐饮主任，这个营地在纳利奇克一处风景优美的地方，叫多林斯克[1]，就像一个巨大的公园。

在纳利奇克，在研究所的部门里，我一边研究运回来的考古文物，一边有机会参加一些非常有趣的科学会议。此时，北高加索地区的科学界正在激烈地讨论这一地区各民族的起源问题。

那时举行过许多科学会议，在会上，科学家们分别代表这个或那个民族，各抒己见，立场都不可调和，尤其是关于他们的原始栖息地的问题，即谁是后来者，而谁是北高加索某个地方的原始居民。每个人都各执一词，拿着为数不多的古代铭文，用自己的方式做各种各样的解读。

在讨论阿尔黑兹[2]和埃托卡著名的古迹铭文是哪种语言的问题时，这方面的分歧尤为突出。一些学者把它解读为奥塞梯文，另有学者说是卡巴尔达文。受过数学教育的数学家 M.库达耶夫，他的老家就是上切格姆村，就

1　Долинск
2　Архыз，音译为"阿尔黑兹"，是卡拉恰伊-切尔克斯共和国泽连丘克区的一个村镇。

认定是巴尔卡尔文，就此他甚至还写了一部小册子的著作，在纳利奇克出版。

当时，我已从这些会议总结出一点，所谓的各民族起源的问题，对于历史科学来说，是一个非常投机，甚至往往有害的领域。在这里面，每一个相关方，不管现有的事实是否可靠，都要力争证明此地只属于自己的民族，其他生活在这里的民族都要被宣布为外来者。因此，在我的数量众多的科学著作清单中，没有一本是写民族起源问题的。

到了九月中旬，完成了在纳利奇克的所有事务之后，我回到了基斯洛沃茨克，在那里，再次进入了我们考古小组的常态节奏。晴天的时候，我们继续寻找新的考古遗址，同时在老的遗址，尤其是在一些有新的建设工地的地方继续工作。在波德库莫克河右岸名为"安静角落"的岩石墓葬处，又发现了新的古墓，位于从基斯洛沃茨克到"白煤"[1]火车站的路上，对面是一个名叫乌奇科肯的卡拉恰伊人的小村，在同条河的左岸。在传统的疗养地索斯诺夫卡山，以及奥利霍夫卡河河谷的苏尔坦山上，有青铜晚期和铁器早期时代的古墓，我们打开了它们并进行了部分发掘。

我们小组的工作被越来越多的科学家所了解，有许多展品被写入叶·伊·克鲁普诺夫的基础专著《北高加索古代史》一书。其中，在家具厂建设工地上出土的一个蜷伏形态的青铜猛兽像，是书中所有文物中最显眼的一个。这些考古发现，还被叶·伊·克鲁普诺夫的学生 B. A. 马尔科文和 B. A. 库兹涅佐夫[2]两人，分别收入他们撰写的关于北高加索青铜时代文化和阿兰人的图书之中。

还有，基斯洛沃茨克区考古遗迹的研究史，包括我本人参与研究的情况，被格纳季·阿法纳瑟耶夫在一本集体专著中做了很好的描述。该书的作者有格纳季·阿法纳瑟耶夫、C. H. 萨温科、Д. C. 科罗波夫，书名为《基斯洛沃茨克盆地的古迹》[3]，于 2004 年在莫斯科出版。

1　Белый уголь，俄语意思为"白色的煤"（"白煤"）。是俄国最早建造的一座工业水电站（有资料称"第一座"）的名称，即利用无色水流（白色的煤）发电。它位于斯塔夫罗波尔边疆区的叶先图基市，"白煤"也是该市的一个区。

2　В. А. Марковин，В. А. Кузнецов

3　Г. Е. Афанасьев，С.Н.Савенко，Д.С. Коробов，*Древности Кисловодской котловины*，М.，2004.

1961 年 6 月，我又回到了上切格姆，到了 8 月份，考察工作是对埃托卡地区的发掘。地点在支纳尔山[1]山脚下的一个小村，景色如画，地势舒缓。我到埃托卡是 8 月初，当时我考罗斯托夫大学历史系的尝试遭遇了挫折，学校没有接收我的文件，原因是不够两年的工龄。那些年，对于要进入高等学府的人，有一条两年工龄的强制性要求。当时人们对此怨声载道。而这也就是我考罗斯托夫大学的那段经历。

此前 5 月的一天，一辆从高尔基疗养院派来的豪华黑色汽车，开到了我父母在基尔彼奇巷[2]租住的房子前。莫斯科来的几位备受尊敬的科学家要参观基斯洛沃茨克，疗养院管理部门请我为他们在周边地区当导游，我同意了。

几天后，我们共乘两辆轿车，离开了基斯洛沃茨克。我带着客人们去看了著名的鲁姆-卡列[3]阿兰人古城、埃什卡孔河峡谷和乌奇科肯卡拉恰伊人村的一个巴扎。那个时候，这个集市上有很多用卡拉恰伊绵羊毛制成的各种手工制品出售，很受外地游客的喜欢。

在所有这些短途旅行之后，我们还在波德库莫克河岸上进行了一次小型野餐活动。参加旅行的所有来宾热情地对我表示了谢意，并说他们得到了很多关于高加索的知识。这些都是德高望重的学者、院士，有语言学家、物理学家和苏联科学院的分部领导。他们中有一位上了年纪、身体略微肥胖的男子对我很关心地问了一个问题："艾迪，你怎么会知道这么多？在考古科学方面之外的问题，你也都知道这么清楚，难道你现在还未读大学吗？"

他就是博尼法季·米哈依洛维奇·科德罗夫[4]，苏联一位杰出的哲学家，在辩证唯物主义和历史唯物主义，以及哲学和其他一些问题方面著有多部基础专著。他生前一直是苏联科学院自然科学与技术史研究所的所长。

---

1 Джинальский хребет

2 Кирпичный переулок，音译为"基尔彼奇巷"，直译为"砖巷"，位于基斯洛沃茨克市区内。

3 Рум-кале(Боргустан, Рум-кала, Рим-Гора, крепость Рум)，音译为"鲁姆-卡列"(或博尔古斯坦、鲁姆-卡拉、罗马-格拉或罗马山、鲁姆城堡等名称)，著名的古城遗址，位于基斯洛沃茨克市以西约 16 公里处。

4 博尼法季·米哈依洛维奇·科德罗夫(Бонифатий Михайлович Кедров，英文名 Bonifatii Mikhailovich Kedrov，1903—1985)，苏联哲学家和逻辑学家，化学家，历史学家和科学方法学家，心理学家，科学普及者，辩证唯物主义和自然科学哲学问题领域的专家。

博·米·科德罗夫出身革命家的家庭，他的哥哥米哈依尔·科德罗夫[1]是著名人物，内战时期曾领导过阿尔汉格尔斯克游击队，他牢记耻辱，将武装精良的英美入侵者从俄罗斯北部驱逐了出去。后来，他在苏联的国家安全机关担任领导职务，于30年代末[2]被"清洗"。

旅行中，博·米·科德罗夫和年轻的妻子玛拉在一起，而他们两人热情地决定要在我考大学方面提供帮助。

过了段时间，我意外地收到了一个来自莫斯科的包裹，里面是博·米·科德罗夫写的名为《关于发展过程中的可重复性》[3]的书。令我感动的是，上面还有他本人的题字和一封写给罗斯托夫大学校长尤里·安德列耶维奇·日丹诺夫[4]的推荐信。尤里·日丹诺夫是苏联共产党著名的活动家 A. A. 日丹诺夫之子，是约瑟夫·斯大林的女儿斯韦特兰娜·阿利卢耶娃的前夫。我在此摘录该信的一段：

亲爱的尤里·安德列耶维奇！

在基斯洛沃茨克疗养时，我遇到一个年轻人，他想今年进入贵校历史系。他叫艾德瓦尔德·瑞德维拉扎。在参观基斯洛沃茨克附近几处开展过考古发掘的地方时，他讲述了一些他的发现。给我的印象是，他是一个认真的研究新手，对工作充满了好奇和毅力。我认为，今后他有可能成为一位真正的科学家，一位优秀的考古学大家。

尊重您的博·科德罗夫

1961 年 5 月 26 日，于莫斯科

（下注：我写此信，系备该青年在进入贵校万一遇到困难时之需。）

1　米哈依尔·科德罗夫（Михаил Сергеевич Кедров），生于 1878 年。俄罗斯革命者、老布尔什维克、苏联特工部门活动家。1939 年被捕，1941 年 10 月被枪杀。
2　据译者查阅资料显示，米哈依尔·科德罗夫被枪决的时间为 1941 年 11 月 1 日。1954 年 8 月 4 日苏联最高法院军事委员会决定为其恢复名誉。
3　*О повторяемости в процессе развития*
4　尤里·安德列耶维奇·日丹诺夫（Юрий Андреевич Жданов, 1919—2006），世界级的著名科学家、化学科学博士、哲学副博士，教授，苏联科学院（俄罗斯联邦）通讯院士。

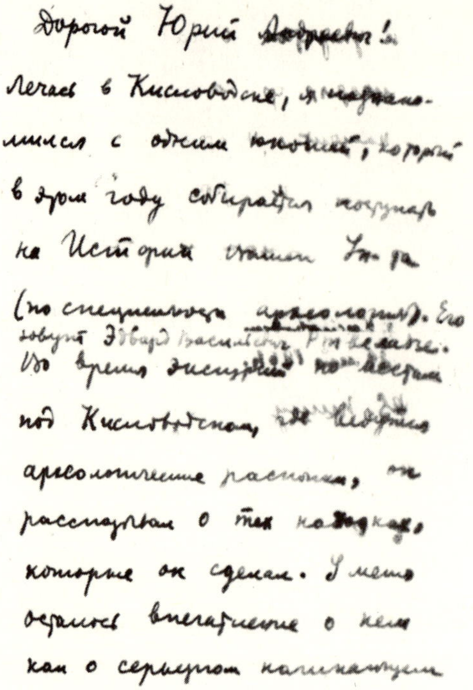

Дорогой Юрий Андреевич!
Летом в Кисловодске, я познакомился с одним юношей, который в этом году собирался поступать на Исторический факультет. Это за (по специальности археология). Его зовут Эдуард Васильевич Ртвеладзе. Во время экскурсии по окрестностям под Кисловодском, где ведутся археологические раскопки, он рассказывал о тех находках, которые он сделал. У меня осталось впечатление о нем как о серьезном начинающем

图 2.15　哲学家博尼法季·科德罗夫为推荐瑞德维拉扎，给罗斯托夫大学校长尤里·日丹诺夫的亲笔信。

　　但是，当我到了大学时，尤里·日丹诺夫正好不在罗斯托夫。然而，未上成罗斯托夫大学这件事，却显得不那么重要了。远比此更重要的是，像博尼法季·米哈依洛维奇·科德罗夫这样伟大的学者，对我的能力给予了如此高的评价。后来，通过他的夫人，我与他有过较长时间的书信联系。1966 年，当我停留莫斯科，在列宁图书馆自习期间，我还去过他家做客。

　　从罗斯托夫回来，我去拜访了 M.E. 马松，之后便去了埃托卡，在那里，我受命研究一处公元前 7 世纪至前 6 世纪的带有墓葬石棺的古代墓地，就这个题材，我还写过一篇文章，一直留下没有发表，保存在转交莫斯科东方博物馆的我的北高加索类个人档案之中。

　　在埃托卡的考察于 9 月初结束。未知的中亚和古老的梅尔夫[1]的发掘，已经在前面等待着我。

1　Старый Мерв

三 M. E. 马松在基斯洛沃茨克

在几乎整个20世纪的中亚科学生活中，米哈依尔·叶甫根尼耶维奇·马松是最鲜明和最卓越的人物之一。

1949年，他成为土库曼苏维埃社会主义共和国科学院的院士，是那个时候苏联少有的获得考古学博士的学者之一；同时，他还是历史学博士。他先是担任中亚国立大学（后来改名为塔什干国立大学）历史系考古教研室的主任和教授，南土库曼考古综合考察（南土考古综合考察）常任主任，并且身兼许多科学协会的正式和荣誉成员身份，也是第一所中亚考古学校的创办者和多个学科方向的先驱。而在此之前，米哈依尔·叶甫根尼耶维奇·马松已是多领域中一位不同寻常的学者。他已经发表的著作所涉及的科学兴趣的领域，包括但不限于地理学、地质学、民族志、民族学、动物学、古生物学、历史学、考古学、金石学和钱币学，而在他的那些档案中，比如日记、田野笔记、地图和计划、科学报告，以及在考古教研室和学生科考组（大学生科学考古小组）[1]会议上读过的讲座报告和通报，涉及的领域则更广泛。从1939年考古教研室创建，一直到1967年米哈依尔·叶甫根尼耶维奇年满七十岁退休，他的研究工作从未间断。他当时退休还有一

---

1 CHAK（студенческий научно-археологический кружок）

个原因，就是与新的系主任果加·阿布拉罗维奇·希多亚托夫[1]相处不来。

米哈依尔·叶甫根尼耶维奇的学者气质与众不同，仪容仪表始终如一：日常的城市生活中，是一成不变的白色"托尔斯泰式衬衫"；讲课和参加会议时，是严谨的黑色西装，头戴一顶黑色学院帽，遮衬着满头华贵的银丝（这头银丝一直留至他去世时）；他的脸部，胡子剃得像严格画线似的（只是生前最后几年蓄起了浓密的花白长须），一副老式圆形眼镜的后面，是他那双深邃的蓝色眼睛。考察时，他总穿一件用结实面料缝制的风衣，一双厚底鞋，手里是一个精美的带弯曲手柄的文件夹，或是一把伞，而特别引人注意的，是那顶让他看上去像一个英国殖民者的热带头盔。

尽管米哈依尔·叶甫根尼耶维奇的诸多著作都已出版，但关于他的生平、创作和艺术作品却没有人写过，仅仅有人做过类似的尝试。我是指著名作

图 3.1 在圣彼得堡工学院上学时的米·叶·马松，1916 年。

家 B.阿姆林斯基的随笔《桑贾尔苏丹》[2]，这是作者单凭在梅尔夫古城遗址的发掘现场，与米哈依尔·马松的一面之缘而创作的。然而我想，一切都还来得及。

在我写的有关米哈依尔·叶甫根尼耶维奇·马松的回忆录的标题中，我并非偶然地放上了他的教授称呼，而这，也是他在自己诸多称呼与学衔中最为骄傲的一个，甚至是在与那些完全弄不清楚科学头衔的人见面时，就单选这个称谓。

应该说，现在出现了很多的"教授"，他们并非真正的"教

1 果加·阿布拉罗维奇·希多亚托夫（Гога Абрарович Хидоятов, 1930—2015），苏联和乌兹别克斯坦历史学家，教授，历史学博士（1969），乌兹别克斯坦功勋科学家。
2 Султан Санджар

授"，只是被外国同事如此称呼（或者是他们自称，显然，这是过于"谦虚"！），或因不知实情，或因有意奉承。

有别于他们的是，米哈依尔·叶甫根尼耶维奇·马松不只是字面意义上（依据文件）的真教授，还是被公认的有真正内涵的教授。说出一点就足以证明，那就是在这所伟大的中亚考古学校里，在他于1939年亲自创立的中亚（后改名为塔什干）国立大学的考古教研室里，先后培养出五位各国科学院的院士（Ю. Ф.布里亚科夫、Б. А.利特文斯基、В. М.马松、Г. А.普加琴科娃、Э. В.瑞

图 3.2　马松教授。莫斯科，1967 年。

德维拉扎）。俄罗斯科学院的通讯院士 Г. А.科舍连科的几年研究生生活，以及相关的学习，也是在中亚学校，在南土考古综合考察中度过的。从考古教研室毕业的还有许多位史学博士，他们中的不少人成为中亚和高加索地区杰出的研究学者，如 Г. Е.阿法纳瑟耶夫、Е. А.达维多维奇、А.库德里亚夫采夫、В. Н.彼利普科、Р. Х.苏莱曼诺夫、А. С.萨格都拉耶夫、В. И.萨里阿尼季、Т. К.姆克尔特切夫、М. Н.费多罗夫，以及一大批副博士。其中我想特别提到的是斯·鲍·鲁尼娜和扎·伊·乌斯玛诺娃，她们曾先后成为考古教研室米哈依尔·马松主任的接班人，将自己的大半生献给了考古专业的教学事业，我自己也是她们的学生。不能不提的是，乌兹别克斯坦科学院历史和考古所今天的所长 Д. А.阿利莫娃，艺术研究所所长、历史学副博士 Ш. Р.彼达耶夫，以及其他几位知名的学者，像 В. А.布拉托娃、М. И.费拉诺维奇和 Н. Б.涅姆佐娃等，都曾在考古教研室就读。

米哈依尔·叶甫根尼耶维奇·马松的中亚考古学校如今仍在继续培养人才，至于它有什么不同的地方，比如与其他科学学校的区别，这一点稍

后再来叙述。

应该承认，我在科学研究生涯中是很幸运的。给我做过老师的人，其中有杰出的学者、才华横溢的教育家和非凡的人物——米哈依尔·叶甫根尼耶维奇·马松和加琳娜·安娜托莉耶夫娜·普加琴科娃。

米哈依尔·叶甫根尼耶维奇教给了我考古学、钱币学、金石学、田野考古发掘方法，以及在科学知识基础上的严格细致的态度。在他的领导下，我参加了梅尔夫古城、克什[1]和纳赫沙布[2]的发掘工作，一起做过数日线路勘察，研究过古代商队的路线，这些过程使我认识到，线路特征是考古搜寻的重要和不可分割的部分。在我已投向遥远未来的视野里，胡尔穆兹法拉[3]，那个被遗弃在卡拉库姆沙漠里的古城愈加清晰，那是已经消失在茫茫沙海里的塞琉古王朝皇帝安条克索托[4]的土城墙，它曾经环抱过硕果累累的梅尔夫绿洲；梅尔夫古城那一大片的废墟，还有我们舒适的考察营地，乌斯图克达季扎粟特人古村[5]和通往阿姆河的一条线路。有一次我与米哈依尔·叶甫根尼耶维奇一起，在难忍的六月酷暑天里迷了路，我们甚至被自己看到的幻境相互地误导，因为在酷热的昏迷中，我们一人看到绿色的村庄，而另一人看到从山上奔淌下来的水流。

读大学时，我听过加琳娜·安娜托莉耶夫娜关于东方艺术史和中亚建筑艺术史的精彩讲课，大学毕业后，我与她一起工作多年，研究领域是艺术和建筑史，不止一次地参加过她主持下的巴克特里亚和粟特古城的发掘工作。在她身边，不仅受益良多，而且对许多历史文化问题有了更深广的认识。令人敬佩的是，她出版了那么多透彻而卓越的科学著作，可见加琳娜·安娜托莉耶夫娜的工作效率十分惊人。

米哈依尔·叶甫根尼耶维奇和加琳娜·安娜托莉耶夫娜，是决定我人生命运的两位老师，因为如果不是他们，很有可能，我的一生和科研活动，

1　Кеш
2　Нахшаб
3　Хурмузфарра
4　Селевкидский царь Антиох Сотер
5　"乌斯图克达季扎"（Устукдадиза），是历史学家和哲学家萨姆阿尼于 12 世纪提及的在纳萨夫地区曾经有过的村落之一。

与中亚和乌兹别克斯坦不会有任何联系，而是在高加索待一辈子。

＊　＊　＊

20世纪的四五十年代，我的生活是在著名的疗养胜地基斯洛沃茨克度过的，这期间有三年的断档。正是在这里，我开始从事考古，先是自主进行，后来则是参加了基斯洛沃茨克的考古小组，它是由很出色的尼古拉·尼古拉耶维奇·米哈依洛夫所创办。

那是50年代末的一天，我来找尼古拉·尼古拉耶维奇，像平时那样，我想谈谈有关高加索考古的事，并讨论一些消息。而他对我说："你知道吗，艾迪克，米哈依尔·马松正在基斯洛沃茨克疗养，我们一起去拜访他，他就住在不远处，我将把你介绍给他。"

尽管了解很少，我已经知道米哈依尔·马松教授，主要信息是从高加索考古人士的嘴里听到的。把这些学者的观点汇集一处，那就是，马松是一位非常了不起的考古学家，但有些傲气，很严厉，对人要求很严格，总之一句话，是个硬汉。我们从尼古拉·尼古拉耶维奇家出来，

图 3.3　普加琴科娃教授

图 3.4　马松教授

沿着谢马什科街往坡上走去，它通往漂亮的基斯洛沃茨克教堂，而在拐弯上坡之前，我们和他几乎是撞了个正着。"这样的见面真巧啊！"他说了一句。"和你在一起的是谁啊，尼古拉·尼古拉耶维奇？""我们正要去找您，想让您认识一下我的这位学生，一个对考古痴迷到狂热的人，他叫艾迪克·瑞德维拉扎。"尼古拉·尼古拉耶维奇回答说。"那你的全名叫什么？""艾德瓦尔德。"我答道。"这么说，您叫艾迪，而不是艾迪克。"米哈依尔·叶甫根尼耶维奇说道。就从那时起，他一直都叫我艾迪，从不叫别的名字。"但我现在有点急事，明天晚上五点请你们来我这里吧。"他补充道。这就是我与他的第一次相见，而他后来成了我的导师，是我多年的老师。与他一起在土库曼和乌兹别克斯坦时，我经历了许多的考古考察，也是他建议我从马扎尔[1]开始第一次研究。他是我毕业论文和副博士论文的导师，是让我爱上中亚考古的引路人。

米哈依尔·叶甫根尼耶维奇在基斯洛沃茨克夏季几个月的疗养，住的是著名的费利克斯·尤苏波夫公爵曾经的别墅，到了苏联时期变成了住宅租赁合作社的出租房。这栋别墅在山上一处风景如画的地方，下面就是火车站。

我迈着平常的步子朝米哈依尔·叶甫根尼耶维奇住的地方走去，计划是按约定时间到达。先是走过步行桥，然后走过有陡坡的人行道，这条路直通别墅。这个住处，准确地说，就一个单间，是米哈依尔·叶甫根尼耶维奇从一家姓塔尔诺夫斯基的夫妇那里租来的，房东非常善良，把房子租给他很多年。

他搬到费利克斯·尤苏波夫别墅来住的事，是房子的女主人维拉·米哈依洛夫娜对我讲的。可以说，米哈依尔·叶甫根尼耶维奇在革命前的那些年，就非常喜欢基斯洛沃茨克，他不止一次带父亲来疗养过。

战后，他很快就得到了去科学院高尔基疗养院的疗养证，该疗养院建于苏联时期，是专门为来自苏维埃联盟各共和国的学者提供疗养和治疗服务的机构。不知因何缘故，米哈依尔·叶甫根尼耶维奇与疗养院的主任医

1　Маджары

生拌了嘴，就这样搬进了在疗养院当厨师长的米哈依尔·塔尔诺夫斯基的房子。有人说，主任医生不止一次来过马松的住处，劝他回去，但是，米哈依尔·叶甫根尼耶维奇就像他在一生中的许多情形下一样，表现出性格倔强的一面。从那时起，在以后的三十年时间里，每到夏天，他到了基斯洛沃茨克后，就住在塔尔诺夫斯基家的房子里。

我想说的是，从与米哈依尔·叶甫根尼耶维奇认识的第一天，我的习惯就开始有所改变。那个时候，我的烟瘾已经很大。我与米哈依尔·叶甫根尼耶维奇见面时，他用不赞成的眼神注视了我和我手中的香烟，但什么都没说。之后，当着他的面，我就再没有抽过一次烟，甚至是每次约好我要去他办公室时，我会提前一小时停止吸烟。即便如此，米哈依尔·叶甫根尼耶维奇还是能闻到有烟的气味，那么，这时我就不得不辩解："米哈依尔·叶甫根尼耶维奇，"我说道，"我房间里的人都吸烟，所以，我的上衣全吸的是烟味。""那你就把上衣脱了挂在走廊里，"他用要求的语气说，然后又补充说道，"您，艾迪，对科学有如此大的兴趣，我也为您花费了不少时间，但如果您真的让香烟缩短了自己的生命，那就太让人痛心了！"甚至到了四十岁时，我去看望米哈依尔·叶甫根尼耶维奇，依然遵守这个规矩，但这不是因为像许多人一样——怕他，而是出于对自己老师的敬重。可惜，现在的学生身上，几乎已经看不到这一点了。

在基斯洛沃茨克，就与在塔什干和在考察时一样，米哈依尔·叶甫根尼耶维奇依然遵循严格的作息制度：习惯早起，先吃早饭，然后去公园散步，按一种步行疗法，一直走到空气神庙[1]；再从那里下到玫瑰谷地，在该处的老位置——一条长椅上坐下来，连续工作两个小时，对文章的手稿进行修改（那时，南土考古综合考察著作的每一卷本他都是在家里做的审阅）；然后是午休，而傍晚五点，是会见来访人士的时间。来访者不少，在米哈依尔·叶甫根尼耶维奇的家中，我见过不少知名学者，像 И. П. 彼特鲁舍夫斯基、Л. С. 布列塔尼茨基、叶·伊·克鲁普诺夫[2]等；还有一些作家、画家，甚至是电影界人士；更不用说，当地的地方志人士亦经常登门请教。

---

1 空气神庙（Храм Воздуха），基斯洛沃茨克的名胜之一，建于 1914 年。

2 И.П.Петрушевский，Л.С.Бретаницкий，Е.И.Крупнов

米哈依尔·叶甫根尼耶维奇会专门安排出一些日子在基斯洛沃茨克郊区参观游览，为的是收集古生物陈列品，这些东西在他离开此处前往塔什干前，都转交给了叶先图基和基斯洛沃茨克的两家博物馆。他有一整套各种规格的专用工具——凿子、扁铲、镐等，利用这些工具，他就能在岩土层中挖出已经石化的贝壳。我经常参加他的古生物搜寻游览活动，采集到类似陈列品的主要地方，是在博尔古斯坦山脉，它似相框般镶在基斯洛沃茨克的北沿。在这里，除了贝壳以外，我们还收集到了所谓"魔鬼手指"，即箭石类古生物化石，在山坡上发现的数量很大。

不论过去，还是现在，博尔古斯坦山脉本身在全苏联就非常出名。也许，环状的山形，即楔形岩石中的一个巨大的圆洞，是风化和大气降水作用形成的地形，而如今成了游客和疗养者们朝圣的地方。在一个峡谷的山脊高处，有两个哥萨克村庄，分别叫博尔古斯坦斯卡亚和别科舍夫斯卡亚。在国内战争期间，两村成了冯蒂科夫上校和著名哥萨克首领什库罗 [1] 率领的白色近卫军的堡垒，而什库罗的出生地，就是附近不远处的苏沃罗夫斯卡亚村 [2]。

与苏沃罗夫斯卡亚村相邻的是别拉亚萨布利亚村 [3]，据当地老居民们讲，索尔仁尼琴地主家族的庄园就在这里，他们拥有数百公顷的土地。一位在皮亚季戈尔斯克市博物馆工作过很多年的老居民，名叫马特维依·伊万诺维奇·雷卜科。他说，相比其他的地主，这个地主家族更为残忍和吝啬。20 世纪 70 年代，这位著名作家的一个姑姑还在附近的格奥尔基耶夫斯克市住过。就是这位作家，用自己的作品推动俄罗斯人民改变传统的价值观，去接受西方的精神元素。

还是回到主题。在拜访米哈依尔·叶甫根尼耶维奇的第一天，他仔细地问我，有哪些科学兴趣，还问了一些我了解的考古知识方面的问题。如，我去过哪里，研究过什么，读过哪些书籍。那天，我讲了大约有一个小时的样子，因为在此之前，我已经读过不少书籍和科学文章，所以能够较专业地谈论高加索历史和考古方面的问题，尤其是有关萨尔马特人和阿兰人

1　полковник Фунтиков и казачий атаман Шкуро（Андрей Григорьевич）
2　Суворовская станица
3　село Белая Сабля，译音为"别拉亚萨布利亚"，意为"白色的军刀"。

的问题。看得出，我对一些问题的看法和评论，给米哈依尔·马松留下了较深的印象，因此，他让我三天后再来找他。

当我又一次见到他时，他对我说："艾迪，您知道吗？所有这些，阿兰人、萨尔马特人，都是很有意思的。但你们斯塔夫罗波尔有马扎尔，一处绝妙的金帐汗国古城遗址，现在还没有人研究。塔季扬娜·马克西莫夫娜·米纳耶娃[1]，她现在斯塔夫罗波尔地方志博物馆里工作，曾经对马扎尔做过全面的概述，并在该馆出的《科学笔记》刊物上发表了一篇长文。我现在给她写封信，请她寄来这篇文章的单行本。"然后，他又补充说道："请您仔细地阅读它并向我汇报自己的印象。"

在那个时候之前，塔·马·米纳耶娃已经是一位知名的考古学家，早在 20 年代，她就曾与保罗·劳[2]一起在伏尔加德意志人苏维埃社会主义自治共和国[3]和萨拉托夫州境内做过遗址发掘工作，现在已经上了年纪。她很快就对马松的请求做出了回复，与回信一起寄来的还有这篇文章的单行本。她在信中写道："……您在信中提到的年轻人如果能来博物馆找我，再看看 B. 果罗德佐夫和 Г. Н. 普罗兹里捷列夫收集的考古收藏，那就太好了。"但遗憾的是，我有机会与塔季扬娜·马克西莫夫娜认识，已经是六年之后，那时，她已病得很重。

又过了一年，我们才回到马扎尔遗址的问题上来。1960 年盛夏的一天，我来找米哈依尔·叶甫根尼耶维奇，那时我从卡巴科研所在外地的考古考察工作中抽身，临时返回基斯洛沃茨克数天，考古工作正在山地巴尔卡里亚的上切格姆村进行，由帕·格·阿克里塔斯和加·易·依奥涅带队负责。

米哈依尔·叶甫根尼耶维奇听完了我的讲述后问："怎么样，关于马扎尔遗址的文章读过了吗？""是的，读过了，读了好几遍。"我回答说。"有什么让您觉得有意思吗？"米哈依尔·叶甫根尼耶维奇紧追着问了一句，然后突然说："去马扎尔遗址，去看看并收集一些地面上的材料，您准备

---

1 塔季扬娜·马克西莫夫娜·米纳耶娃（Татьяна Максимовна Минаева, 1896—1973），苏联著名的学者，教育家、考古学家。
2 保罗·劳（Пауль Рау, 1897—1930），苏联德裔学者、作家、画家。
3 Автономная Советская Социалистическая Республика немцев Поволжья

好可以去吗？""是的，我准备好了。"我回答说。"那么，我给您10卢布，您去一趟吧。回来给我做个汇报。"

马扎尔古城遗址在布琼诺夫斯克附近，那时，从基斯洛沃茨克到这个小城市（后来很快就改名成了普里库姆斯克[1]），走法有两种：一是从皮亚季戈尔斯克市乘公交车，途中会经过格奥尔基耶夫斯克；一种是乘坐电气火车至米涅拉利内耶沃德[2]火车站，然后转乘火车，终点仅到布琼诺夫斯克。我觉得第二种更合适。

第二天早晨，我在布琼诺夫斯克汽车站坐上公交车到了医院，革命前，它曾是著名的圣十字修道院。不敢想象的是，这个地方会在1996年成为全世界关注的悲伤之地。正是这家医院，当时落入车臣的恐怖分子手中，布琼诺夫斯克[3]的居民被当作人质扣押在医院里，他们中的不少人，因为俄罗斯安全机构领导的无能和营救行动不当而丧生。然而，那时候这里非常宁静。医院四周一直到库马河的右岸河边，再到普里库姆斯克市的城边，金帐汗国之城马扎尔的痕迹，即那些不大的丘形土包仍然保留完好。而被大部分城区占据的库马河的左岸，已被完全开垦利用。这里生长着各种农作物，其中包括葡萄，很大的葡萄园一直蜿蜒至普拉斯科维依村，那里出产著名的葡萄酒，有马斯喀特的两个品牌："斯塔夫罗波尔琥珀"和"普拉斯科维依的马斯喀特"[4]。我个人的感觉，它们一点都不逊色，甚至要好于马桑德拉的红酒[5]。

通过一座窄桥，我来到库马河该段河岸的这一边，开始在开垦过的田野里，在不同地块上逐一搜寻，不时捡到一些物品，或是陶器的碎片，或

---

1 普里库姆斯克（Прикумск）是布琼诺夫斯克市的曾用名。该市简史如下：1799年，在今天布琼诺夫斯克市的地方建起了"圣十字"城；1826年，该居民点成为斯塔夫罗波尔省的非县行政中心的城市；1883年，该城中建了玛玛依·马扎尔沃斯克列先斯基修道院；1910年，圣十字城成为县市；1920年有了新名称——普里库姆斯克（意为库马河边之城），直到1935年；1935年，为纪念苏联军事将领 С. М. 布琼诺夫，此城易名为布琼诺夫斯克；1957—1973年又改用原名普里库姆斯克；之后又恢复现名布琼诺夫斯克。
2 直译"矿泉水"火车站（ж\с. Минеральные Воды）。
3 1996年，该市已经恢复布琼诺夫斯克的名称。
4 "斯塔夫罗波尔琥珀"（Янтарь Ставрополья）和"普拉斯科维依的马斯喀特"（Мускат Прасковейский）。
5 指产于雅尔塔马桑德拉酒厂（винзавод "Массандра"）的葡萄酒。

是青铜和铁制品的残片，或是发绿的圆形钱币。

在考古中，这叫地面材料收集，它很重要，尤其是在线路调查中。当没有时间做层坑时，用此方法可以获得各种小村落或古城存在的时间的初步概念。

后来，我在乌兹别克斯坦和土库曼收集地面材料和发掘时，也寻找过钱币，从塞琉古的哈尔基[1]到布哈拉的坦加[2]。但我搜集到第一批钱币的地点是马扎尔，也正是由此开始，我有了研究钱币的爱好。

利用这个机会，我想对近来发表的一些有关马扎尔钱币的文章和提纲中我本人所发现的一些偏误进行修正。其中，比如，普遍认为，马扎尔钱币的搜集是由安·彼·鲁尼奇完成的，他后来把它们转交给了我进行鉴别，这样一来，我则被认为是一个没有在该古城遗址直接搜集过钱币的人。然而，这一切并非如此。

安·彼·鲁尼奇是与我的老师尼古拉·尼古拉耶维奇·米哈依洛夫同时参与到我的考古调查中的。他首次去马扎尔是在1965年的夏天，经过我长时间的劝说，他才开始独自前往，而在这之前，我已有五年的在这个古城搜集钱币的经历。当我回基斯洛沃茨克过暑假或休假时，他把自己找到的钱币交给我来做鉴定。正是在我找到的钱币的基础上，再加上安·彼·鲁尼奇补充的钱币，我完成了自己关于马扎尔钱币最初的几篇文章，并编成了钱币的卡片索引。而就在不久之前，经 С. Б. 博列洛夫之手，我将该卡片索引连同我的其他一些材料转交给了莫斯科东方博物馆存档。

我与安德列·彼得罗维奇·鲁尼奇的交往和友情一直持续到70年代末他去世。他个子很高，身材偏瘦，留着少见的有些白发的背头，有一双极富表现力的眼睛，还有所谓的"豁唇"，可以说，是这一点破坏了安德列·彼得罗维奇优雅的贵族形象。但是，他并非贵族出身。他的祖辈于18世纪从塞尔维亚移居到俄罗斯，他们中有一位是军官，参加过镇压叶梅利扬·普加乔夫的起义。他还有一个叔叔，曾经在位于博尔若米市高地势城区的利

1　селевкидских халки

2　бухарские таньга

卡尼宫里做过管理员，它是俄国皇帝的避暑之处，这栋房子的对面，就是我们家曾经住过的房子，而我就出生在那里。安德列·彼得罗维奇还有一位远房亲戚叫斯捷潘·鲁尼奇，是著名的电影演员，曾是很有名气的女电影演员维拉·霍拉德纳娅[1]的伙伴。而维拉，那一代人，包括我的母亲，不止一次看过她主演的电影，都认为她是俄罗斯和苏联电影史上最漂亮的女星。我还记得一点，就是与安德列·彼得罗维奇相识后，我母亲常常会想起20年代末曾流行的诗句：

> 鲁尼奇在床上哭泣，
> 维拉奇卡[2]在呓语……

安德列·彼得罗维奇的父亲曾在格尔岑[3]教授的科研医院做过助理，之后的很多年，他是高加索温泉地区最好的专家之一，名声远扬。安德列·彼得罗维奇的父母还在世时，我见过他们，他对父母细心的照料很让人感动。他们去世后，我经常去皮亚季戈尔斯克，到乌里茨基街找安德列·彼得罗维奇，他当时住在一栋老旧的独栋小楼二层的一间屋子里。我在他的住处还留宿过。他做的一道熏肠豌豆汤味道甚好，饭后我们长时间地交流，做例行的考古考察计划。总之，这是一段忘年交。

我非常吃惊的是，有一天，当我走上乌里茨基街这栋小建筑的二楼，与一个姑娘撞了个照面，我和她是在基斯洛沃茨克舞会上认识的，我还曾送她去乘电气火车。这是一个可爱的姑娘，身材很好，显然，这与她从事体育运动有关。那些年，她是位运动健将，取得过斯塔夫罗波尔的竞技体操的冠军。原来，她与安德列·彼得罗维奇是邻居。世界真小！

我要重复一点，安德列·彼得罗维奇是一位很有天赋的人。是他教我学会了测绘技术、使用水平仪，以及在考古之余从事昆虫学研究。安德列·彼

1　维拉·霍拉德纳娅（Вера Холодная，1893—1919），有人称她为俄国的"默片女伶"。

2　维拉奇卡（Верочка），即维拉的小名。

3　彼得·亚历山德罗维奇·格尔岑（Пётр Александрович Герцен，1871—1947），苏联著名的外科专家、卫生事业的组织者、大型外科学校的创始人、苏联肿瘤学的奠基人之一，教授，莫斯科第一国立医科大学外科教研室主任（1919—1921）。

得罗维奇收藏了大量的甲虫，他从 20 年代起就开始专业做这件事情。所有的陈列品按科、种、属做了分类，都用大头针固定在了有玻璃盖板的专用图板之上，周围涂抹了专用的药剂。我们是按不常用的米勒图示目录法做昆虫分类的。

安德列·彼得罗维奇的甲虫收藏中的中亚部分，是我在土库曼、塔吉克斯坦，尤其是乌兹别克斯坦的各个角落里收集到的。它们中有一些是极为稀有的品种：如虎甲虫（Cicindela nox）、斯威路索威大锹（Dorcus sewertzwi）、吉丁虫科类（Solomonis buprestidae）、印度六星亚种（Anthia mannerheimi）等。特别让我记忆犹新的是印度六星亚种，这是步行虫队伍中的一种甲虫，黑色的前背上带有白色的斑点，其名称系纪念芬兰领导人曼纳海姆[1]男爵的祖父——著名的昆虫学家卡尔·古斯塔夫·曼纳海姆而得。这些知识后来不仅在我的考古工作中派了用场，而且在一定程度上影响了我的个人生活。

1961 年 10 月的一个星期天，我们南土考古综合考察队的全体人员，在米哈依尔·叶甫根尼耶维奇的领导下，对位于卡拉库姆中部沙漠梅尔夫古城以北的胡尔穆兹法拉古城进行了一次勘察。米哈依尔·叶甫根尼耶维奇经常从事这样的旅行，向学生教授如何认识在如此短的时间内搜集到的材料。同时，为了尽可能多地获取考古信息，考察队被分编成数个两至三人的小组，每组被布置单独的地块任务。这项工作安排在上午进行，而下午，则按照米哈依尔·叶甫根尼耶维奇既定的传统，专门召开考古教研室和学生科考组（大学生科学考古小组）的流动会议，会上宣读事先准备好的报告。活动是在一处废弃的建筑里举行，我们花了很短的时间，迅速收拾好了场地：在一处角落，用上下堆叠的盒子搭出一个简易的临时讲台，上面还铺了一块绿布。为此用途，米哈依尔·叶甫根尼耶维奇每年都要特地从塔什干带来一块这样的布料。

在场地的另一角，米哈依尔·叶甫根尼耶维奇坐在行军凳上，而他的

1　即马达汉（1867—1951），芬兰著名探险家。

身边是学生科考组的组长，他受委托当会议的主持。大学那几年，我作为学生科考组的组长，不止一次地主持过类似的会议。这正是米哈依尔·叶甫根尼耶维奇·马松科学教学极为重要的一个部分，它教会我们如何理解自己所选择学科的重要性，以及简明表达自己的想法。报告的评价尤为重要，每个报告读完之后，米哈依尔·叶甫根尼耶维奇当场给予讲评，点评的结果迥然不同，有被评为好的，也有被评为砸锅的，但都是非常客观的评价。

在我第一次去胡尔穆兹法拉古城时，我受命去做一个 10 至 11 世纪墓地的调查工作。

有一次，在进行发掘工作的时候，漂亮的丽达·布基尼奇走到我的面前对我说："你看，我这里有个礼物要送给你。"边说边打开了手掌，原来，她的手心正卧着一只漂亮的印度六星亚种甲虫。我们怎么都没有想到，几年之后我们会成为夫妻。有时回想起这段插曲，我会开玩笑说，正是胡尔穆兹法拉的甲虫开启了我俩的友谊，在此基础上，逐渐地演变成令我们相伴一生的长久爱情。

米哈依尔·叶甫根尼耶维奇确定了这只甲虫的类型，他还告诉我们，在 20 年代的巴黎曾经流行的一款胸针装饰品，用的就是该甲虫金属般的外观造型。

米哈依尔·叶甫根尼耶维奇拥有丰富的中亚动植物方面的知识，常常将这些运用到自己的考古科研之中。比如说，他能根据众人提供的繁杂信息，画出一个建筑的平面图来。去过他家的人，都能一眼看到客厅的墙上，挂着许多固定有各种昆虫标本的绘图板，供大家直接观赏。在它们的最中间，是一只非常华丽的天牛科甲虫 Sartus Turkestanicus 品种的标本。

我的昆虫学知识深受米哈依尔·叶甫根尼耶维奇的青睐，他创造了根据昆虫来确定某个古城生命衰落时期的方法，他也将此技能传授于我。1963 年，基塔布[1]伯克卡拉[2]遗存那时尚在，我与巴扎尔拜·萨依帕诺夫被安排在此处铺设地层坑。后来，卡拉的城墙被拆，它的位置之上建起了市执委大楼。在对被界定为古代和中世纪早期之间的文化层进行发掘的过程

1　Китаб

2　бековская кала Китаба

中，在一个较深的部位，我发现了一些圆球的遗迹，它们很像是由神甲虫（Scarabaeus sacer）用有机材料滚制成的"小圆房"。但是，这种甲虫在有人居住的地方，从不做那样的"小房子"。它们一般出现在远离人居之处，这就说明一点，即古代克什古城在这个时候正在走向衰落。

米哈依尔·叶甫根尼耶维奇对用这一事实证明了他的想法感到特别骄傲，此观点之后被正式发表在一篇文章之中。

还是继续说我去马扎尔古城调查的事。我带着满满的印象，背包里装满了发现物，在约定的时间，来到了米哈依尔·叶甫根尼耶维奇的家。家里除了他，还有一位优雅的女士正端坐在沙发上，当我从背包里往外掏出陶器时，只见她迅速从沙发上站了起来，并走到桌前，非常自信麻利地将它们分组进行摆放："这是呼罗珊的，这是花刺子模的，这是金帐汗国伏尔加河地区的，这个可能是拜占庭的。" 顿时，我很惊讶，而且不知所措。"这位女士怎么能这样，干扰起我与米哈依尔·叶甫根尼耶维奇的事情？"我有些纳闷。米哈依尔·叶甫根尼耶维奇发现了我的不安，急忙说："噢，没有来得及介绍。这是我的妻子，普加琴科娃副教授。您也许已经听说过她了吧。"

就这样，我认识了加琳娜·安娜托莉耶夫娜·普加琴科娃，而她，成了我科学生涯中的第二位导师。在后来的许多年里，我们一起在同一个研究所里工作。从 1962 年开始，我参加了由她主持的乌兹别克斯坦艺术学考察。我们共同撰写了许多科学著作，其中包括题为《北巴克特里亚-吐火罗》[1]的一本专著。

就是在他们家，加琳娜·安娜托莉耶夫娜为我 1962 年 4 月第一次前往乌兹别克斯坦，去粟特参加第一次考察提出了倡议。

由此开始，一直到 1970 年，每年我会两至三次到访马扎尔古城，在这里进行科学研究，写了十余篇有关它的文章。马扎尔古城到现在依然吸引着学者们的兴趣，也是不少学位论文的题材。从马扎尔和其他金帐汗国伏

---

1 《北巴克特里亚-吐火罗》，普加琴科娃与瑞德维拉扎合著（*Монография Северная Бактрия-Тохаристан*，Пугаченкова Г. А.，Ртвеладзе Э. В.），1990 年出版。

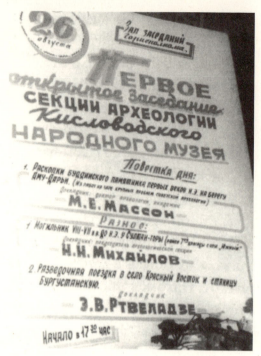

图 3.5　基斯洛沃茨克人民博物馆考古部首次开放型会议的宣传海报

尔加河地区及花剌子模搜集到的材料，为我撰写 13 至 14 世纪北高加索—中亚文化关系的副博士论文奠定了基础。

米哈依尔·马松在基斯洛沃茨克的活动还有一个方面：他积极参与了当地地方志小组的工作。比如，在基斯洛沃茨克和叶先图基两地筹建博物馆，以及举办一些科学会议等。

1961 年夏天，他在基斯洛沃茨克做了一场有关中亚地区考古学的创立和阿依尔塔姆[1]佛教遗址发掘工作的报告。时隔不久，就在同年秋天，在梅尔夫古城考察营地，我听到了该报告的另一个版本，名称为"阿姆河岸边阿依尔塔姆的考古调查（1933 年）"。1976 年，塔什干出版了他的一本精彩的书，《一位中亚考古学者的回忆》，该文就是此书中的一章。

在我的档案中，保留了一张很不专业的海报照片，它当时被贴在了纳尔赞画廊的入口处。这座建筑的大门，面朝基斯洛沃茨克的主街——和平

1　Айртам，音译为"阿依尔塔姆"，古代巴克特里亚古迹之一，位于今天乌兹别克斯坦南部，距离老铁尔梅兹古城 10 公里的阿姆河陡岸之上，是 20 世纪 30 年代在乌兹别克斯坦境内首次发现佛教遗址的地方。

大道（原名为斯大林大道）。

我将该海报全文引用，这对想了解高加索温泉地区地方志活动史的人很有意义，也许，会有人能写出这段历史。

8月26日　　　　　市执委大楼会议厅
基斯洛沃茨克人民博物馆考古部首次开放型会议

日　程
1. 阿姆河岸公元初世纪一处佛教遗址的发掘（来自苏联考古大课题工作一线的报告）
报告人：M. E. 马松，考古学博士、教授

其　他
2. 苏尔坦山公元前8至前7世纪的一座古墓（"南方"国营农庄7队地区）
报告人：H. H. 米哈依洛夫，考古部主持
3. 红色东方村和博尔古斯坦斯卡亚村的考察报告
报告人：Э. B. 瑞德维拉扎

开始时间：17时30分

我清楚地记得，对于基斯洛沃茨克疗养院来说，此次科学会议不同寻常，它引起了人们的极大关注，大厅里座无虚席，有本地居民，也有在疗养院休养的人。现场有不少人提问，尤其是向米哈依尔·马松教授提的问题最多。当然，我们也遇到提问的情况。

我在报告中提到的"红色东方"村，早在古代，就有阿巴扎人居住，这是高加索诸多民族中人口不多的一个民族，属于伊比利亚-高加索语言家族的阿迪格-阿布哈兹分支。在该村的公墓地，我找到了许多书写有阿拉伯文字的墓碑，它们的年代确定主要集中在19世纪。然而，我在那个时候就

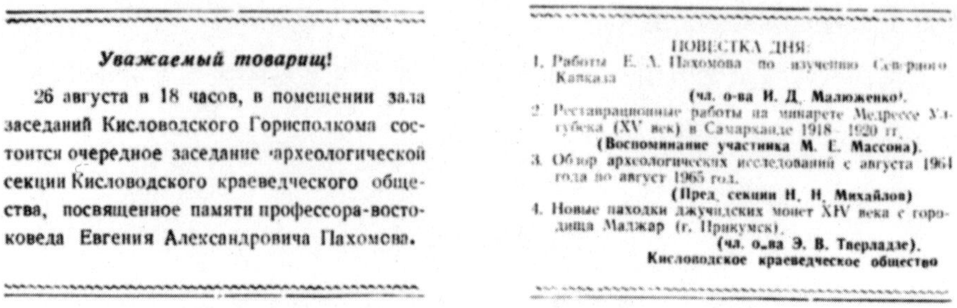
Уважаемый товарищ!

26 августа в 18 часов, в помещении зала заседаний Кисловодского Горисполкома состоится очередное заседание археологической секции Кисловодского краеведческого общества, посвященное памяти профессора-востоковеда Евгения Александровича Пахомова.

ПОВЕСТКА ДНЯ:

1. Работы Е. А. Пахомова по изучению Северного Кавказа
   (чл. о-ва И. Д. Малюженко).
2. Реставрационные работы на минарете Медресе Улугбека (XV век) в Самарканде 1918–1920 гг.
   (Воспоминание участника М. Е. Массона).
3. Обзор археологических исследований с августа 1964 года по август 1965 год.
   (Пред. секции Н. Н. Михайлов)
4. Новые находки джучидских монет XIV века с городища Маджар (г. Прикумск).
   (чл. о-ва Э. В. Тверладзе).

Кисловодское краеведческое общество

图 3.6 1965 年 8 月 26 日学术报告会请柬

有了想法，谢里夫丁·阿里·耶孜迪[1]提到过埃米尔·帖木儿远征北高加索，曾率大军到过阿巴兹这个地方，就位于波德库莫克河的上游地区。

除了这次活动，米哈依尔·马松在我们部的会议上还做过几次报告。其中有一次是在 1965 年 8 月 26 日，非常值得一提。这次会议是为了纪念不久前去世的叶·亚·帕霍莫夫[2]教授而举办，他是巴库人，一位著名的高加索学学者。

共有四人做了报告,从叶先图基来的伊·德·马留仁科做了有关叶·亚·帕霍莫夫研究北高加索著作的报告；尼·尼·米哈依洛夫报告了 1964 年 8 月至 1965 年 8 月期间基斯洛沃茨克地区的考古研究情况；我的报告讲述了 14 世纪术赤国钱币[3]的主要特征，它们是在马扎尔古城遗址新发现并收集到的；米哈依尔·叶甫根尼耶维奇做了题为“1918—1920 年撒马尔罕兀鲁伯神学院清真寺塔（15 世纪）修复工作”的报告。这个报告后来被收入一本名为《斜塔》[4]的小册子，于 1968 年在塔什干出版。

这次会议的邀请帖是印刷的，难免会发生姓名印错的现象，结果就发生在我的姓氏的打印上，瑞德维拉扎被打印成了德维瑞拉扎。

想提一下叶·亚·帕霍莫夫和报告人伊·德·马留仁科。他们早在革命前，在外高加索的铁路工作时，就已成了亲密的朋友，而当时，叶·亚·帕

1 Шараф ад-Дина Али Йезди，波斯史学家。

2 叶甫盖尼·亚历山德罗维奇·帕霍莫夫（Евгений Александрович Пахомов，1880—1965），苏联著名考古学家、钱币学家。

3 джучидские монеты

4 *Падающий минарет*

霍莫夫将军是这条铁路的长官，伊·马留仁科是翻译官。两人都是打小就爱好钱币学，共同的爱好让他们走到了一起。帕霍莫夫在十月革命后就彻底转行走了科研之路，写了大量关于高加索钱币学和历史问题的文章，其中就有关于在杰尔宾特发现巴列维语铭文，特别是关于阿塞拜疆的内容。而他也被选为该共和国科学院的通讯院士。伊·马留仁科后来则成了一位收藏家，他在外高加索和前东[1]地区工作时收藏的古钱币，数量和品种繁多，十分罕见。伊·马留仁科所收藏的塞琉古钱币，我后来在其他地方再未见过。伊·马留仁科去世后，这些收藏品的命运不得而知。听说，其中有部分被其亲属卖给了艾尔米塔什博物馆，而另外数量更多的那部分，都落到了各个收藏者手中。

伊·马留仁科是高个儿，体型单薄，很有贵族气质。他懂多门外语——波斯语、库尔德语、亚美尼亚语，而他的格鲁吉亚语讲得尤其好。甚至在他的俄语口语中，都有明显的格鲁吉亚口音。有一次会后，那是1964年1月份一个大雪纷飞的傍晚，我送他去电气火车站，从市执委大楼的开会地点起，一直到车站，一路上他用格鲁吉亚语朗诵绍塔·鲁斯塔维利[2]的史诗《虎皮骑士》[3]——"维普赫维斯·特卡奥萨尼斯"。

伊·马留仁科住在叶先图基，每逢夏季，叶·亚·帕霍莫夫都会从酷热的巴库来这里避暑，每次来时都带着两只心爱的猫。小精灵们总是坐在主人的膝盖上面，甚至午饭时也不例外。

米哈依尔·马松教授十分敬重叶·亚·帕霍莫夫，要知道，在那个时候，他们两人与在乌兹别克斯坦流放时去世的里恰德·法斯梅尔[4]一起，都曾是苏联的大家，尤其在钱币学方面，可以称为国际著名的专家。那时，如果有话题说到叶·亚·帕霍莫夫，米哈依尔·马松总是这样说道："叶甫盖尼·亚历山德罗维奇是位杰出的专家，可惜，他未把自己的知识传授给他人，而我，

1　Передний Восток

2　绍塔·鲁斯塔维利（Шота Руставели），也有译作"鲁斯塔维里"等，中文最早译为"路斯塔威里"。

3　*Вепхвис ткаосани（Витязь в тигровой шкуре）*。1958年由侍桁北芒翻译，"国际文化服务社"出版了原著中译本《虎皮骑士》。

4　Фасмер Ричард（рихард）Ричардович（R. R.Vasmer，1888—1938），德意志裔，著名的俄罗斯、苏联东方学家。

则培养了几位专家。"他还补充道："我希望，艾迪，有朝一日当您成了教授，那就一定要把自己的知识再传授给学生，以此继续传承，并把我们的学校办下去。"就这样，我完成了自己老师的愿望。我的学生——阿莉菲娅·穆萨卡耶娃（粟特钱币学）、拉里莎·巴拉托娃（中世纪早期钱币学）、阿列克谢·果林（巴克特里亚钱币学）都成了学者，他们的学术成果早已享誉乌兹别克斯坦国内外。

每逢夏季，除米哈依尔·马松教授外，来参加我们会议的还有许多其他知名的学者。其中，有一次会议，那位著有论述格鲁吉亚钱币巨著的作者达维德·格奥尔基耶维奇·卡帕纳泽[1]前来参加。在我的发言结束后，他劝我返回格鲁吉亚，但是，我还是坚决地选择了留在塔什干。

米哈依尔·马松教授还积极参加了基斯洛沃茨克市人民博物馆的建立，后来，该馆成了国立博物馆。为了这项工作，他甚至还找过基斯洛沃茨克市的执委主席和市委书记。得益于他的影响力，加之基斯洛沃茨克市地方志学者们坚持不懈的努力，包括在刊物上发表的文章，特别是 И.图力诺夫和尼·尼·米哈依洛夫的文章，一座建于19世纪初并保存完好的棱状碉楼城堡被专门划转给博物馆管理。而在当时，该建筑是"克列波斯奇"[2]疗养院这个地方的城市居民用来防御山民袭击的设施。

此疗养院位于基斯洛沃茨克一处风景如画的地方，在比公园地势略高的山上，与设在一个老旧独栋别墅里的邮政总局相邻。巧的是，"乌兹别克斯坦"疗养院也在旁边。在这些建筑的一侧，围着一个半圆形状的很舒适的小公园，那是我和马松教授经常相约会面的地方，而俄国著名画家尼古拉·雅罗申柯[3]的故居纪念馆，就离此小公园不远。米哈依尔·马松教授还参加过这个纪念馆的活动，该馆的工作人员经常邀请他来参与各种仪式。讲话中，他总会讲述自己与俄罗斯和乌兹别克斯坦一些著名画家见面的美好回忆，他讲得最有趣的是尼古拉·卡拉津和韦列夏金到过土尔克斯坦的细节，而这些故事，都是他在少年时期从老一辈的土尔克斯坦人那里听到的。

1　Давид Георгиевич Капанадзе

2　Крепость，音译为克列波斯奇，意为"要塞"或"堡垒"。

3　尼古拉·亚历山德罗维奇·雅罗申柯（Николай Александрович Ярошенко，1846—1898），19世纪下半叶俄国著名画家，杰出的肖像画家。

四　古老的梅尔夫

那时，人们都把这个令人惊叹的古代城市，说成是苏联境内规模最大的古城。而我第一次听说它，还是在基斯洛沃茨克，在与米哈依尔·马松的谈话之中。

1961 年 8 月，我从卡巴科研所的考古考察工作中回来，当时的发掘工作是在上切格姆和埃托卡村地区，它位于卡巴尔达-巴尔卡尔苏维埃社会主义自治共和国和斯塔夫罗波尔边疆区的交界处。与往常一样，我来找米哈依尔·马松，而他在仔细问了有关我们考察工作的情况后，对我说："您知道吗，艾迪，在上大学之前，该让您去经历一下我的田野考古学校。南土考古综合考察队在梅尔夫古城遗址这一季的例行工作，将在九月底开始。艾迪，您考虑一下，然后把自己的决定告诉我。"我当即就表示了同意，而后则犯了难。我要从哪里才能挣到这笔远途的路费呢？从高加索温泉地区到阿什哈巴德可以乘飞机，从位于矿水城的机场起飞，这条路线只需要三个多小时；或者是乘火车先到巴库，然后换乘渡轮穿过里海，到克拉斯诺沃茨克，在那里再转乘到塔什干的火车，但这条路线要花费三个昼夜还多，而且还必须是最理想的衔接状态。我便选择乘坐飞机，况且，在此之前我还从未飞过。但首先需要弄到这笔路费，要知道，那时候机票并不便宜，三十多卢布对我来说，是不小的数目。

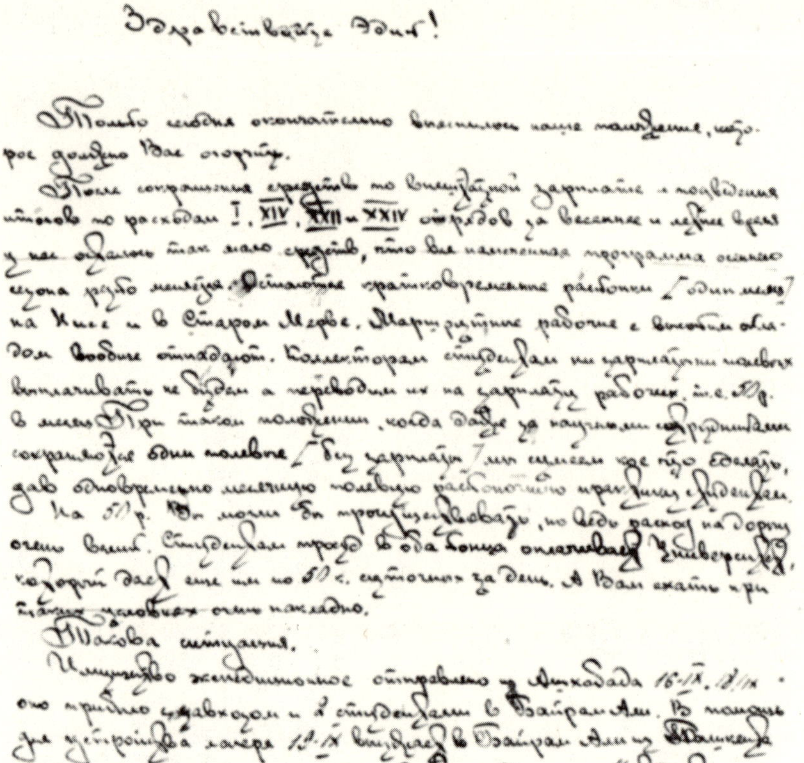

图 4.1　瑞德维拉扎在买好去阿什哈巴德机票后，收到的马松教授的那封来信。

我又回到了埃托卡村的考古现场。考察队主任加·易·依奥涅听了我的计划后，建议我和他的儿子列尼亚一起，把一个挖过的萨尔马特人古墓填实，这样可以得到一点报酬（就在这个古墓坑的五米深处，我们发现了一个有狭长甬道的地下墓穴）。因为古墓紧邻道路，而且不远处是一家马场，所以，偶然路过的行人甚至是汽车，落入古墓坑的危险性很大。

马场的工作人员非常友善，得益于此，我能经常骑上漂亮的卡巴尔达跑马，在山前草地和高台地形上，快跑、小跑、遛步骑行。让我记忆犹新的，是一种不同寻常的被紧紧拥抱的感受。当时，我紧贴着马脖子的一侧，再用小腿把马夹紧，只见马以疯狂的速度飞奔起来，四蹄几乎飞离了地面。是啊，那是一段曾经的美好时光！而现在，即使是打盹儿的乌龟也不敢骑喽！

我们完成了回填古墓的任务并得到了报酬。路费不足的部分，我通过其他干活门路也挣到了。就这样，九月初时，我已经买好了飞往阿什哈巴德的机票。

然而就在次日，我收到米哈依尔·马松的信后，顿时惊呆了。他在信中写道，今年拨给南土考古综合考察用于田野工作的经费不足，因此，他要我放弃此次行程，而去认真准备塔什干国立大学来年的入学考试。

尽管如此，在没有事先告知米哈依尔·马松的情况下，我于9月16日飞抵了阿什哈巴德。在矿水城机场，是妈妈送的我。那时这个机场很小，所有的服务部门都在一栋一层的建筑里面。她非常担心，所以就一直瞅着乘客人群，想在他们中间找到一位善良的土库曼人，能托他在旅行中给我一点关照。

这是我第一次坐飞机，那是一架神话般的伊尔-18型客机。此后乘飞机旅行的次数很多，都记不清有多少次，飞过许多国家，也坐过许多种型号的飞机。仅在美国，我就在纽约、华盛顿、里士满、休斯敦、达拉斯、洛杉矶、旧金山、波士顿等一些大城市降落和起飞过。而那个时候，这可是我的第一次！永远忘不掉的印象。

飞到阿什哈巴德时还是白天。尽管当时是九月中旬，但这里酷热难耐。当然，没有人接我，我坐上公交来到了位于火车站附近的一家不大的旅馆。当时，阿什哈巴德完全还是一座不大的城市，基本上都是平房，也都是在

1948年那场特大地震后新建的。当然，城里的居民也不是很多。到了第二天，我坐上了那趟很出名的往返塔什干—克拉斯诺沃茨克的列车，当时，有关这趟列车，还有吟唱它的诗歌和歌曲。甚至在参加南土考古综合考察的大学生中间，也流传过一首歌，它开头的歌词是这样的："把我们送上去克拉斯诺沃茨克的列车，走吧，拉走吧……"

非常遗憾，随着中亚这些独立国家的建立，此趟列车已不复存在。真是太遗憾了！要知道，它曾是一条非常便捷的铁路，把中亚与外高加索各加盟共和国紧密地联系在了一起，而且，再往前，通过黑海又连上了欧洲，更何况，它也是一条古代商路的再现。

漫漫长路穿过了土库曼南部的数个区，当我到达巴依拉姆-阿利时，已经是午后。我这个从小在高加索长大的人，习惯了有茂密植被的山区，很不适应这里道路两旁单调的风景：绵延不断的沙丘，零星长出的梭梭，间隔许久才出现的一两处绿洲，以及绿洲上分布的小镇。让我难以忘怀的是一个叫捷詹的地方，在那里，我吃到了既美味又出奇便宜的葡萄。我记得，当时是列车停车时间，我快速地跑出车站，花了大概20至40戈比的样子，买到了好几公斤的葡萄。

那时，巴依拉姆-阿利是个不大的小镇，居民很杂，有土库曼人、俄罗斯人、库尔德人、波斯人、维吾尔人、亚美尼亚人，而且土库曼人并不占多数。俄语是他们之间的主要交际语言，而且都讲得很标准。苏联时期，这样的小城镇在中亚和哈萨克斯坦有很多，多在铁路沿线，还有那些有新的建设工地和新开垦土地的地方，移民主要是从苏联各个角落前来工作的熟练技工和他们的家眷。在他们中间，逐渐形成了不同民族独特的融合，是苏联人民社区的组成之一。

现在，这个概念经常成为政客、新闻记者和电视评论员们嘲笑的话题。但是有一点，过去的就永远成了过去，谁也无法否认，我自己就在那个环境中长大并得到培养。那个环境，一个与今日显著不同的特征，就体现在多民族小伙伴之间的友谊，完全没有那种所谓的民族自大，而这一点，却恰恰成了建在"伟大红色帝国"废墟之上的一系列国家的"亮点"。如今，类似的居民城镇，更准确地说，城镇中那种人口构成已经消失；绝大多数所谓的后来居民都在向自己的历史故乡回迁。

巴依拉姆-阿利的一处主要名胜，是19世纪末建的一栋老建筑，是为肾病患者服务的医院。在苏联时期，它成了一个肾病疗养院，苏联各加盟共和国的患者纷纷慕名前来。此处有益于患者治疗主要有两点：一个是出奇干燥的气候；二是盛产非常独特的土库曼西瓜，对肾病患者很有益处。

我沿着弯曲的街道从火车站走到了一家旅社，一为安排过夜，二为问一下，去梅尔夫古城南土考古综合考察队营地的路该如何走。

同巴依拉姆-阿利镇内所有的建筑一样，这家不大的旅社也是一层的平房，因旅社房间床位不够，我被安排睡在了走廊。我询问总台服务员是否有考古学者住在旅社，她回答说有个修复人员的小组，是从阿什哈巴德来，恰巧就住在这里。他们正在苏丹桑贾尔陵进行工作。

晚上，当这个小组回到旅社时，我找到了小组的领导，一位身材敦实略微发胖的土库曼男子，他就是考古学者库尔邦·阿迪科夫。我向他做了自我介绍，并请求他帮助我到达南土考古综合考察队营地。他同意了。

早晨，我们登上汽车就出发了。我仍记得自己当时的心情：满满的喜悦和兴奋。沿着废墟，我们驶过了阿布都拉汗-卡拉、苏丹-卡拉的南侧大门，在这座建于12世纪的宏伟陵墓下方，就是塞尔柱帝国苏丹桑贾尔的墓地。在此处，我们先让修复组的人员下了车。四处望去，到处分布的都是半圆拱顶形状的建筑，五颜六色的陶瓷片和破碎的砖块散落在上面，这些就是中世纪建筑的遗迹，另外苏丹-卡拉四周还围着长长的高墙。尤素福·哈马达尼清真寺还在使用，驶过它，我们最终在一处半圆拱顶的建筑前停了下来。

"我们就不往前开了。"库尔邦·阿迪科夫说道，"看，那边就是营地，你过去吧！"汽车调转了头，将我包裹在尘土中，朝着苏丹桑贾尔的墓地驶去。距离营地的路所剩不多，我背起了背包，向着营地走去。营地所在处曾经是俾路支人用过的马厩，在米哈依尔·马松教授率领考察队主要人员到达之前，南土考古综合考察队派到这里的几名大学生和同事，用自己的努力，终于把它变成了一处设施完善的营地。但此问题，我会在后面另叙。还是说我到达营地的那天。我进入大门，走进很大的院子，院子四周是用黄土夯成的高墙。院子西侧的中部，是一栋长条形的泥土建筑，开有许多的小窗，而且都装上了玻璃，这就是营地宿舍。那一次，我在这里一住就是两个多月；之后连续五年，又在这里度过了每个秋季田野考察的时光。土房子的入口处正站着一群人，我走上前去做了自我介绍。此刻，整个营地里只有五人——南土考古综合考察队的前任总务主任阿布都尔·古谢依诺维奇·阿利耶夫和他的妻子，我们平时都叫她萝扎婶婶，她是个温柔善良的女人；新任的总务主任费尔多乌斯·阿力·阿斯科尔·古利亚米，我们用俄语亲昵地称他为费佳叔叔；再就是考察队的厨师，一位从巴依拉姆-阿利镇来的鞑靼女人，名叫娜捷日达·加富罗夫娜，以及营地的一名工人。对我的到来，他们表示了热情的欢迎，并把我安排进了一个房间，是由单栏马厩改成，这就是南土考古综合考察队同事和大学生的宿舍。

晚些时候，在艾尔克-卡拉[1]进行发掘的考古教研室教师，担任那一年营地负责人的扎米拉·伊斯玛伊洛夫娜·乌斯玛诺娃，还有苏联科学院考古所的一名研究生，叫格纳季·安德列耶维奇·科舍连科，他研究帕提亚史及考古专业，他们回到了营地。

在南土考古综合考察队营地生活的最初几天，阿布都尔·古谢依诺维奇对我非常关照，我们相处得很好。那个时候，阿布都尔·古谢依诺维奇年纪偏大，体态有些臃肿，是一位非常诚实和有教养的人，在南土考古综合考察队已工作多年。他是第一位教我波斯语和阿拉伯文字的老师，尤其是后一种，在离开梅尔夫前，我已经较好地掌握了它。

说到宗教信仰，费佳叔叔也同几乎所有生活在土库曼的波斯族人一样，是巴哈依教的信徒，该教由米尔扎·侯赛因·阿里创立，他也被称为巴哈欧拉，意为"上帝荣耀"，其初衷是创立一个万能的世界宗教。按照巴哈欧拉的教义，神的启示是渐进式的，带着启示并向人传达神的意志的先知，在天意确定的时期曾经出现并将不断出现，而现有宗教的差异带有明显的从属特点，是与社会范畴的规律有关。巴哈依信徒相信，他们的宗教是当今时代的宗教，其原则和法规符合人类现阶段发展的需要。那个时候，土库曼境内有波斯族人居住的城镇都有巴哈依教徒社区，尤其是在马雷和阿什哈巴德。

1　Эрк-кала

我与南土考古综合考察队的新总务主任费佳叔叔也成了好朋友。他个子不高，敦实，宽肩，一头浓密的黑发，手劲非常大。他让我想起传说般神奇的波斯巴赫拉万艺人[1]，正是他们曾经为伊朗带来荣耀且声名依旧。就是从这个时候起，我和他开始了波斯-格鲁吉亚式的友好斗嘴秀，这在营地引起所有人极大的兴趣。每当所有的同事和大学生们围坐在长条桌旁进行晚餐，大家都会迫不及待地等着我俩的表演。

　　费佳叔叔在孤儿院长大，参加过卫国战争，受过伤，左腿略有些瘸，在桌边总是坐在米哈依尔·叶甫根尼耶维奇右手一侧，一直认真听他的讲话和发表的意见，有时会记一些考古方面的术语。我记得，营地里大学生之间偶尔会发生争吵，费佳会冲进男生中间并喊道："如果你们现在不闭嘴，你信不信，我会用塔尼娅（指塔尼娅·别利娅耶娃）挖出的 $40 \times 40 \times 12cm$ 的古砖拍你们！"在此之后，我经常会在我俩的斗嘴秀中揶揄费佳："怎么样，费佳，你承认吧，是格鲁吉亚人战胜了波斯人，还是你用古砖拍我的脑袋？！"

　　我到达营地的第二天，扎米拉·伊斯玛伊洛夫娜就允许我去看苏丹-卡拉了。

　　应该指出，梅尔夫古城本身是由五个不同时代的主要的古城组成，它们之间是相继更替的关系，又各自占据了不同的地块：艾尔克-卡拉、戈亚乌尔-卡拉[2]、苏丹-卡拉、阿布都拉汗-卡拉和巴依拉姆阿利汗-卡拉[3]，它们的围墙正好压在了现代城市的边上。所有这些古城的面积加起来足有 60 多平方公里，而且发掘地块相互间的距离也比较远，最东边的发掘地块位于塞尔柱人的军营沙伊穆-卡拉，与最西边的发掘地块相距有十多公里。就在菲鲁兹的大门和穆罕默德·伊本·扎伊德的陵墓附近，在这片遗址上，有中世纪陶炉窑址留下的成堆陶器碎片。考察的营地大概就在它们的中间，

1　波斯巴赫拉万艺人（Персидские пахлаваны），即古代伊朗的大力士。在今天的塔吉克斯坦，每逢纳吾鲁孜节，民间依旧保留有巴赫拉万艺人摔跤比赛的传统。

2　Гяур-кала，音译为"戈亚乌尔-卡拉"。在阿拉伯人将伊斯兰教传入中亚时，他们把当地的异教、邪教徒称为"戈亚乌尔人"。"卡拉"（кала, kala）突厥语为"城堡"之意，地名或许由此而来，意为戈亚乌尔-城堡。

3　Эрк-кла，Гяур-кала，Султан-кала，Абдуллахан-кала и Байрамалихан-кала

由于有时汽车会因什么缘故不能来接我们，我会从位于戈亚乌尔-卡拉自己的发掘点步行走回营地。从发掘现场最远端的地方步行到营地大约需要一小时。那是 1963 年的时候，我在那里研究了佛塔遗址。说真的，步行总是非常有趣，可以穿过整个戈亚乌尔-卡拉古城遗址，在当时，古城这一片还完全没有像几年之后那样，因为地下水位上涨而变成大片的沼泽地。而地下水位的上升，完全是卡拉库姆运河[1]建成导致的。当时，在这里可捡到赤陶的小塑像、帕提亚的硬币，或者是其他的什么物件。然后，翻过戈亚乌尔-卡拉古城陡峭的城墙和墙下的拉济克中世纪水渠[2]，再穿过一个俾路支人的小村子，一出村就可进到营地。

在巨大的苏丹-卡拉古城，我几乎游荡了一整天，它的宽敞和宏伟令人震惊。我仔细地查看了苏丹桑贾尔的陵墓，还有艾苏哈卜，即先知穆罕默德的圣弟布列依迪[3]和吉法里的墓地，都十分简朴。

最出名的要数哈基姆·伊本·阿姆·吉法里[4]，大约在公元 670 年前，他成了第一位渡过质浑河（阿姆达里亚河）的阿拉伯将领，巴拉祖里[5]对此有过证明，称他在今天的乌兹别克斯坦境内面朝质浑河方向做过穆斯林的祷告。

阿拉伯人袭击了马维兰纳赫尔（即"河的另一边的地方"），他们就是这样称呼阿姆河和锡尔河的河间地区。公元 651 年，阿拉伯人占领了梅尔夫，用《梅尔夫古城的废墟》一书的作者、杰出的俄国东方学家瓦·阿·茹科夫斯基的话来说，以此为"自然基础"，阿拉伯人在土尔克斯坦的统治开始扩散开来。

在马松教授率考察组主力到来之前，那些日子里，我们的生活过得相当自由，完全不像后来，营地里建起了铁一般的管理制度。

扎米拉·伊斯玛伊洛夫娜带我去做艾尔克-卡拉剖面的发掘，正是在这

---

1 Каракумский канал。该运河（主要河段）于 1954 年开工，1967 年建成，全长 840 公里，有一半长度可适航。

2 средневековый канал Разик

3 Могилы Асхабов Бурейды

4 Ал-Хаким ибн Амр ал-Гифари

5 有译"白拉祖里"（Ал Балазури）。

图 4.2　佛教遗址发掘现场，丽达·布基尼奇和纳里曼·尤素波夫。戈亚乌尔-卡拉，1961 年。

里，我开始了解到中亚考古的技能。当时，该剖面以一个巨大的探沟将艾尔克-卡拉的西墙切开，深度很深。扎米拉·伊斯玛伊洛夫娜带着不多的工人和大学生，在这里已经一起工作了数年。萨珊王朝时代的围墙已经搞清，帕提亚时代的围墙已经过了一大段，但它仍然还没有到终点。如果我没记错的话，当时的深度已经到了近二十米，而且是不止一代的考古专业大学生在这里辛勤地劳动过。我们两人甚至还开了一个玩笑，说等这项工作做完，扎米拉就到退休的时候了，而 60 年代初时她才 28 岁。

在格纳季·科舍连科的领导下，我在戈亚乌尔-卡拉东南角的九号发掘现场工作了好几天，学习如何清理砖块和寻找围墙。对我来说，所有的一切都是新东西，与我在北高加索曾经从事过的那种考古完全不同。

1961 年，这处古迹尚未得到确认，它被确定是在次年。当时，在此处发现了一个巨大的佛像头部和一个陶罐，罐子上方被一幅绘图（叙述一位富裕的迪赫坎[1]的生活）覆盖。罐内有一些手写的文字，经 B. 沃罗巴耶娃-

---

1　Дихкан 或 Дехкане，即波斯语的"dehgān"一词，意为"地主"，也是中亚地区对"农民"的称呼。

吉斯雅托夫斯卡雅[1]的辨读，原来这是反映佛教萨婆多（sarvastivada）学说的教义。由此弄清楚了，原来，大约两千年前，此地是一处佛教的伽蓝（Sangharama）。

其实，这是继铁尔梅兹的阿依尔塔姆和卡拉帖佩[2]之后，由考古学者们在中亚发现的第三处佛教遗址，而第一处所在的位置，就在帕提亚和萨珊古国境内。

关于这座佛教遗址建造时间的争论，迄今仍在进行：是公元 1—2 世纪，还是 3—4 世纪或更晚些时期？我清楚地记得，一次晚饭后，马松教授对梅尔夫古城营地向他上交的古代钱币做了测年说明小结，其中就有九号发掘现场的发现物。他说，这里面有帕提亚古钱币，而它们是在该建筑的基座上被发现的。

9 月 27 日，从早上起，我们就在准备迎接马松教授的到来。扎米拉·伊斯玛伊洛夫娜和费佳叔叔去接从塔什干来的火车，而我和其余的人都在营地。大约午后时分，我们看见考察队的汽车在尘土笼罩中，正从苏丹桑贾尔陵墓那边驶来，没过一会儿，就开进了营地。

第一个从汽车车厢下来的是米哈依尔·马松，随后，一群小伙子和姑娘相继下车，他们都是塔什干国立大学考古教研室大二至大四的学生。此时，院子里瞬间起了变化，此前空旷的大院好像顿时被填满了。满院嘈杂的声音，大家都在清理自己的行李，然后陆续被安排进了营地的房间。我走到米哈依尔·马松教授面前，向他问候。他透过镜片看着我说："尽管我写了信，但您还是来了。"我一句话没说，只是点了点头，但是我感觉得出，他对我的到来是满意的。

带队的教研室老师是斯维特兰娜·鲍里索夫娜·鲁尼娜，她和所有来的大学生都已在营地中安顿下来。在此之前，为便于生活和工作，整个营地被充分地做了布置。在中央的位置，正对着门口，是考察队总指挥的办公室，门上有"M. E.马松教授"的字牌。在它的左侧，是营地总务主任费佳的房间，右边是一间客房。营地总务主任房间的对面是厨房，里面有一

1　В. Воробьёва-Десятовская
2　Айртам и Каратепа.

图 4.3　南土考古综合考察队合影。其中，从前往后第二排左起为费尔多乌斯·阿力·阿斯科尔（费佳叔叔）、扎米拉·乌斯玛诺娃、马松教授、斯维特兰娜·鲁尼娜和一名女性营地工作人员；瑞德维拉扎在第三排左五。梅尔夫古城，1961 年。

个挺大的炉灶，这里是那位枯瘦的鞑靼女人——从巴依拉姆-阿利镇来的娜捷日达·加富罗夫娜的领地。

　　整栋平房左边一半（从总务主任房间一侧开始），是考察队的女生宿舍，而右侧（从客房一侧开始）是男生宿舍。宿舍里面，在支撑屋顶的黏土夯成的大柱子之间，放着行军床，每一个支撑出的空间下面放两张；床头一侧靠墙位置是原来喂马的料槽，现在被我们用来做放置个人用品的储藏柜，而我们的衣服，就挂在土柱上面。

　　平房中段有个厅，厅里放了一张长条桌，柱子上面则挂着南土考古综合考察的一些较为重大发现的图片。那时，侧面的墙壁和马料槽都被利用，做成了田野博物馆，陈列着每一处发掘现场出土的古代文物，非常严格地摆放着对应的展品。博物馆用漂亮的芦苇和麦秸束做了装饰。展厅的装饰和展品的摆放，都是米哈依尔·马松教授亲手完成的。

图 4.4　南土考古综合考察营地的中心厅，1961 年。

　　我们的早晚两餐是在这个厅里，午餐是自己带食物到发掘现场。这顿午饭就是硬得令人难以置信的馅饼，连白蚁这样不挑剔的小生灵都不去碰它，尽管它们不管遇到什么，如鞋子、图纸，还有衣服（看起来它们更喜欢低热量的食物），都统统吞食。有一天，我和科利亚·瓦谢茨基[1]吃腻了这种不像是用特别的爱心烤出的馅饼，就把它埋进了石头堆里。结果真的让我们惊奇：第二天，我们发现包裹馅饼用的一张纸完全消失，而饼还保留得完好如初！

　　营地非常干净和整洁，就连有时来我们这里的客人都不禁惊叹："我们还以为你们是住在帐篷里呢！"

　　有一次，当时的系副主任加琳娜·鲍里索夫娜·尼科尔斯卡娅[2]来我们营地，来检查考古专业大学生的田野实习情况，她对我们的生活条件一个劲儿地赞叹：比起其他去摘棉花的大学生，这里的条件好出许多。

　　那时，摘棉花的运动达到了令人难以置信的规模，所有的城镇都会拉

1　Коля（Николай）Васецкий，科利亚（即尼古拉的小名）·瓦谢茨基（或 Н.瓦谢茨基）。
2　Галина Борисовна Никольская

人去收摘，塔什干也不例外，高年级的中学生、大学生、工人和职员等都要参加。应该说，米哈依尔·马松以其威望在大学领导那里争取到了当时不可能的一点：在收获棉花最繁忙的时候，让考古专业的大学生们有一个半月，从九月底到十一月初，去南土考古综合考察现场工作。说实话，等到大家返校后，过了十月革命节，他们还是要被拉去摘棉花的，有时要一直干到初雪落下。我自己也曾有过体验，放到后面再叙。

当时，我们的营地里没有电，也没有广播。唯一的照明是煤油灯，它们得到了精心的呵护，灯罩的玻璃被擦到透亮得不可思议，灯捻也是不时地被认真修剪。然而，煤油灯也只在厅里的大长桌上、马松教授和总务主任的房间里有。那时候也无便携式收音机，尽管已经有生产，但营地没有。如果有的话，也会被米哈依尔·马松批评是"犯罪的行为"。无需娱乐，一切都要服从并献给科学。

营地也没有水，要从别处运水来用。每隔几天会有人用奇列克[1]——一种土库曼平底小桶把水运来。这水只能用于做饭和洗漱，生水严禁饮用，这一点是营地行为规定清单中的一条。所有规定的内容还被做成了表格，马松教授在到达的第一天，就将表格张贴在他办公室门的两侧。在所有的房门上面，每年都会张贴一张告知书，上面专门用漂亮的拉丁文字体，书写翻译自俄语的一句相应的口号，它就是这一年野外考察队工作的中心内容。在我到达南土考古综合考察的第一年，门上贴的是一句有名的拉丁语句子："Nulla dies sine linea"——"没有一天没有标记"，即没有一天不从事科研。

马松教授制定的作息表，要求是严格精准。六点钟，首先起床的是厨师和大学生营地的值班员。六点半，全体起床。为此，专门在三脚架上挂了一段铁轨，值班员要准时敲响起床的钟声。七点整，全体人员应该坐在公共的大桌边。七点半，早餐结束，大家要在汽车边集合，由车辆送大学生去各自不同的野外发掘现场。一辆车去戈亚乌尔-卡拉和艾尔克-卡拉，另一辆车去苏丹-卡拉和市郊。我们要在自己的发掘现场工作到下午四点，

---

[1] Чилек-плоский туркменский бочонок

图 4.5 马松教授在出发去发掘现场前讲话。梅尔夫古城，1961 年。

中间包括午餐间隙。戈亚乌尔-卡拉现场发掘负责人是扎米拉·伊斯玛伊洛夫娜，苏丹-卡拉由斯维特兰娜·鲍里索夫娜指挥。每一块场地还有自己的组长，通常由一名高年级学生担任，而他的下属则是收集员，会安排一名低年级学生，以及工人，如果有他们的话，等等。工人很少，他们都由马松教授分配，主要是配给更重要的目标区，所以，收集员通常负担的工作更重一些，他们要进行开挖，还要做实地登记，给发现物编号，画陶器草图。

　　傍晚五点前，我们回到营地，先将自己收拾利索，进行清洗并更换衣服。六点半，大家都严格地按次序坐在大厅的长桌边上。马松教授最后一个走到桌边，坐到桌首位置。他的右侧是营地总务主任费佳叔叔、格·科舍连科和所有的女生，从高年级依次向后。左侧是斯维特兰娜·鲍里索夫娜·鲁尼娜和男生。我是坐在长桌的末端，而在我的右侧一边，是一名更年轻的学生，叫乌特库尔·阿利莫夫，现在是塔什干帖木儿博物馆的副馆长；另一位是已故的著名土库曼考古学家，当时的大二学生艾明·马西莫夫，他是维吾尔族，那个时候我们都叫他埃米尔。

晚饭之后是汇报的时间。各野外作业现场的负责人依次向米哈依尔·马松报告当日的发现和收获。他认真地听取每个人的汇报，发表自己的意见，有时是和善及肯定的，而有时非常刻薄，类似"有眼睛要自己看啊！没有吗？！"这种。这句话，是从曾在十月革命前与 В. Л. 维亚特金[1]一起工作的一位乌兹别克族组长那里照搬的，当时的米哈依尔·马松还很年轻，参与发掘阿夫拉夏布[2]古城遗址。

听罢所有的汇报，马松教授通常要做这一天的总结，对汇报给他看的钱币进行鉴定，给大家读报纸上的新闻。而报纸，是费佳从巴依拉姆-阿利镇邮局拿回来的。

每逢星期六，发掘现场是半天的工作，之后我们会去巴依拉姆-阿利镇，在那里争取快快地洗个澡，然后在镇上和公园里转转，喝点啤酒什么的，有时会喝些红酒。那些年，有一种"埃里克-卡拉"牌的土库曼波尔图甜葡萄酒很常见。天黑之前回到营地后，我们会比平时晚半个小时坐到博物馆厅的长桌边上，然后就会响起歌声。一般都是格纳季·科舍连科第一个开唱，而我们大家都以和声跟着他唱。大多数歌曲是老歌，其中有两首是马松教授最喜欢的："流浪汉走近贝加尔湖边，乘上一条渔民的小船……"[3]而另一首著名的歌，"芦苇沙沙响，树儿弯了腰……"[4]，他甚至也跟着唱了起来，还用手指着歌曲的节拍敲着桌面。我们还会唱另一首也很著名的歌曲——《塔甘卡》[5]。总的来说，对于我们大家而言，星期六的后半天算是"休息日"，因为即使是星期日，我们也不能休息。每个星期日要轮流举办考古教研室和大学生科学考古小组的会议。第一个会议，是研究人员发言，而第二个会议主要是大学生发言。我甚至在其中的一个会上发言做了报告，讲了1961年在上切格姆村（上巴尔卡里亚）的发掘情况。

新的一周又开始了，而一切都还是按照马松教授编写的同一个剧本在

1　Василий Лаврентьевич Вяткин

2　городище Афрасиаб

3　俄罗斯民歌《在贝加尔湖的草原上》（По диким степям Забайкалья）（Бродяга）。

4　俄罗斯民歌《芦苇沙沙响》（Шумел камыш）。

5　《塔甘卡》（Таганка）是俄罗斯和苏联最著名的监狱歌曲之一，歌名来源于莫斯科市塔甘卡区的塔甘卡监狱。

进行。要是有谁违反了规定，结果会很严重，违规者会被清除出营地，随后也会被考古教研室开除。如果有谁因为其他原因要告别并离开营地，马松教授总会走出大院，从衣袋中掏出一块很大的围巾，冲着远去的人的背影长时间地挥舞。但是，如果是违纪者被送出营地，他就不会这样做了。

　　总体上讲，野外营地实行的是铁的纪律，一切都要服从考古，也只服从考古。当然，我们有时会悄悄地违规。我们都是年轻人，几乎所有的小伙和姑娘都是同龄人。我们当中，最年长的是纳里曼·尤素波夫，那时才满25岁，但大家都称他"老汉儿"，而且这个绰号后来也跟了他许多年。我们当中有谈恋爱的，有庆生日的，还办过舞会。在废墟中的某一处，在马尔吉亚那神秘的月光映照下，有手风琴的伴奏，而拉手风琴的人，是瓦利娅·戈里娅切娃。这部手风琴是缴获的德国战利品，营地总务主任费佳每年都会从阿什哈巴德把它带来。我们与费佳相处得极好，在阿布都尔·古谢依诺维奇和萝扎婶婶两人走了以后，是他在继续教我学波斯语。我和费佳的格鲁吉亚-波斯友情斗嘴秀，主要内容是这样：随便一人回忆起格鲁吉亚人和波斯人关系中的某个历史片段，然后将其表演出幽默的效果，这是我们的"节目亮点"。坐在桌旁的大家，都迫不及待地等着这一时刻，而且有些人喜欢添油加醋，尤其是格纳季·科舍连科，会突然插入一个这样或那样不为人知的事例。我一般都是这样开头："你记得吗，费佳，在马拉巴达，我们格鲁吉亚人是怎样把波斯人打趴下的？"他像解释一般地回了一句，说在此之后沙赫阿巴斯是如何收拾格鲁吉亚人的。对此，我回答说：今天的波斯人已经不是波斯人了，而是格鲁吉亚人；因为沙赫阿巴斯从卡赫季亚迁出了三十万格鲁吉亚人，是他们，用格鲁吉亚人高贵的血统稀释了波斯人的血统；而突厥人也曾拼过命，因为论出身，中世纪的波斯王朝都是突厥人的。这番话，导致费尔多乌斯·阿力·阿斯科尔几乎暴怒，而且后来做出了一系列"阴险"的报复行为。

　　在米哈依尔·马松教授办公室门边的墙上，张贴有他签署的营地命令，重要的几点内容用红色铅笔书写成了漂亮的小字，像做了标记。根据命令的安排，我最初两周是被派到戈亚乌尔-卡拉，去九号（佛教遗址）和七号（基督教修道院遗址）发掘现场，与加琳娜·德列斯维杨斯卡娅和丽达·布基尼奇一起工作。此后，我又被调往中世纪的苏丹-卡拉郊城遗址，正在做毕业论文的柳德米拉·茹科娃，就在这里挖一处废弃的陶器堆。旁边是一处名叫乃麻孜果赫[1]的节日清真寺的遗址，鲍里斯·科奇涅夫[2]在此处工作，他不久前才从伏龙芝（今天的比什凯克）市的一所大学调入考古教研室。鲍里斯去发掘现场工作时总是戴着一顶运动帽，穿着一双当时在考古人中很流行的帆布长靴，常常用口哨吹着古典音乐中的名曲。鲍里斯是一位古典音乐的爱好者，特别喜欢维瓦尔第的作品，不知为何，在那个时代的一部分年轻人当中，他的作品成了真正知识分子的标志。

我和鲍里斯很快就成了朋友，而且有时我们两人不等汽车到来，就从苏丹-卡拉的郊城遗址开始步行，穿过整个巨大的古城遗址走回营地。鲍里斯和我一样，都爱好收集地面材料，而且他有一双敏锐的眼睛，能够迅速在色彩杂乱的"地面物体"中捕捉到一块不同寻常的碎瓷片，或是已经发绿的钱币的一个边角。

鲍里斯在发掘乃麻孜果赫清真寺时，可以说，是顺着围墙完全拆掉后的墙砖痕迹在挖，最终的成果是一个完整的平面图。他另用了几张瓦特曼纸细心地绘好，并卷好放在了床头。但是，有一天，当他拿出图纸时，顿时大惊失色并伤心起来，他看到自己画的图纸已所剩无几，都被白蚁吃掉了。显然，白蚁成了我们这些梅尔夫古城营地居民的"天灾"：它们咬噬了玛尔加丽达·费拉诺维奇一双节日才穿的鞋子，还有我一件时髦黑衬衣的前半部分，我刚到营地时把它挂在了土柱上的一根铁钉上面。有时，它们会从屋顶天花板上直接落入盘中。那已经是1963年的事了，当时营地肉食断供，库特比丁挨着我坐，又看到了一只白蚁，而且是眼睁睁看着它直落进自己的盘中，不禁伤感地重复着一句话："这不，肉来了！"

考虑到鲍里斯·科奇涅夫的项目很重要，马松教授又给他派了一名工人（我和柳达一起时是没有工人的）。这是一个瘦高的土库曼人，是相邻

1　Праздничнаямечеть Намазгох
2　鲍里斯·科奇涅夫（Борис Кочнев），有译成波·德·阔奇涅夫，著名的喀喇汗王朝钱币专家和考古学家。

不远处的穆罕默德·伊本·宰德陵墓[1]的守陵人[2]。午饭时他会回家，而他家就在发掘现场附近，所以，返回时常常会带来一壶浓浓的绿茶，把茶递给我们，并生硬地蹦出一句话："瞧，茶来了！"这是他仅会说的一句俄语，而且重音总是落在头一个字上面。从那时起，鲍里斯每次来我们家，我把茶壶递上桌时，也会对着他重复出这一句："瞧，茶来了！"以此，我们能够再一次回忆起在梅尔夫古城时的青春时光。

后来，我不止一次与鲍里斯一起去这个古城从事发掘，还去了基塔布和卡尔希。1965 年，我在卡斯比[3]帮他做了乃麻孜果赫清真寺遗址的测量工作。

后来，鲍里斯在塔什干我家里（我的妻子丽达是他的同班同学）准备这些清真寺题目的论文答辩，答辩通过后，他就放下了这个题目，全身心投入到钱币学研究，尤其是喀喇汗王朝的钱币。他成了这个领域非常杰出的专家。他的离世是该领域不可弥补的损失。因为，目前实际上没有人研究喀喇汗王朝钱币学。鲍里斯是一位非常认真细致的学究型研究者，他的不同就在于他的细心和非同一般的研究深度。与该领域其他的学者相比，比如同样是我们教研室毕业生的 M. 费德罗夫，后者的研究特点更接近于历史文学，而非科学。

我们最后一次见到鲍里斯，是在丽扎·涅克拉索娃的家里，为他去以色列送行。他是想去那里治疗身患的重病，可病魔最终还是击毁了他。迄今，我还是认为他去国外是一个错误。到底为什么，我也想说一说。他所患重病的症状出现于 20 世纪 90 年代中期。当时他把情况告诉了我，我带他去找自己认识的一位好朋友，叫拉维利·图赫瓦图林，是一位非常出色的肿瘤外科专家。拉维利为他切除了肿瘤，在之后的数年里一直密切地对他进行观察。看上去，这个病是治好了。鲍里斯非常积极地从事科学研究，每周都去爬山。我还记得与他一起去过阿尔纳塞[4]，他的爬山能力极强，让我

1　Мавзолей Мухаммада б. Зайда

2　меджаур，音译应为"梅扎乌尔"。

3　Касби，历史古城，在卡什卡达里亚州卡斯比区（Касбийский район）境内。

4　Арнасай，哈萨克斯坦土尔克斯坦州沙尔达拉区（Шардаринский район）境内。

感到十分震惊。然而，2001 年春天从纽约回来后，他又感到不舒服了。医生确定，在他的肺部出现恶性肿瘤，并为他安排了 4 月 21 日的手术，我和巴赫季约尔·巴巴江诺夫送他去了医院并让他住进了病房，尽最大可能地安排了比较好的条件。第二天，我去了卡姆佩尔帖佩 [1]，由于当时正值吐火罗考古考察的最初几年，工作要求我本人亲自参与。我 4 月 21 号晚上打电话到家里，丽达告诉我说，鲍里斯放弃手术并准备去以色列，他寄希望于那里的医生。对这一点，我感到十分吃惊。在动身前的三个月时间里，他神经完全处在高度紧张的状态之下——要卖掉房子、藏书，还要办理签证，都需要消耗极大的体力，而这对他来说，却是最宝贵的余存……

还是回到遥远的 1961 年，那时，我们两人还不知道前面是什么在等待着，我们说不完的主题就是考古，它让我们热爱到忘了自己。在梅尔夫古城营地的日子，有时显得快，有时却很慢。进行的野外发掘、田野材料的室内整理研究、召开的科学会议、马松教授有趣的报告以及讲述，让我们感到，他真不愧是一位伟大的行家。马松教授讲中亚地区的考古研究史，讲老一辈的那些学者，他们的简历，以及他们对了解过去历史所做的贡献，等等，他知道的又多又细。这里面有许多人他都认识，而其余的一些人，则是他从土尔克斯坦老一辈人那里听来的。20 世纪初，在撒马尔罕他父亲的家里，常有朋友来做客，而他打小就在桌旁开始听他们讲故事了。

我以前听说过，有些学者，主要是从莫斯科和列宁格勒来的那些，他们曾经并且如今还称米哈依尔·马松为"全科型的方志学家"。但是，这一切是他们固有的首都身份的傲慢表现，无非是一种趋炎附势。我想说一句："请你们看一看吧，先生们，同志们！他做了什么，请对比一下，而你们又做了什么！"米哈依尔·叶甫根尼耶维奇·马松业绩的分量，要远远超过这些人业绩分量的许多倍。

在梅尔夫古城第一年的营地生活，教会了我很多东西，让我第一次知道，什么是综合性考察，我也了解了大型古城遗址田野研究的方法。在这一实践中我也明白了一点，什么是科学的学校。

---

1 Кампыртепа，音译为卡姆佩尔帖佩（或卡姆佩尔特佩）。

所有这一切对我来说，是全新的科学世界的大发现，它教会了我，要让个人的一切都服从于科学。而我现在似乎也觉得，我自己的科研生涯，都遵循了这一原则。

　　现在回顾过去，我感到有一点遗憾，就是米哈依尔·叶甫根尼耶维奇最终没有就梅尔夫古城写一部科学专著，他是准备要写的，因为每一年都在对这个巨大的古城遗址进行研究。现在想起来，如果米哈依尔·叶甫根尼耶维奇未能写成，那就意味着，再也没人能够将它写出来了。

　　1961年11月4日，我们营地留守组人员，在巴依拉姆-阿利站送米哈依尔·叶甫根尼耶维奇返回塔什干。与他同时离开的有教研室的同事和大学生们。我们剩余的留守人员有六位：扎米拉·乌斯玛诺娃、从吉尔吉斯来的大三学生彼得·加甫留申科、我们的总务主任费多尔·阿列克谢耶维奇、女厨师娜捷日达·加富罗夫娜、司机瓦季姆·斯米尔诺夫和我。我们的任务是要把营地剩余的考古器具全部收齐，将所有日常用品进行分类并包装，然后运往阿什哈巴德。

　　当时还留下了一名工人帮助我们，可我已想不起他的姓名。那是一个尚未发育完全的小青年，但却出奇地能干，而且总是精神饱满、有求必应。

　　我还记得，当时从车站回到营地时的心情十分沉重，整个人都是蔫儿的，低垂着头。就在前一天，这里的生活还是沸腾的，而此时，却一片寂静。想回家的念头更加强烈，真想立刻回到高加索。然而，就在这一天我还未能料到，自己的回程又被拖后了漫长的二十天。

　　眼看就是十月革命节了，节前的这几天，我们每一个人都是各忙各的事。扎米拉·伊斯玛伊洛夫娜在解决与艾尔克-卡拉遗址巨大剖面有关的局部问题。别佳（彼得）还有我和工人，一起整理和打包物品，而且，我们把门和窗户上的玻璃都拆了下来。一句话，将我们的营地再恢复成原来的模样——俾路支人的马厩。

　　11月6日，娜捷日达·加富罗夫娜结束了在营地的工作，回巴依拉姆-阿利的家了，与她同时离开的还有司机和费多尔·阿列克谢耶维奇。他对

图 4.6　南土考古综合考察人员合影。上排左起：扎米拉·乌斯玛诺娃、柳达·朱科娃、女厨师娜捷日达·加富罗夫娜、马松教授和两名学生及一名摄影师；瑞德维拉扎在前排中间。梅尔夫古城，1961 年 10 月。

我们说，要去看望一下那里的几位波斯族朋友，他们很会做费什特[1]（一道土库曼的民族菜，与切布列克[2]差不多）。

　　他们应该在 11 月 8 日的晚上回来。可他们回来时，已经不是 8 日，而是 9 日，而且狼狈不堪，还不见了汽车的踪影！

　　那几天都是有阳光的天气，所以夜里也挺暖和。我们坐在营地的门前，边享受 11 月温暖的阳光，边议论一个问题：我们的同志们到底消失去哪儿了。11 月 7 日是十月革命节，但我们三个人的节过得很单调，每人面前就一杯茶，一起聊的是中亚和高加索的考古话题。

　　开始，我们还没有发现从苏丹-卡拉那边，从对面一侧出现了两个满身是灰尘的身影。其中的一个人走得很快，用一只手在挥舞，走起路来还有点儿瘸，这是费佳；而第二个人，就是司机瓦季姆，依然以他的方式漂移着，肩上披着棉夹，迈着悠闲的步子。后来弄明白了，原来，他们是从巴依拉姆-

---

1　Фишты

2　Чебурек，音译为"切布列克"，是源自高加索地区的一种油炸薄皮馅饼，常见的有羊肉洋葱和乳酪馅两种。在俄罗斯很常见，也被称为俄罗斯小吃。

阿利走回来的！面对扎米拉·伊斯玛伊洛夫娜的合理问题"汽车在哪儿"，回答却是支支吾吾、含糊不清。费佳说，他们从马雷返回巴依拉姆-阿利，从自己的波斯族朋友那里出来时，没有饮酒，头脑清楚，可他们突然被几名交警拦住，说他们是醉酒状态，被没收了驾驶证。之后，事情闹大了，费佳怒气上来开始威胁交警，他有以下几个理由——他是孤儿院出身的孩子，参加过伟大的卫国战争，他能把他们全部捏成碎末。看到费佳这样，司机瓦季姆自己开始行动起来——他走近这几位交警，把执勤摩托上的油箱盖子拧开，威胁说要把摩托炸掉，以此要求归还他的驾照。

总之，这场冲突真的让人难以置信。结果是我们落入了没有汽车和司机的境地——由于费佳觉得他毫无用处，就让他回了阿什哈巴德，之后便开始每天向南土考古综合考察项目主任——江·马梅德·奥维佐夫发电报，要求再派一个有驾照的司机过来，让他能够从交警那里开回汽车，以保证考察队顺利离开。

在来南土考古综合考察队之前，我与江·奥维佐夫就认识了，那是在基斯洛沃茨克，有一年夏季，他与许多土库曼人一样，来到凉爽的基斯洛沃茨克休假避暑。那些年，每逢夏季的数月里，基斯洛沃茨克几乎就变成一半属于阿塞拜疆人，另一半属于土库曼人，因为有很多土库曼人来这里度假疗养。土库曼女人通常都是穿着本民族的特色长裙，鲜红的颜色十分耀眼，上面还挂着许多银制的装饰，而多数土库曼男人的头上则戴着挺大的花帽。实际上，当时来疗养的乌兹别克人也挺多，而且巧的是，基斯洛沃茨克有一家专门的疗养院，就叫"乌兹别克斯坦"，所处的环境非常漂亮，就在公园里面，紧挨着著名的"玻璃水流"[1]景点。但乌兹别克人与土库曼人的穿着有所不同，通常都是穿着欧式服装，有时候会戴上花帽。

那个年代对劳动者的社会关怀度很高。当时，在基斯洛沃茨克这个世界著名的疗养城里，不像现在仅有富人，而且还是那么多的富人来疗养，那时前来疗养的绝大多数是工人和集体农庄的农民。他们在疗养院里休养，人非常多，随处可见。那时的人都是凭疗养证，或是通过"野路子"来这

1　Стеклянная струя

里疗养,即可以租一套房子或在当地居民家租一间屋子,一切就都安排好了。

每到傍晚,著名的基斯洛沃茨克公园里满是从苏联各个角落来的人,那些餐厅,特别是位于城中心奥利霍夫卡河边的那家知名的海鸥餐厅,几乎是一位难求。餐厅里常见矿工的身影,而且在基斯洛沃茨克专门建有一个矿工疗养院。我有时会想,即使能付得起在基斯洛沃茨克疗养的费用,但由于制度的变化,他们来这里疗养的机会也是越来越少了。

再回到梅尔夫古城。南土考古综合考察项目主任江·马梅德·奥维佐夫是一个心地善良的人,他掌管着南土考古综合考察项目所有的财务和行政事务,而且还是一位非常出色的土库曼部落民族学的行家。

11月10日,我和费佳一起,把扎米拉·乌斯玛诺娃和彼得·加甫留申科送上了去塔什干的火车,之后,这个几乎被拆掉的考察队大营地里,就剩下了我一个人。费佳彻底搬到巴依拉姆-阿利去住,也许是去了他的波斯族朋友那里,也许是去找了他的某个女人,反正他的女人不少,他对她们都非常喜爱。

他来过营地一次,没停留多久,给我送了一些食物,并带走了考察队的用品和考古的发现物,这些东西后来是用集装箱通过铁路运往阿什哈巴德。

11月15日后,天气变坏了,风力加大,夜里变得很冷。营地没了玻璃和门,失去了它的文明外表,已经无力抵御寒风,只能任其在马厩的每个角落里哀嚎。我转移到厨房去睡觉,因为里面的炉灶还没有拆,上面那块挺大的铸铁灶台还能用。在夜晚到来之前,我用捡来的梭梭柴把灶台烘热,然后,趁着它的热乎劲儿赶紧裹着铺盖躺在上面,伴着冷风剧烈的吼声和胡狼刺耳的叫声,渐渐入睡。那些年,梅尔夫古城一带这种野兽很多。

那些日子,整天就我一个人待在营地,但有几个晚上,一个名叫阿力·马尔敦的俾路支人会来我这儿,他是营地围墙外一个俾路支人小村的村民。他把我带到自己家,让我坐在火炉旁喝茶。我听他讲述俾路支人的英雄故事和古老的传说。从他那里,我第一次听说了布拉灰人 [1]——这是仅有的一

1　Брагуй（брагуи），音译为"布拉灰",即布拉灰人。主要居住在巴基斯坦,其他居住国是阿富汗、伊朗、土库曼、孟加拉国。布拉灰人主要与俾路支人混居在一起。

个生活在远离德拉维达人[1]主要居住地的德拉维达部族，是一群在阿富汗的古印度居民。布拉灰人主要居住在坎大哈省，以及赫尔曼德、法拉和扎布尔等省，但他们一直游牧于谢拉赫斯[2]以北的地区，到了19世纪末才出现在今天的土库曼斯坦境内。不可排除的一点，即布拉灰人是早于印度雅利安人的古代居民遗留，是在德拉维达人伟大的哈拉帕[3]文明消亡之后。更何况，就在二十多年前，在奥克斯[4]河的左岸上，法国考古学家发掘了一处公元前3000至前2000年的居民村落——硕尔-图尕依[5]，他们认为，这个村落是哈拉帕（德拉维达人）文明建在通往巴达赫尚青金石矿路上的前哨堡垒。

阿力·马尔敦的母亲出生于扎赫里-门尕尔[6]布拉灰人部落。她的神秘外表让我想起古代的女巫，况且她在俾路支人中还担负着巫医的角色，还有可能的是，她经常进行一些古老和远离伊斯兰教的仪式。我清楚地记得，有一次因为什么事情需要，我曾和现在已经去世、当时还是大二学生的考古学者埃米尔·马西莫夫一起到过他们家，看到她真的拿着一捆燃烧过的枝条（巴索姆？[7]）从平屋顶的下面钻了出来。后来我了解到，这个女人做仪式的一间屋子是没有门窗的，而是依靠一个附加的梯子并通过屋顶上的圆洞进出。阿力·马尔敦自己对我说，他从来没有到过那间屋子，也不知道里面有啥，因为母亲从来没让他进过。正是从他那里，我首次在语言上得知并记住了这个在很大程度上还像谜一样的部落。

11月16日，司机终于到了，是一位库尔德族人，名叫库尔邦。次日晚上，费佳就坐上克拉斯诺沃茨克的火车，回阿什哈巴德了。

只剩下我和司机，我俩把东西装上汽车，想着尽快动身去阿什哈巴德，可是，汽车突然出了毛病，怎么也发动不起来。因此，整个上午我们都在尝试把它推上大院一端的一个小丘，以便能在滑行中将它发动。经过长时

1　Дравиды，德拉维达人（也叫达罗毗荼人）。

2　Серахс，音译为"谢拉赫斯"。

3　Хараппа

4　Окс

5　Шор-тугай

6　Брагуйское племя захри-менгал

7　барсом，音译"巴索姆"。此词为难点，经反复查资料，有显示，似与古代波斯人信仰拜火教仪式中的一件"器物"——"barsom"或"barsman"有关。见 http://www.avesta.org/ritual/barsom.htm

间的折腾，我们的卡车终于发动了，但没料到的是，只喘了几口气又熄火了。一切又要重头再来。我开始骂人，骂库尔邦是一个倒霉的司机，他应该再回到库尔德人的山上去骑毛驴。他像是有罪似的一声不吭。最终，又经过一番折磨和尝试，汽车发动起来了，我们启程向巴依拉姆-阿利行驶，去了火车站，把最后的一个集装箱办了托运。傍晚时分，我们又返回了完全搬空的营地。

天气变得更坏了，开始落起雨滴，甚至飘起了第一批雪花。夜里，我还是睡在炉板上，而库尔邦睡在汽车上，因为最后几张床和行军床，也都被我们发运去阿什哈巴德了。

11月21日，我们终于出发，踏上了漫长的路途。这天之前，天气完全变坏了，北风强劲地刮了起来，还起了风暴，然后，从天空落下了雪花。营地变得完全空旷了，它在灰蒙蒙的天色中显得更加阴沉和令人惆怅。我的第一次中亚探险就这样结束了，我的前面，是去阿什哈巴德的艰难旅程，到达那里，才能前往机场和高加索。

我们绕过了戈亚乌尔-卡拉并开上了大路，在巴依拉姆-阿利镇路边的一个商店，我买了两瓶伏特加酒，结果证明没有白买。离开马雷之后，我们开上了经哈乌斯-罕[1]到捷詹的公路，那时的路况很差。

这时，雪越下越大，与风沙混合在一起，使能见度降到了零。库尔邦第一次走这条路，又是一个没有经验的司机，所以不难理解，我们最终迷了路。汽车深陷沙漠之中，不管我们如何尝试，甚至试着将木板垫到前轮的下面，汽车依然是在原地纹丝不动。我们的周围是大雪和沙子混合围成的厚墙，没有任何的参照物。面对哭诉的司机，我回应说："你的年纪比我大了不少，可举止却像小孩！来吧，让我们喝点伏特加就躺下睡觉，我睡车厢，你睡驾驶室。"我们就这样办了。

就像中亚经常有的情况，天气到了次日就彻底变了——等我们醒来，看到的是蓝天和刺眼的阳光，而周围是白雪覆盖的一个个沙包。我动身去前面探路，并很快发现了有轮胎痕迹的龟裂地。不知怎样才推出了汽车，

---

1 Хауз-хан

我们沿着龟裂地开上了泥土路，行驶到一处牧民的阔什[1]，终于弄清楚了，原来我们没有拐向西南，而是在正南的方向上迷了路。上了公路，我们一路顺利地开到了捷詹，再往后，路况很好，直达阿什哈巴德。

在飞往矿水城前的几天里，我住在费佳那里。几个傍晚，我们去了咖啡馆，去了他的波斯朋友那里，还玩了双陆棋。

11月27日，我乘飞机回到了矿水城。就此，我的首次中亚考古探险画上了句号。

摘自扎·伊·乌斯玛诺娃的回忆录

第二年（1953）大学生的主要实践课已在梅尔夫展开，在这里，在南土考古综合考察队八队的基础上，建了一个专门的营地（最开始是一个废弃的集体农庄小学校，然后是一处马厩建筑）。从1953年开始，南土考古综合考察队就成了教研室培养考古人才的主要基地。进入教研室的大学生必须要在梅尔夫古城遗址进行实习。从那时起的40年间，我与梅尔夫密切相关，仅仅是教研室的科研题目，自1963年开始，"克什考古地考"[2]这条线的工作于每年的春季在卡什卡达里亚[3]进行。

过了许多年我终于明白，为什么 M. E. 马松要把梅尔夫变成人才的熔炉，自己每年都要亲自前往野外，并领导营地的生活，为南土考古综合考察的工作风格定调，而且以其个人为榜样，积极地参与培养学生。这是有原因的：M. E. 马松经受过压力，他心爱的学生（Б. А. 利特文斯基、Е. А. 达维多维奇）离开了他，留给教研室的是一个只有毫无经验的科研同事和教师的局面。他曾深入思考过一年，为的是找到行得通的改正所犯错误的途径。他

---

1 Кош，音译为"阔什"，意思是牧民游牧时的临时停留处。
2 Кашкадаринская（Кешская）Археолого–Топографическая Экспедиция，缩写为 КАТЭ，译为卡什卡达里亚（或克什）考古的地形考察，缩写译为"克什考古地考"。
3 Кашкадарья

明白了一点，就是要从根本上改变教育培养年轻人的方式，所以，他也变得更加温和有耐心。他开始着手认真地培养一批学生。梅尔夫让他如愿以偿。1952年在尼萨的考察，成为转折点。他明白，要有一个常设的场站式营地。他创办了中亚考古学校，他的学生遍及中亚地区，并在相邻的一些共和国开展工作，学生们继续从事着自己老师的事业，那种已经不是看护人，而是创始人的事业。

他的学校得到了科学界的认可。M. E.马松在世时，他的那些在不同城市及共和国的科学院研究所、博物馆、古代遗址保护协会等单位工作的学生，每到有"马松讲座"的时候，都会带着汇报报告和通讯文章从各地飞来参加。在他1967年退休之后，当过教研室主任的人分别是：C. Б.鲁尼娜（13年）、З. И.乌斯玛诺娃（10年）、A. C.萨格都拉耶夫（2年）。之后，M. E.马松的发明已不复存在，就如同南土考古综合考察一样，一切成为过去。但是，他的学生还活着，这就意味着，有关M. E.马松考古学校的记忆依然鲜活。

五 在乌兹别克斯坦最初的日子
与 G.A. 普加琴科娃一起在粟特从事考古勘察

从土库曼回来，我长时间不能（当然，也是不想）去工作，因为我定下了主要目标，就是要考入塔什干国立大学 M. E. 马松教授的考古教研室。在这个问题上，我得到了姐姐涅莉和妈妈的大力支持，当然还有父亲的鼓励，他年岁已高，但仍然在上班。

偶尔，为了有自己的钱去买书或其他开销，我就去旅行社当导游，或是带着来疗养的人去北高加索的山里游玩。偶尔，在基斯洛沃茨克餐厅里工作的儿时朋友，会委托我为其代班跑堂。在人生的这段时间里，我加大了对俄语和英语的练习，还读文学及历史，总之，是要准备好考大学所需的所有课程。

除此之外，我把基斯洛沃茨克各图书馆里所有关于北高加索历史和考古的书籍又读了一遍，说实话，它们数量不多，因为这些图书馆面向的是大众读者。在其中的一个图书馆里，很偶然地看到了 C. П. 托尔斯托夫的书《沿着古代花剌子模文化的足迹》[1]，带着浓厚的兴趣，我反复读了几遍。可以说，这本书是那个时候我了解中亚考古知识的唯一来源。皮亚季戈尔

---

1 С. П.Толстов, *По следам древнехорезмийской цивилизации* .

斯克地方志博物馆的藏书对我帮助很大，那里面，有关高加索的书选择余地相对较大，这些书多是在十月革命前和苏联时期出版的。那时，在旧书商的手中，我还买到了瑞典旅行家斯文·赫定的书《亚洲腹地》[1]，它与 N. M. 普尔热瓦尔斯基、V. I. 罗波罗夫斯基、G. E. 戈卢姆-戈尔日麦洛和 P. K. 科兹洛夫的书一起，让我对中亚的兴趣越来越浓。

每逢星期日，我们大多是与安德列·彼得罗维奇·鲁尼奇一起去做考古游，在基斯洛沃茨克的城郊寻找新的遗址。赶巧，有一次，在风景如画并长满榛子和黑刺李的"安静角落"，我们发现了被称为岩石墓葬及村落的遗址，它们的位置在波德库莫克河的右岸，基斯洛沃茨克到"白煤"火车站之间。

有几次活动，还有当时尚是少年的格纳季·阿法纳瑟耶夫和我们在一起。如今，他已是博士和知名的学者，写了很多有关北高加索地区和顿河流域考古及历史的书和文章。

1962 年 1 月底，我收到了第一封来自加琳娜·安娜托莉耶夫娜·普加琴科娃的问候书信，之后，她又寄给我很多书信，其中还有保存在我文章纸页中的意见等。迄今，它们中有许多还保留在我收藏的档案之中。因为这封来信在我的人生中起到了非常大的作用，因此将它逐字逐句摘述如下：

您好，艾迪克！

您近来的生活过得怎样？我关心的是这个问题的实际一面，即您安排工作了，还是没有？我有一个建议给您，就是我现今正在做的 1962 年考察计划（乌兹艺术考察[2]——艾·瑞德维拉扎注）。我可以在 4 月 20 日至 7 月 1 日这段时间里聘您为路线工，实际要

1　回忆录中书名原文为 *Сердце Азии*，即《亚洲腹地》。查询资料显示，早在 19 世纪末，斯文·赫定报道在亚洲旅行的书籍就已有俄文版。如，《在亚洲的腹地：斯文·赫定 1883—1897 年的旅行》两卷本。由 А. Ф. 捷夫里延（Девриен）于 1899 年在圣彼得堡出版，全书共采用了 256 张图片和 3 张地图。

2　Узбекистанская искусствоведческая экспедиция（УзИскЭ），乌兹别克斯坦艺术学考察（简称"乌兹艺术考察"）。

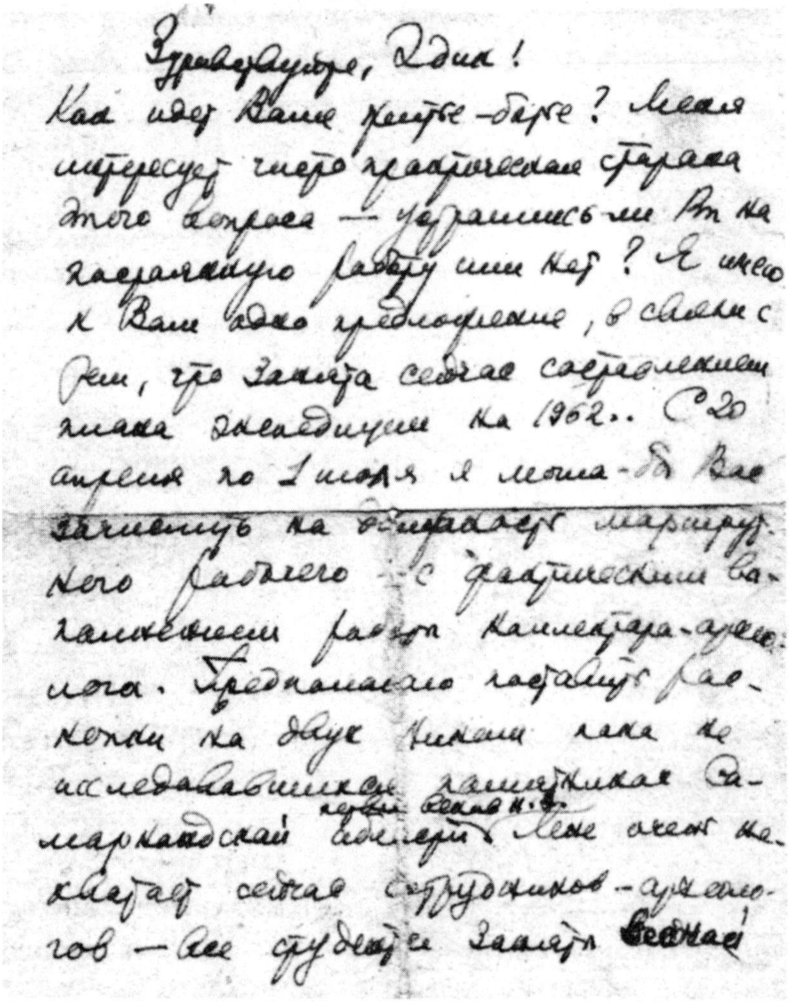

图 5.1　普加琴科娃于 1962 年 1 月 23 日写给瑞德维拉扎的亲笔信

完成的是考古收集员的工作。[1] 在撒马尔罕州境内，有两处属于公元初数世纪的遗址，迄今尚未被研究，我正在计划对其开展发掘。我现在手下的考古人员不够，所有的学生也都在忙春季的学业。

到塔什干的路费我无法承担，但提供下列条件：工资＋野外补助，每月是100卢布。另外，从塔什干到工作地点的路程往返，由我们自己的车辆负责。我是想，对您有价值的还有一点，就是工作结束之后，整个七月份您可以在塔什干停留，向塔什干国立大学提交上学的文件并准备入学考试（这里的图书馆超好！），而八月初您就能进行考试了。

我相信，您一定能考入考古专业的。

请您考虑我的建议并回信答复！米哈依尔·叶甫根尼耶维奇向您问好！

加·普加琴科娃，23/1/1962

我没有任何犹豫，一个字：去！我立刻就给加琳娜·安娜托莉耶夫娜写了回信，而很快，我也收到她写来的新信件，是良好的祝愿和对在乌兹别克斯坦相见的期待。

我开始准备这次的考察之行。首先要挣到从矿水城到塔什干的机票费用。当时机票的价格是38卢布。对于那时的我来说，这是一笔不小的费用，但与现在的价格相比完全是很可笑的，如果再考虑到还有大学生的半价优惠，我用这个价格可以买到往返机票。你们自己可以做个比较。路线工的月报酬是100卢布（由我自己标的重点。——艾·瑞德维拉扎），也就是说，相当于两张半的机票。

到了4月份，我买飞机票的钱已经够了，既没有找父母，也没有向姐姐伸手。

1　现在考古考察中已经没有这两个职位。它们是早期俄国考察中设立并在后来转到苏联考察中的岗位名称。路线工的职责包含了最艰苦的内容，即为路线勘察队开展考察工作提供必要保障。收集员，除了发掘工作任务外，还负责编写在工作中所发现材料的田野记录，清洗陶器，给发掘出的物品编号，等等。原注。

4月17日，我乘飞机第一次来到了塔什干，在机场迎接我的是考古专业的大学生柳达·朱科娃和瓦利娅·戈里娅切娃，都是去年梅尔夫古城考察队的老熟人。她们送我去米哈依尔·叶甫根尼耶维奇和加琳娜·安娜托莉耶夫娜的家。

我们先乘公交车走了好久，然后又坐上了有轨电车在市区里穿行，对于习惯了小城市生活的我来说，感觉这个城市特别大，一切都显得十分新奇。

那时，米哈依尔·叶甫根尼耶维奇和加琳娜·安娜托莉耶夫娜住在 30 年代建的位于安霍尔河的滨河街道[1]的"专家楼"里，那里住着著名的学者、作家和演员等。

这栋楼至今还在，它的外墙上，可以看到许多纪念牌，上面刻着那些曾经住过该楼的名人的简要生平。

这栋楼对于我和许多毕业于考古教研室并成为考古学者的人来说，是非常亲切并值得怀念的地方，因为，我们中的任何一人，都是加琳娜·安娜托莉耶夫娜和米哈依尔·叶甫根尼耶维奇家的常客，或有事而来，或是在特别出色的藏书室（他们两人因学科兴趣不同而有各自的藏书室）里学习。上大学时，我每两周会有一次在这里学习，直到工作后的许多年间也会常来。

米哈依尔·叶甫根尼耶维奇去世（1986 年）之后，加琳娜·安娜托莉耶夫娜在此处一直住到 2001 年，后来，她的长子罗斯季斯拉夫把它卖了，换成了一个带院子的平房，位于曾叫"捷济阔夫卡"区的米兰沙赫街，她在那里度过了一生中的最后几年。

这些都是后来的事。

加琳娜·安娜托莉耶夫娜和米哈依尔·叶甫根尼耶维奇非常高兴我的到来。他们招待我喝茶，就基斯洛沃茨克的生活，共同熟悉的人和地方志学方面的信息，我们交谈了很长时间。当得知我第二天上午十时要到哈姆扎艺术学研究所[2]时，加琳娜·安娜托莉耶夫娜对我说："你现在到我的同

1　Набережная "Анхор"，即"安霍尔"河滨河街道，"安霍尔"为音译。这是塔什干市内的一条灌溉大渠，长度有 23.5 公里。建于 19 世纪，自然地将塔什干老城和新城（迁移来居住的欧洲人，主要是俄国人）一分为二。如今夏季这里有清凉的灌渠流水和舒适的绿荫，是塔什干人避暑的好去处。
2　Институт искусствознания имени Хамзы

事维克多丽娅·多琳斯卡娅那里去，她会安排你的住宿，这几天，你就住在那里。"她把去维·多琳斯卡娅家的路线图递给了我。那是非常准的图，让我这个刚来塔什干的人，居然毫不费力就找到了要去的房子。

维·多琳斯卡娅住着一个不大的套房，有暖廊，与邻居们共享着同一个大院，它也是维克多·马利亚索夫街[1]的起点。如今，这片小区的许多老房子已经荡然无存。这栋房子里，除了维克多丽娅外，还住着她的儿子谢尔盖和她的姐姐艾拉。我到达这里时，已经很晚，尼娜·阿尔塔舍索弗娜·阿维多娃[2]也在，她就住在不远处的乌里茨基街。尼娜·阿维多娃是乌兹别克斯坦的实用艺术学专家，写了不少书，其中包括那本著名的《潘加拉》[3]，后来，我与她在艺术学研究所一起工作到80年代末。

维克多丽娅本人先是从事中世纪晚期小型彩画的研究，后来转为研究乌兹别克斯坦当代招贴画。我和她的关系处得非常好。考试的时候，我住在维克多·马利亚索夫街，而她的儿子谢尔盖，1966年塔什干大地震之后，在基斯洛沃茨克市几乎住了整个夏天。后来，到了70年代中期，维克多丽娅搬到了莫斯科，当时听说，她在艺术研究"总"所和革命博物馆里工作了多年。

在多琳斯卡娅家，我认识了（从米安卡利[4]考察回来后）弗拉基米尔·阿罗诺维奇·利夫什茨[5]，他是杰出的学者和一个好人，迄今，我与他还保持着非常好的关系。在我的个人档案里，珍藏着近百封弗·阿·利夫什茨的来信，里面有关于钱币学、巴克特里亚和粟特文字方面的信息，非常珍贵。那个时候，弗拉基米尔·阿罗诺维奇在追求维克多丽娅——是她对我讲的，

1　维克多·马利亚索夫（Виктор Малясов, 1917—1944），苏联英雄。生于塔什干，牺牲于苏联反击德国法西斯战争的波兰前线。这条街即以他的名字命名。

2　尼·阿·阿维多娃（Нина Арташесовна Аведова, 1923—2006），塔什干著名的艺术学学家。

3　*Панджара*

4　米安卡利（Миянкаль），音译为"米安卡利"或"米扬卡利"，是富饶的泽拉夫尚平原的中心，位于泽拉夫尚河分叉形成的一个长菱形的岛上。该岛是在距撒马尔罕不远的泽拉夫尚河的分叉处起形成，河汊分为卡拉达里亚河（Kara-Daria）和阿克达里亚河（Ak-Daria），两河在该岛末端处再次汇合。整个谷地岛长约100公里，最宽处达15公里。自古以来，米安卡利岛一直是泽拉夫尚谷地人口最多、最密集的区域。广义上说，这里是泽拉夫尚河谷的中游地段。

5　Владимир Аронович Лившиц（Vladimir Livshits），音译为弗拉基米尔·阿罗诺维奇·利夫什茨（国内误译成"里夫茨基"）（1923—2017），苏联和俄罗斯语言学家，英国科学院通讯院士。著名的伊朗学、伊朗语史、伊朗语词源学和伊朗民族学专家。2012年这本回忆录出版时，利夫什茨尚在世。

说弗拉基米尔甚至向她求过婚。

在我到达塔什干的第二天，我和维克多丽娅来到了艺术学研究所。那时，该所在一栋两层的长条形建筑里面，位于阿布都拉·图卡耶夫[1]的街角。这栋楼早已不在，与相邻所有的建筑一样，或是在1966年大地震之后，或是在后来的国家独立之后，都被相继拆除。

当时这里是一个非常安静和可爱的地方，全都是一层的平房，有条不宽的小街道从它们中间穿过，路旁都是枝繁叶茂的大树，紧挨马路的两旁是有潺潺流水的小渠，街角一棵高大老榆树的下面，有家烤肉馆。沿着这条街道，在一所学校的两层建筑的对面，是塔什干宾馆，往前就是阿布都拉·图卡耶夫街和研究所。

当时，研究所占据着该建筑第二层的左半部，还有实验室和图书馆两个房间在一楼。

其他房间都被一个基础图书馆占用，它隶属乌兹别克苏维埃社会主义共和国科学院，它的阅览厅则在二楼。在这个阅览厅的后面，由 Л. И. 列姆佩尔[2]教授领导的造型艺术部占了两间办公室；而加琳娜·安娜托莉耶夫娜领导的艺术史部，也是两间，一间给年轻的科研人员，而另一间给职称更高的学者同事。

在这里，我第一次见到在工作状态中的加琳娜·安娜托莉耶夫娜。她把我们招呼进了第二间办公室，准确并清晰地布置了考察的任务和目的，确定了发掘的主要位置和路线。

"考察队规模不大，"她说，"有我，考古人员季娜·格里戈里耶夫娜·济莉佩尔、季娜·希多罗娃、鲍哈迪尔·图尔古诺夫[3]和我们年轻的高加索小伙艾迪克·瑞德维拉扎，别看他年纪不大，但已经参加过很多次考察，包括在梅尔夫古城的南土考古综合考察。我相信，你们能够完成所有工作，

---

1 Улица Абдуллы Тукаева

2 Лазарь Израилевич Ремпель（Lazar I. Rempel, 1907—1992），音译为拉扎尔·以·列姆佩尔，乌兹别克苏维埃艺术史学者、艺术史学家、东方学学家，艺术学博士（1963），教授（1966）。乌兹别克斯坦功勋科学工作者（1966），荣获过以哈姆扎·哈基姆扎杰命名的乌兹别克苏维埃社会主义国家奖。

3 Бохадыр Тургунов

并取得丰硕成果。艾迪克，您给季娜·格里戈里耶夫娜做收集员，任务是发掘米安卡利地区的丘杨奇-帖佩[1]粟特城堡遗址，距离现在的卡塔-库尔干市[2]不远。而且在出发前，一定要阅读与这些地方有关的考古文献，当然，这些资料现在还很少，主要有Б. Н. 卡斯塔利斯基、А. Ю. 雅库博夫斯基、В. А. 申金[3]他们几人的文献。下午五点以后来我家里，在我们的图书馆里你们可以找到所有需要的书。"

晚上，我来到加琳娜·普加琴科娃家里并见到了这个图书馆，被里面藏书的数量和种类所震惊。在加琳娜·安娜托莉耶夫娜和米哈依尔·叶甫根尼耶维奇两人的书房，所有墙面都被放着书的柜子占满，过道和客厅里也摆放着同样的柜子。

里面有数千本书，有关中亚和东方的考古、钱币学、历史、艺术、建筑和铭文方面，真的是什么书都有！有革命前出版的孤本，一些外国和我们本国学者新出的书顿时吸引了我的注意力，就想着一点：读、读、读！从那时起，一直到加琳娜·安娜托莉耶夫娜搬走之前，我和我们的许多同事，总是在这个图书馆里学习，她对我们的态度，永远都是那么和蔼可亲。我记得，在读书方面，我从来都没有被拒绝过。相反，只要是我有请求，听到的总是同一个回答："艾迪克，您来吧，去读吧！"

更何况，加琳娜·安娜托莉耶夫娜和米哈依尔·叶甫根尼耶维奇两人的藏书有所不同：米哈依尔·叶甫根尼耶维奇书房里的藏书是历史、考古、钱币学，而加琳娜·安娜托莉耶夫娜的书是艺术和文化等。

这两个图书馆后来的命运也有所不同。

М. Е. 马松去世之后，加琳娜·安娜托莉耶夫娜在 20 世纪 80 年代末将他的图书馆转交给了遗址保护总局档案馆，在时任局长 Ф. М. 阿什拉费[4]的

1　Чуянчитепа

2　ГородКатта-Курга，音译为"卡塔-库尔干"，是乌兹别克斯坦撒马尔罕州境内的城市，是乌兹别克斯坦的著名工业城之一。在其现在的城区内，有"拉宾疆"古城遗址（Rabinjan，俄语为Рабинджан，音译为"拉宾疆"），于 12 世纪被毁，在其不远的地方还有一处贵霜时期的古城遗址。

3　Б. Н. 卡斯塔利斯基（Б. Н. Кастальский）、А. Ю. 雅库博夫斯基（А. Ю. Якубовский）、В. А. 申金（В. А. Шинкин）。

4　Ф. М. Ашрафи

支持下，由丽迪亚·利沃夫娜·瑞德维拉扎直接参与，建起了"M. E.马松书房"，所有的藏书都在，里面还放置了已故主人生前使用的桌椅。

G. A.普加琴科娃去世后，她的图书馆由其长子罗斯季斯拉夫转交给了"乌兹别克斯坦艺术和文化论坛"基金会保存。

在已经远去的1962年4月的那个晚上，我几乎看完了加琳娜·安娜托莉耶夫娜给我的所有关于粟特的书，自己好像长了充满新知识的双翼，满脑子是与即将到来的考古遗址相逢的想象。很快，我就和全体小组成员坐上了汽车，向着米安卡利出发了。

到达后，我们开始分头行动：季娜·希多罗娃留在离撒马尔罕不远的卡塔-库梅什肯特古城遗址，我和季娜·济莉佩尔去丘杨奇-帖佩，而鲍哈迪尔·图尔古诺夫去了戈亚乌尔-卡拉，此处被选定为考察的中心位置。他同时还做了米安卡利的路线，寻找在中世纪早期文字中提到的那座神秘的贵霜古城。

丘杨奇-帖佩位于丘杨奇村的东北边缘，就在米安卡利的中央，距离卡塔-库尔干市不远。

米安卡利是一个很大的岛，由泽拉夫尚河分叉为两条河槽而形成，一条是北侧的阿克达里亚河，另一条是南侧的卡拉达里亚河。它几乎是在撒马尔罕正西方向起始，一直延伸到卡塔-库尔干市。这是撒马尔罕州人口最稠密的地方之一，有许多个区级城镇——伊什基罕、达戈比特、米坦、洛伊什[1]和诸多考古遗址。在乌兹别克斯坦艺术学考察工作开始之前，除了一些小规模地方志学性质的研究，以及由A. Ю.雅库博夫斯基率领的国家艾尔米塔什博物馆泽拉夫尚考察队进行的研究，这个地区尚未进行过真正考古意义上的研究。1934年，该考察队对该遗址进行过定位，同时研究了布哈拉至卡塔-库尔干的地形，在此过程中，他们到过米安卡利，在这里，B. A.申金对卡拉-伊·达布希亚[2]古城进行了研究，对该古城做了详细的平面测绘。

正是从"乌兹艺术考察"的工作算起，即由B. A.图尔古诺夫完成的

1　Иштихан，Дагбит，Митан，Лоиш.

2　Городище Кала-и Дабусия

线路勘察和在几个遗址上进行的发掘，米安卡利遗址的考古研究才算有了真正意义上的开始。"乌兹艺术考察"的这些研究，于20世纪70年代圆满结束，取得了一批重大成果，有在库尔干帖佩古城发现的带人物和土丘造型的浮雕图案的骨瓮，在这些被发掘出的骨片上面，描绘有战斗和狩猎的场景，非常精美，引起了国内外科学家的极大兴趣。所有这些研究，都是米安卡利古城遗址考古研究的历史，被普加琴科娃写入《古代的米安卡利》[1]专著之中，该书于1989年在塔什干出版。这本专著还对丘杨奇-帖佩的考古研究做了详尽的论述，因此，我觉得没必要对它们进行重写。

1962年，距离上面所说的这些发现都还为时尚早，说实话，我们在这里的考古研究只是刚刚开始。所以我非常自豪，自己也是米安卡利研究的先驱之一。有时，我与鲍哈迪尔·图尔古诺夫一起，按照米安卡利的一系列遗址去走线路，其中包括拉宾疆遗址和达布希亚古城遗址，前者是粟特国王季瓦什基齐[2]遭受折磨而死之地：就在这里的一处纳乌斯[3]，他被阿拉伯人用刑处死。然而，我们的工作时间并不太长。我在当地待了近两个月的时间，主要是在丘杨奇村。这是一个居民众多的村子，以阿拉伯人为主，他们以其明显的民族外貌有别于本地的居民。尽管在他们的护照"民族"表格一栏中填写的是"乌兹别克"，但他们自称是阿拉伯人，而且，一些老人还记得中亚阿拉伯语的方言。对此，Г.采列杰利和Я.温尼科夫[4]在他们于卫国战争前出版的有关中亚阿拉伯人的专著中，就有详尽的描述。

我们开始是住在一间废弃的泥土小房子里，是村委会专门拨出来的，我和季娜·济莉佩尔花了几天时间把它收拾利落。这处住房的好处就是距

1　Монография, *Древности Мианкаля*, 1989 г., Ташкент.
2　Деваштич, 音译为"季瓦什基齐"，也译为"迪瓦什蒂奇"等。粟特文字为"δy-w' šty-c"，俄语还拼写成"Дивастич"（季瓦斯基齐）和"Дивашти"（季瓦什基），出生年份不详，死于722年。为粟特"阿夫申"（афшин），粟特王国最后的管理者之一，任片治肯特的行政长官。（——源自俄语百科）。另，译者本人曾于2012—2014在塔吉克斯坦片治肯特的一家中资矿业公司工作。距该市中心不远处有一座季瓦什基齐纪念雕像。"阿夫申"为封号的名称。在粟特国时期，阿夫申是粟特各城、国的管理者，有的为主权国，而多数是非主权国。
3　Hayc, 音译"纳乌斯"，是由黏土、砖块或石头修建的墓葬设施，用于存放骨瓮或用于地上葬，均建在聚落区外。该词出现在中世纪阿拉伯历史学家和地理学家的作品中，是指非穆斯林墓葬建筑。在古代和中世纪，纳乌斯在中亚和西亚一些民族中很普遍，他们的宗教禁止将死者埋葬在地下。
4　Г. Церетели и Я. Винников（G. Tsereteli, Y. Vinnikov）

图 5.2 在 "乌兹艺术考察" 野外营地，瑞德维拉扎在考古营地土屋前。丘杨奇-帖佩，1962 年。

古城中心科什克[1]不远，因此，我们无需在路程上花费时间和力气，况且我们也没有汽车（唯一的汽车在中心基地，由鲍哈迪尔·图尔古诺夫使用）。不远处是蜿蜒的卡拉达里亚河，河岸上杂草丛生，这是一段浅水河湾，那时候里面有很多的 "活磷" ——鱼。我们使用煤油灯给房屋照明，而做饭，或在炉灶上面，或使用煤油炉（那时候煤油可尽情地用）。这里没有报纸，要想有报纸，就必须是我们有人去区中心，或是前往卡塔-库尔干。

我们这里有几名干活的工人，主要是孩子。那时村子里的工作很多，收入也不错，所以，成年人来干发掘的活不划算。

我们发掘了两处，主要的发掘是在公元 7 至 8 世纪中心古村落的位置，在这个点上面，我们挖开了房间，还有一处是在城堡的围墙边上。我和季娜还在不同的地点进行了发掘，我发掘的点上是古村的一处住房，在此处我揭开了文化层，做了地层确定，清理了城堡围墙，了解了什么是 "帕斯

---

1 Кешк，音译 "科什克"，以夯土平台为基础用生土砖块建成的塔式结构的建筑，多见于中亚的中世纪城堡。

哈"[1]、堆积层、填充等，这就是中亚考古学所特有的人居场所之特征；还熟悉了陶器，它们的数量非常多。有时候也能遇到铁器，其中有一大块的铁锯残片，还有粟特时期的钱币和玻璃珠子。同时，我绘制了丘杨奇-帖佩的平面图（后来被 G. A. 普加琴科娃在其回忆录中发表使用，见该书第 30 页），这是我在中亚绘制的第一张遗址考古平面图（而此后，我绘制的古城和村落遗址的平面图超过了 500 张）。

每天发掘工作结束后，趁天还没黑，我和季娜就坐下来抓紧进行室内整理工作：每天我们都要对近百块陶瓷碎片进行绘图并做描述记录。此外，我还负责探方平面的文化层和发现物的登记，这是 M. E. 马松教授用于考古发掘实践的必要方法之一。然而可惜的是，不知为何现在已经不再运用。

由于我们的工人不够，便决定在卡塔-库尔干进行临时招聘，并把招聘广告贴在了它的巴扎入口处，内容写明了招募的工作条件。到了第二个星期日，我来到卡塔-库尔干，看到一个岁数不大的小伙子蹲在我们的广告旁边。他头戴一顶鸭舌帽，上身穿着一件当时很流行的方格翻领衬衫。他是唯一被我们广告吸引到的 Homo sapiens（拉丁语：聪明人）。"我愿意。我没有地方住，只要我能在你们那里住两个月就可以。"当他听我讲完生活和工作条件后，冒出了这样一句。我又问他有没有护照，他回答说："还没有护照，但有释放证明。"很"光荣"的履历！的确是冒了风险，然而录用他，我没有后悔。瓦季姆·波列塔耶夫（我们这位无家可归小伙的姓名）是一个善良的人，能干而且会体贴人，他把此前由我在做的工人的活儿全部承担了下来。

他的命运，在那个时代的年轻人中非常典型。母亲在列宁格勒围困期间去世，父亲在前线牺牲，他成了孤儿。但因性格叛逆，他不想进孤儿院，便和一些刑事犯人交往，很快就成了一名惯偷。"打开任何一扇门，对我来说就是打个喷嚏。"他曾自夸说。瓦季姆住过从西伯利亚到中亚的许多所监狱，就在那些晚上，当我们空闲时坐在炉灶旁边，他就会讲述盗匪式的劫掠、小偷团伙的偷盗和他们的圈子，他还解释了荣誉式的犯罪概念。

1　Пасха，音译为"帕斯哈"，中亚古代使用的夯土建筑材料（砖）等。

дата	квадрат	ярус	Характеристика слоя
9/V/53	Л-47	I	Воздушный,
		II	Воздушный
		III	15 см воздушные, затем идет кирпичная выкладка сильноразрушенная по краям в камнях кирпич поставленный на ребро в середине заполненна половинками.
		IV	Начало IV идет пахсовая стена поперек к основной стене.
	М-47	I, II	Воздушные
		III	Начало III-го Воздушные, 24 см III идет пушонки. В конце третьего яруса прослеживается уровень пола
		IV	Вначале идет обломки сырцового кирпича крупные гальки
	Л-46	I	Воздушный,
		II	30 см II-го яруса воздушные, затем до 1У см III яруса идет пушонка,
		III	В конце яруса уровень пола, под ним яркозеленая болотная земля, кости кухонные остатки
	М-46	I	Воздушный,
		II	42 см второго воздушные
		III	Вначале яруса пушонка, которая сменяется сильноразрушенной пахсой

图 5.3 一张当年的田野工作表格

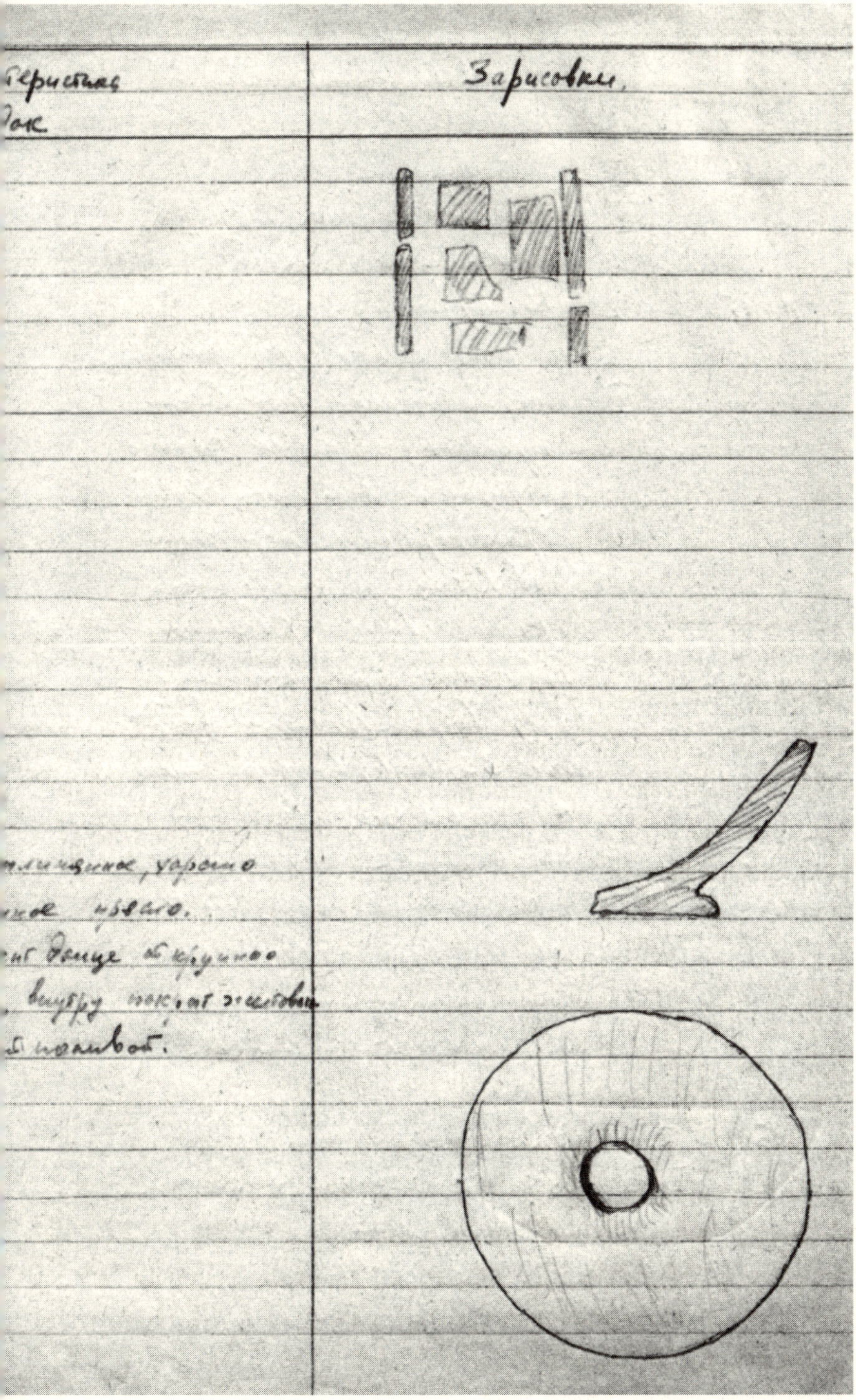
Зарисовки.

他是一个读过不少书的人，尤其喜欢阅读陀思妥耶夫斯基的小说。但他怎么也改不了监狱里的习惯。他只喝很浓的茶，每次都是把两小袋锡兰红茶（那时候小村的商店里有很多）放进小杯里煮。有一次，他递来让我尝尝，我稍微抿了一下这种"活力饮料"，就几乎想要发疯！我的眼睛差点爬上额头，而且心跳加速得吓人。他还抽奇力姆[1]水烟，为此，他在一个瓶子上面开了两个小孔，把一端粘连有一块阿纳沙[2]的芦苇管子塞了进去，再往瓶子里灌上水，然后美滋滋地开始吸起管子。于是，奇迹出现了！在这种浓茶和奇力姆烟要命般的混合之下，他就不会累倒，不会沉睡，相反浑身都是劲。"我准备好了，可以把您的整个丘地翻个遍！"他大声地喊道。

后来，在塔什干附近的哈纳巴德[3]古城发掘时，我又遇到了这个现象。那是我从库依留克[4]巴扎雇到的工人，他们喝下一壶浓茶之后，干活的速度令人惊奇，可以在两个小时内挥锹不停。但实话实说，活干完了，他们也都累得趴下了。

瓦季姆的到来，使我们的伙食供应得到了很大的改善——每天晚饭有鲜鱼吃，都是他在卡拉达里亚河浅水湾里抓到的。

考察工作完毕，我们非常友好地告了别。但没有想到，过了一年，我在塔什干上学时，和他又见了面。

五月初，加琳娜·安娜托莉耶夫娜来到丘杨奇，当时正是发掘工作热火朝天的时候。刚把她迎进我们居住的乌兹别克人家，准备热情招待一番时，她却说："把你们的发现物让我看看！"紧接着就是一连串的问题：这个陶器是哪里来的？这个又是从哪个文化层出土的？为什么有些碎片上面没有编码？我则尽力解释，说这是今天才发现的，还没来得及编码。然而，严厉的批评仍在继续。"这个不能说明您是对的，编码工作应该当时立即进行。你们的笔记本在哪里？田野记录呢？"加琳娜·安娜托莉耶夫娜把所有重要工作问了个遍，然后说道："现在带我去发掘现场。"而在那里，

1　Чилим

2　анаша，音译"阿纳沙"，中亚民间对大麻的叫法。

3　Ханабад

4　Куйлюкский базар，音译为"库依留克"巴扎（市场），是塔什干市的大型巴扎之一，也有农民巴扎之称。据乌兹别克斯坦媒体近两年的报道，塔什干市政府计划将该市场搬迁至城区以外的地区。

又是一连串的问题！紧跟在问题之后，又是一番讲解，对不同文化层、建筑的特点和建造的技术进行解释。简直就是不可思议！对发掘工作者的严格要求与详细的讲解融合在一起，使人茅塞顿开，顿时开拓了科学的视野。这正是加琳娜·安娜托莉耶夫娜科学教学方法的关键所在，对我来说也带来了真正的启发。从那时起，我跟随她进行过很多考察，但这一次的印象最深，至今记忆犹新。

看完发掘现场，我们从丘地下去走到了住处，此时晚饭已经做好。那天晚饭时，除了科学，我们还谈了很多有关发掘的问题，以及粟特文明。加琳娜·安娜托莉耶夫娜给我们讲了一些有关文学、戏剧和音乐方面的新信息。当谈话结束时，我想："也许此时她应该要休息了。"然而，我想错了！我转过身去，看到加琳娜·安娜托莉耶夫娜轻轻地靠在行军床上，低着头聚精会神地在日记本上写着什么。这一刻，我从内心感到敬佩：酷暑天里已经走了那么长的路，又是连续数个小时的谈话，现在还在工作！我是第一次见到如此执着的学者，全身心地投入工作，完全是一种忘我的境界。我承认，每当加琳娜·安娜托莉耶夫娜责备我说："您怎么能这样，总是不停地工作，也不知道休息一下！"我就想对她说："但要知道，这个错都是您开的头！"她对我来说，就是一心向着科学的好榜样，而我在一生中，都对此满怀感恩之情。

我不能不再讲一点，就是加琳娜·安娜托莉耶夫娜非常关怀自己的学生。在丘杨奇-帖佩期间，正好赶上我年满二十的生日。这是我第一次在远离家、远离亲人和心爱的高加索的地方过生日。就在那个傍晚，当我们从发掘现场回到住地，我感到既惊讶又暖心：庆生的一切准备就绪。鲍哈迪尔做了抓饭[1]，两位季娜在桌子上摆满了食物，加琳娜·安娜托莉耶夫娜就坐在桌边，送给我一本新出版的 Л.И.列姆佩尔的书《乌兹别克斯坦建筑装饰》[2]，上面有她亲笔题字："赠艾迪克·瑞德维拉扎！谨此为他像考古人一样在野外庆生留念。"这本书在我的图书馆里占着非常尊贵的位置。

1　原文为"普洛伏"（"Плов"，乌兹别克语为"Polov"），中亚地区"抓饭"一词。新疆抓饭（Polo，"波罗"）类似这种叫法。

2　*Архитектурный орнамент Узбекистана*

Здравствуйте, дорогие родные!

В один день получил два ваших письма и был очень рад дому, только плохо, что мама больная, наверное, много волнуется за нас, но ничего скоро я приеду и вот меня увидите в полном здравии, только без воды, так как я их подарил, чтобы они тут не мешали. Насчет документов сделайте так: я вышлю трудовую книжку, вы снимите с неё копию и в тот же день как получите её сразу же вышлите все документы (ей не надо), чтобы не терять сред. времени. Документы вышлите по адресу: Ташкент, главпочтамт до востребования, я их еду и в пределах 23 и 25 вылечу домой, денег как я рассчитал себе хватит, без малого, хватит и туда и обратно, а мне здорово хотелось побыть последнее лето в Кисловодске, так как я договорился на следующий год ехать с Эрмитаж. экспедицией в Тувинскую А.об. Шестого числа мы заканчиваем работы на Чулуктепе и в тот же день выезжаем: Галина Анатольевна и Дина в Ташкент, а я и Бахадыр под Самарканд.

图 5.4 作者于 1962 年 6 月 3 日写给家人的信

图 5.5 此封信的信封

在这之前，我们已经搬到另一处住所，有电和广播，墙壁上挂着漂亮的"绣扎涅"[1]。

　　我从当时写给基斯洛沃茨克亲人的一封家信中摘出一段，可以真正地反映出那个时代的气氛：

　　亲爱的亲人们，你们好！

　　在同一天内我收到了两封来信（在卡塔-库尔干邮局），我真是太高兴了。就有一点让我放心不下，妈妈又病了，也许是总为我担心所致，不过没有关系，我很快就能飞回家了。你们可以看到一个非常健康的我，只是没了头发——为了方便，我剃了光头。有关文件方面的问题，我们这样办：我把劳动手册寄回去，你们把它复印出来，看看能否当天拿到，总之要立即再把所有文件寄来……

　　寄件地址：塔什干，邮政总局（留局待取）。我大概要在23—25日（6月）把文件递交给大学，之后就飞回家一趟，往返路费都够……

　　我们在丘杨奇-帖佩的工作将于6号结束，当天就动身：加琳娜·安娜托莉耶夫娜和季娜去塔什干，而我和鲍哈迪尔去撒马尔罕附近的卡塔-库梅什肯特古城，在那里，我们将待到12号，而13号就动身前往塔什干了。

　　……近来几天，我们特别忙：工作到中午一点回来，画陶器；傍晚之前再去发掘现场——做剖面并画图；夜里11点睡觉，早晨4点就要起床，因为我们是从5点开始工作。昨天村里来了放映队，放了一部电影……可影片看上去好像是这样：先放了结尾，然后是中间，最后才是开头……

　　好了，就写到此。请你们不要再往卡塔-库尔干寄信，后面的地址是塔什干了……

1　Сюзане，音译为"绣扎涅"，乌兹别克壁毯，通常使用彩色的蚕丝或棉纱线为原料由手工制成。该词源于波斯语，意为"用针缝成"。在乌兹别克人家里，多用于装饰墙壁，有辟邪之意。

热烈地亲吻你们！

你们的艾迪克
1962 年 6 月 3 日于丘杨奇-帖佩

在丘杨奇-帖佩和卡塔-库梅什肯特帖佩，我们一直工作到 6 月中旬，然后与鲍哈迪尔·图尔古诺夫乘坐考察队的汽车回到了塔什干。在这里住在维克多丽娅·多琳斯卡娅家里，我开始准备大学的入学考试，但没过几天我就决定，还是回基斯洛沃茨克在家里准备更好。6 月底，我飞回了矿水城。至此，我的第一次乌兹别克斯坦考察生活宣告结束。

六 M.E.马松教授的最后一段路线
克什考古的地形考察

　　回忆录的这一章节，是米哈依尔·叶甫根尼耶维奇·马松于 1963 年建立的克什考古地形考察（КАТЭ，"克什考古地考"）中，与我工作相关的内容。在马松教授的倡导下，出现了很多考古考察，其中有些项目十分重大，如"铁考综考"（铁尔梅兹考古综合考察）[1] 和南土考古综合考察（南土库曼考古综合考察）等。这些考察取得了大批杰出的成果，不仅发现了许多古代和中世纪非凡的物质文化遗址，而且也解决了许多考古和历史方面的问题。

　　在许多年里，在今天土库曼斯坦的巴依拉姆-阿利附近的梅尔夫古城，考古教研室的大学生们会去从事考古实习。同样，随着克什考古地考的建立，我们在春季的 4、5 月份，有时会在 6 月，开始在卡什卡达里亚州境内进行工作。从 1963 至 1965 年是在基塔布和沙赫里萨布兹 [2]，到了 1965 年工作季的下半时段，为了开展站点和线路研究，考察转移到了卡尔希绿洲 [3]。

1　Термезская Археологическая Комплекская Экспедиция（ТАКЭ），铁尔梅兹考古综合考察（简称"铁考综考"）。
2　Шахрисабз
3　Каршинский оазис

图 6.1　克什考古地形考察队合影。沙赫里萨布兹，1965 年。

卡尔希绿洲考古研究事业的一位先驱，是谢尔盖·库兹米奇·卡巴诺夫 [1]，人非常朴实，是一位杰出的考古学者，具备了考古学者针对考古对象那种刨根问底（细到发丝）的专注性格，而且在解读所获信息方面有非常出色的才能。他的考察工作与我们同步展开，位置是在中世纪的普沙克帖佩 [2] 农业定居点上，我的妻子丽迪亚直接参加了这个项目的现场发掘工作，当时，她还是带着原姓——布基尼奇。

我第一次被编入克什考古地考队到卡什卡达里亚开展发掘是在 1964 年，而此前，1963 年，按照加琳娜·安娜托莉耶夫娜和季娜的请求，我离开了"乌兹艺术考察"项目。在这个考察项目里，我和季娜·希多罗娃一起发掘了有意思的卡塔-库梅什肯特粟特遗址，它离撒马尔罕不远。

克什考古地考的一项重要的任务，是研究卡什卡达里亚城镇的历史地形和该谷地的历史地理。这些问题长期存在，可以说，由马松教授领导的

1　谢尔盖·库兹米奇·卡巴诺夫（Сергей Кузьмич Кабанов，1909—？），生于白俄罗斯。大学毕业后来到乌兹别克从事考古研究工作，卫国战争期间应征入伍上过前线，战后回到中亚继续从事考古事业，是中亚老一辈的考古学者。

2　Пшактепа

这些考察的主要问题，对于教授本人来说，就是要在时间和空间上最大限度地开展实践，包括大面积的站点式发掘，长期不间断地安排有铺设地层坑和清理工作的线路研究等。因此，就是在经费很少和时间相对较短的条件下，他能够达到工作的那种规模并获得很多新的事实，这是别的考察队所无法达到的效果。

在谢尔盖·帕夫洛维奇·托尔斯托夫领导的花剌子模民族学考古考察中，也运用过类似的独特方法。

完全可以将这两位杰出的俄罗斯学者——中亚历史的研究者，看成是三四十年代后半期该区域大型考古考察活动的组织者。而且，还有一个情节很重要，就是他们让自己成为新类型的历史学学者，即拥有非常好的知识，能够结合考古研究的特点，并善于运用所获书面文字资料、钱币和其他信息对历史进行解读。

1965年5月，M. E. 马松把考察的主要基地搬到了卡尔希。而在此之前，我们的基地设在两个点：考察队的一部分是在基塔布居住和工作；而另一部分，也是考察队领导所在的位置，位于沙赫里萨布兹。

我们1966年到卡尔希时，机场发生的一件有惊无险的事故，让我记忆犹新。当时的机场建筑规模非常小，是一层，而且飞行跑道是土制地面。下面是我在日记中记录下的当时的情况。

5月24日，塔什干时间9时55分飞抵卡尔希。与M. E. 马松一起飞来的这个小组的成员，有大四学生H. 瓦谢茨基和Э. 瑞德维拉扎。另一组17号已到。我们晚到的原因，是参加了在乌日格罗德市（乌克兰）举办的第12届"巴斯克"大会（全苏大学生考古大会），从那里返回已是19号。一开始，我们的飞行不错，而就在降落时，飞机轮轴发生了断裂，让我们差点没钻进跑道里面……好在，结果是有惊无险。

日记后面这样写道："机场上没有人接我们，后来弄清楚了，原来，接我们的司机10点时来过，而我们出来是12点。这样一来，我们不得不自己设法到达安排 M. E. 马松入住的宾馆。之后，我去卡拉-依·扎哈基·玛隆 [1]，去找 Б.科奇涅夫和加琳娜·德列斯维杨斯卡娅，可是没有碰到他们。"

在卡尔希，我们住在一所寄宿学校的宿舍，而米哈依尔·叶甫根尼耶维奇住在宾馆，晚上陪送他回宾馆的机会，在某种意义上说就成了我们的运气，因为我们在支配时间方面能变得更自由些。所有在梅尔夫古城南土考古综合考察营地工作和生活过的人，每一位都记得，当时 M. E. 马松是与考察队全体人员住在一起，作息制度非常严格 [2]。所有时间都献给科学：起床——快速的早餐——出发去发掘现场——傍晚的室内材料清理和研究——写报告和日记——熄灯。当然，在卡尔希这里，在条件尚好的纳赫沙，时间就自由多了。当时，我们几个，有鲍里斯·科奇涅夫、加琳娜·德列斯维杨斯卡娅、丽迪亚·布基尼奇、塔尼娅·别利娅耶娃，都是 20 至 25 岁的年轻人，充满了活力和青春激情。

在卡尔希，我在城市一个监狱边的位置上做地层坑的发掘，里面靠上的几层，埋的是可怕的现代垃圾，有炉渣、废铁、废布条（非常令人失望！），但我和如今已经移民以色列的法尼亚·多尔夫曼一起，依然认真地在挖，既然说了需要挖，那就应该挖。有时，米哈依尔·叶甫根尼耶维奇会来发掘现场，看到我们会表扬几句，而且还奖励似的给每人递上一块糖果（如果没有给糖块，那大家都明白了，一定是他不满意），重复着自己喜欢的那句口头禅："想想吧，莫伊沙，想想吧——就是别睡觉！"可此时能想什么呢？一整天都是炉渣和垃圾布条。真是烦透了。

让大家感到非常愉悦的那些天，是当米哈依尔·叶甫根尼耶维奇晚上把我们叫到他的住处，并宣布下一个线路消息的时候。科利亚·瓦谢茨基和我也在获此殊荣的人之列，因为我俩古城平面图画得好，这在线路行进中十分重要。还有鲍里斯·科奇涅夫和加琳娜·德列斯维杨斯卡娅，他们是高年级的学生，当时已经是研究生。

其中有条线路考察，是走了布哈拉以北的方向。米哈依尔·叶甫根尼耶维奇决定要通过考古遗址"现场"的方式，对中世纪地理学家萨姆阿

1　Кала-и Захаки Марон
2　有关这一点请看有关梅尔夫的章节。原注。

尼[1]——著名的《世系书》[2]的作者所提到的位于布哈拉和纳萨夫[3]之间的一些中世纪城镇的信息进行验证。就在这次线路考察前，我们决定举办一次小规模的晚会，喝了不少当时特别流行的一种波兰的伏特加酒，牌子是"韦博尔诺维"[4]。不难想象，活动次日早晨的情形会是什么样子！说实话，我们几乎一夜没睡，可马松教授早晨6点钟就乘车来了，线路考察就要出发。马松教授把科利亚·瓦谢茨基、塔尼娅·别利娅耶娃和我留在了叶尔-库尔干[5]古城，而其他人员则继续向北前行。我们有项任务，要绘制叶尔-库尔干古城平面图，并收集地面材料。这项任务有多难，去过该古城的人都能想象得出。叶尔-库尔干是一个很大的古城，在卡尔希市以北10公里处，有许多防御工事系统，还有众多起伏的土丘，人们猜想在这里会有各种类型的古代建筑。

在我们之前，谢·库·卡巴诺夫在上面做过一点不大的发掘，并确定了这一古城存在的年代界线。此后不久，由鲁·哈·苏列依曼诺夫[6]领导的考古研究所考察队，在20世纪的70至90年代，在此地开展了工作，并成功地确定，该古城建于公元前8至前7世纪，其存在一直延续到公元7世纪之前。可以说，正是在这些研究的基础之上，才有了纪念卡尔希2700年历史的活动，因为叶尔-库尔干是现在卡尔希的前身，尽管，它离卡什卡达里亚首府现在的位置有些遥远。中亚城市演变过程之中，城市在一个地区内的位移是很常见的：一个古老的城市可能在一个地方，中世纪的城市就在它附近出现，而现代的城市会离古城更远。这取决于许多因素，其中包括灌溉水源和战争行为。比如，撒马尔罕和铁尔梅兹的位移就发生在1220年成吉思汗西征之后。

---

1 ас-Самани

2 *Китаб ал-Ансаб*

3 Насаф

4 Выборнови（Выборово，Wyborowo），音译"韦博尔诺维"（或"韦博罗沃"），是波兰20世纪著名的伏特加品牌，迄今仍有生产。

5 *Городище Ер-Курган*

6 鲁斯塔姆·哈米多维奇·苏列依曼诺夫（Рустам Хамидович Сулейманов，1939— ），乌兹别克斯坦著名的历史学家，博士和教授。据乌兹别克斯坦相关报道，2019年5月30日，该国考古学界人士为老学者举办了80岁寿辰的庆生活动。

叶尔-库尔干古代地名更有可能是克先尼帕[1]，尽管米哈依尔·马松认为，此处有过与克先尼帕并列的另一个古城，名为纳乌塔卡[2]，因与公元前328年马其顿的亚历山大远征卡什卡达里亚州这一地区有关，而被希腊作者们提及。

因此，围绕该问题曾出过很多著作，其中也包括马松教授和我本人写的论著。在某种程度上我甚至还推断过，在马其顿的亚历山大到来之前，这个地方曾经是布朗希德人[3]的城市，他们是小亚细亚米利都阿波罗神庙的祭司，在阿契美尼德王朝薛西斯执政时迁至粟特，原因是布朗希德人担心同部族的人复仇，因为他们把阿波罗神庙的宝藏献给了薛西斯。

当然这都是后来的事。而在那天，我们的任务非常具体，就是绘制叶尔-库尔干古城的平面图。据预报，当天是个大晴天，天气会很热，但我们的状态非常糟糕，工作还要做，那首先就要从前一天无眠之夜的醉酒中醒来才行。那时，由古城向北有条水流湍急的灌溉大渠，水很凉，因多含泥沙呈黄色。没有丝毫犹豫，我和科利亚就平趴在了渠沿上，直接把头扎进了渠水，直到肺里的空气不够为止，就这样，交替扎猛子有半个小时。塔尼娅对此十分气愤（她没有喝韦博尔诺维伏特加），不停地催促我们，并重复着一条，说米哈依尔·叶甫根尼耶维奇给我们布置的任务一定要完成。但这对我们没有任何作用，科利亚有时在"水浴"的间隙会冲着她大喊："别催了，塔尼娅，要不然我会叫你也尝尝渠水的味道！"

凉爽的渠水终于让我们清醒，一小时后，我和科利亚做好了献身科学的准备。我们登上了叶尔-库尔干城墙的墙顶，先把整个古城环视了一遍，勾勒出了目测的平面，然后开始绘图。

我们绘的可称为目测平面图，它被广泛运用在考古线路行进考察之中，与仪器测量平面图相比的好处，就是无须花很多时间。米哈依尔·叶甫根尼耶维奇是做这类图的大师，他从他父亲那里继承了测绘方面的技能，而

1　Ксеннипа
2　Наутака
3　Бранхиды，音译为"布朗希德"。据资料，"布朗希德"人是"布朗考斯"（Бранх）的后代，他们是距米利都不远的迪迪姆城的阿波罗神庙里的祭司家族。

他的父亲，曾是十月革命前撒马尔罕州的总测绘师。我的目测技能，很大程度应归功于米哈依尔·叶甫根尼耶维奇，以及少年时期在高加索时的一位老师——安德列·彼得罗维奇·鲁尼奇，按他自己的主要职业，他是一名工程师，但按心底的爱好，他是一名考古学者，他写了不少有关高加索矿水城地区古代遗址方面的文章。

用目测的方法绘古城或古代村落的平面图，并非每个考古学者都擅长，可以说，这项技能，一靠"天赋"，二凭丰富的经验，还有一个必要条件是步量准确，而我的步量尺度正好一米，还要有很好的目测力和找到瞄准基点的技巧。使用这种方法，还需要几个工具：指南针、三角尺、铅笔和橡皮（一般都把它像护身符一样挂在脖子上），平整的绘图板（通常我们用胶合板做，并用砂纸把它磨光），以及瓦特曼纸或方格纸。相比于仪器测量平面图，目测平面图更为重要。因为前者仅记录隆起和凹陷的地形，以及数不清的水平线；而在目测平面图上，考古学者可将一个古城或古代村落的历史地形标显得更加醒目。固定陶器的位置和年代日期可同步进行，能初步确定隆起的意义，到底是一处寺庙、一座建筑，还是墓葬；凹陷处，是豪斯[1]，还是一处场地，等等。所有这一切都标绘上图，所以，在完成绘图时，我们对一个古城及其组成部分——城堡、城的本身和城郊，足以有一个大致的概念。

在打算长期进行的站点式研究中，平面图是可以更正的，有时常常会出现一种情况，这个考古学者不再去看这个或那个古城，而在线路中所做的平面图则成为唯一的"文件"。马松教授所绘的一些古城和古代村落平面图，可为我所说的话做很好的例证。这些遗址位于梅尔夫和花剌子模之间，图是他在线路中所绘，被发布在南土考古综合考察著作的第十三卷。

绘目测平面图，尤其是在线路中，是一项非常繁重的体力劳动，因为一天之内不是只画一张，而是要画好多张。对于考古学者来说，这项工作尤为重要，因为地形测绘员并非总会陪伴在他们身边。

如今，能够绘制目测平面图的人是越来越少。我回想起一件非常有趣

---

1 Хауз

的事。1990 年，在著名的达尔维津帖佩[1]古城，当首次乌兹别克—日本联合考察工作开始时，我长时间尝试着向我的日本同事们解释，说可以不用复杂的仪器就能绘出准确的平面图，他们对此非常怀疑。然后，我勾勒出达尔维津帖佩的地块，并很快把平面图交给了他们。他们不相信这么简单，于是决定重新测量，还用上了激光经纬仪。结果使他们非常惊讶，因为在地形和面积的吻合度上，误差没有超过一米。为了表现目标的地形，可以标出水平线。为此，必须准确地知道地表到向前伸展的右手手掌的距离（我的这个数据总是 1.5 米）。然后，要站在城墙塌陷的墙围前，把右手伸展，将其对准墙上的某个固定的点，然后测量从起点到墙上这个点的距离。这里将是第一条水平线，之后再从城墙上的这个点上移位并勾画出另一个点，等等。

曾经出现过目测平面图出来的结果更准确些的情况。我曾不止一次地修改过仪器测绘的古城平面图。举个例子，就说达尔维津帖佩和叶尔-库尔干古城。Л. И. 阿利巴乌姆[2]在 1966 年发表的一篇文章里，有一张古城平面图，它由地形测绘员舒库罗夫所绘，标注的大小是 $1000 \times 800m$，它在所有的出版物中都是这样标的。但我对该平面图的准确性产生了一些疑问。因为种种原因，直到 1973 年才得以对该古城进行复核测绘。果然，大小不对，正确数据应是 $650 \times 500m$。

当时，在叶尔-库尔干古城平面测量的工作中，我们的干劲很高，尽管是暑天高温，但我们的所有工作都很有成效。工作中，我们采取了轮换的方法，即我先测一段，科利亚当方位标，之后再倒过来。塔尼娅一边收集陶器，一边为我们准备非常简单的食物。就这样，我们按步骤将所布置的任务努力向前推进，一定要在马松教授回来之前把平面图画好。最终，我们把图画了出来，晚上七点前我们再回到出发点时，整个人都累趴了。真的与该词的词义一样，又趴在了渠边，还是老办法，把头扎

---

[1] 达尔维津帖佩（Дальверзинтепа 或 Дальверзин-Тепе，乌兹别克文为"Dalvarzintepa"），位于乌兹别克斯坦南部，是公元 3 至 4 世纪贵霜王朝时期一个重要的贸易和手工业城市。

[2] 拉扎里·伊兹拉伊列维奇·阿利巴乌姆（Лазарь Израилевич Альбаум，1921—1997），乌兹别克斯坦著名的考古学家。

进渠水里，但这一次是为了清爽一下神志，也是为了缓解烈日炎炎之下劳累一天的疲惫。

　　我还记得 1966 年走另一条线路的事。那次是我陪同米哈依尔·马松做的一次线路考察，一行就我们两人，也是他数十年考古生涯中所做的最后一次线路考察。而现在回想起来，那是多么遥远的事啊！我感到骄傲的是，这次考察他把我带在了身边。我在想，那时他也一定明白我的心情。当时，他已是 69 岁的老人，对他来说，考察乘车显得愈加困难，而且又是一次线路考察。时隔一年，就在米哈依尔·叶甫根尼耶维奇 70 寿辰前夕，他彻底放下了自己亲手创办并发展壮大的考古教研室。随着他的离开，这个曾让世界科学界仰慕的教研室，业务渐渐不可逆转地走向了下坡，一直走到如今的状态：教研室的大学生们，即未来的考古学者们，他们没有专门的考古实习课程；而已经毕业的学生，甚至连地层学这样的考古基础概念都没有……

　　早晨 5 时 30 分，我们的线路考察从卡尔希出发，途经卡桑[1]，然后驶往西北方向，前往卡尔希和布哈拉之间的沙漠地带（松杜克利沙漠[2]）。米哈依尔·叶甫根尼耶维奇坐在驾驶室里，而我在车厢上面，汽车颠得非常厉害，这里的路，可以说是比没路还差！路况差不说，那辆卡车也是气喘吁吁，如果没有记错，应该是一辆嘎斯-53，可令人惊叹的是，一路下来居然没出任何故障。

　　在这个看似完全无水的地区，我们发现了考古遗址。在一个地方，我们撞到了一个不大的遗址，它有一个清晰的墙的方型布局。我开始绘制平面图，并收集"地面物"，米哈依尔·叶甫根尼耶维奇则拿着收集到的材料在思考。之后，当我们两人集合在一起时，他对我说出了自己的意见，

1　Касан，卡桑市（Kasan）。乌兹别克语为 Koson，用俄文拼写为 Косон，可音译为"阔松"，是乌兹别克斯坦卡什卡达里亚州卡桑区的中心。1972 年建市，人口为 5.93 万（2005）。
2　Пески Сундукли（Сандыклы），音译松杜克利（或桑迪克雷）沙漠。乌兹别克语为 Sandiqlicholi（Сандиқли чўли），音译为"桑迪克利乔利"，为沙漠草原，位于乌兹别克斯坦布哈拉州和卡什卡达里亚州，以及土库曼斯坦列巴普州境内，是克孜勒库姆沙漠的延续。

图 6.2 马松教授带队在克什考古的线路考察中，1966 年。

说这个遗址可能会是一个里巴特[1]——专供宗教卫士加兹人[2]用的设施，公元8—9世纪，在阿拉伯人向中亚推行伊斯兰教期间，修建这种设施十分普遍。

我们仔细地看过此处遗址之后，便继续向前行进了，但很快迷失了方向，确实没有道路，四面都是连绵起伏的沙山，中间很少出现一些空地。而且气温很高，背阴处有 40 来度，而阳光下的温度则超过 60 度，但眼下在沙漠里，哪里能找到背阴处呢？没过一会儿，汽车突然停住了，只见米哈依尔·叶甫根尼耶维奇从驾驶室探出身来对我说："艾迪，你看，在前方，那边好像有个村子，我甚至看到有树。"然而，无论我怎么看，都没有看见村庄的影子。于是我们明白了，是米哈依尔·叶甫根尼耶维奇看到了幻影，在中亚的荒漠中，这种现象很常见。而又过了一会儿，我同样也体验了一次。在前方，在荒漠的地平线上，好像突然出现了巨大的雪山，有一些小河从

---

1 Рибат，音译"里巴特"（阿拉伯语为 رابط）或 Рабат，意为防御工事、堡垒、要塞、宗教斗士的住所，是穆斯林与外邦人开战的前哨基地。

2 Газие

上面流淌下来。这一切发生得很快，而且看上去非常清晰，但仅过了数分钟，一切又都消失了。此后又过了一段时间，我们很偶然地遇到了一处阔什——牧民带着自己羊群的住所。我们的车开到了它的跟前，可眼前却是让人感到奇怪的寂静，也没有任何有人的迹象，仿佛毫无生灵的样子。我走近毡房并大声地喊了一声："阿卡[1]，主人在吗？"没有任何回应。于是我决定转身回到卡车上去。可就在我转身的瞬间，我惊呆了：周围大概距离四五米处，有五只看家犬，是有名的中亚猎狼犬品种，它们正卧在地上看着我。我紧张地略微动了一下身体，只见几只狗轻轻地爬起来，开始威胁地向我咆哮。任何移动身体的想法顿时消失。可这样要站多久呢？我心里嘀咕起来。主人什么时候才能回来啊？突然，身后响起一句斥责的声音。我转过头去，只见一位上了年纪的老奶奶从毡房里走了出来。原来，在毡房的下面有一个萨尔德-哈纳[2]，是专门为躲避夏季酷暑在地表下的泥土里挖出的房间。

老奶奶热情地用乌兹别克语与我交谈起来，给我喝了用苏滋马[3]和水做成的恰洛波[4]饮料，并给我指了路。行驶了一段时间之后，我们终于驶上了布哈拉至卡尔希的公路，驶进城里已是夜半时分。在这里发生了一件不同寻常的事，其中一些细节让我一生都记忆犹新。

在城里行驶了大概数百米，一位交警拦住了我们。就像在挑毛病，他长时间地检查着司机的证件。米哈依尔·叶甫根尼耶维奇坐在驾驶室里注视着发生的一切，当得知交警要对司机并不存在的违章进行处罚并没收证件时，他出了驾驶室并向执勤人员走去。

你们能想象得出，当时会是一个什么样的场景：深夜，卡尔希，公路上没有一个人，一位体态胖重、穿着常人看不懂的衣饰的男人迎面向你走来。在考察时，米哈依尔·叶甫根尼耶维奇总是戴着一顶英式的软木头盔，穿一件奥地利式的冲锋衣，脚上是一双大皮靴。还有，头盔下面是一副老式的圆镜片眼镜。谁能料到米哈依尔·叶甫根尼耶维奇的整个外表让这位

1　乌兹别克语"阿卡"（Ака），意为"大哥"或"老兄"。

2　Сард-хана

3　Сюзьма（或 Сузьма），中亚等地区民间的一种酸奶制品。

4　Чалоб，中亚民间用酸奶制品与水混合成的防暑饮料。

执勤警察产生了什么印象。接下来所发生的剧情成了这样：米哈依尔·叶甫根尼耶维奇走到交警面前并略微停顿了一下，就像一位杰出的演员，用洪亮的嗓音大声地说："您知道吗，列宁是怎么对我们说的？！列宁同志曾经说过——形式上正确，但本质上是一种嘲弄。[1]"交警听罢这句话，也不明白这个句子到底是什么含义，再看一眼米哈依尔·马松的外表，身体瞬间好像缩了一下，木然地瞪着他，一边把手里的证件塞回司机手中，然后，快速地跑到不远处停着的摩托车前，快速地发动并骑了上去，很快就消失得无影无踪。也许，他（如果还活着的话）如今还能想起卡尔希那个炎热的六月之夜，还有那个令其不解的形象——此人竟然能很轻松地叫出领袖的名字，就好像与领袖很熟似的。

不论是在什么地方，或在塔什干，或在基斯洛沃茨克，或是在考察之中，米哈依尔·叶甫根尼耶维奇总能给人留下不可磨灭的印象，并唤起人们强烈的兴趣。还记得1963年发生在基塔布的一件有趣的事。为了找到合适的地点放置地层坑，我们这群大学生与米哈依尔·马松教授一起，像是回到了古代，正沿着这座曾经的克什国古都的街道行走。像往常一样，一群穿得五花八门的当地孩子跟在我们身后。当时有部电影《两栖人》[2]非常流行，尤其是电影的主题歌，有段歌词是这样唱的："喂，水手，你在海上漂得实在太久……"就是这些孩子，当他们看到穿着奇怪的马松教授时，便列队似的跟在了他的身后，一边跳着，一边做着各种鬼脸，还唱了起来："喂，水手……"我们大家都憋着笑，勉强做出一脸严肃的样子，故作镇定地跟在马松教授的后面，继续向前行走。

从卡尔希开始，我们还做了另外几条线路的考察——向库尼亚-法兹利[3]（中世纪古城别兹达瓦[4]）、卡斯彼[5]，向南朝巴乌肯特帖佩[6]的方向，还沿

1　"Формально правильно，а по существу издевательство"——摘自列宁于1921年5月27日在俄共（布）第十次全国代表会议上发表的《关于粮食税的报告》。

2　《两栖人》（Человек-амфибия），苏联电影，摄制于1961年，导演为弗拉基米尔·切博塔廖夫（Владимир Чеботарев）和根纳季·卡赞斯基（Геннадий Казанский）。

3　КуняФазли，音译为"库尼亚-法兹利"（Kunya-fazli），位于乌兹别克斯坦卡什卡达里亚州境内。

4　Бездава

5　Каспи

6　Баукенттепа

着古代的道路，穿过草原向科利夫[1]方向。之后，我还独自去过那里。为了更直观地了解当时的情况，我从自己那些年所做的田野记录中摘取一段：

1966 年 5 月 26 日。6 时 50 分出发，6 时 55 分到达宾馆（沙赫里萨布兹——艾·瑞德维拉扎），在这里聆听 M. E.[2] 的叮嘱，之后，我们四人一起启程：司机、我、鲍里斯（科奇涅夫）和加琳娜（德列斯维杨斯卡娅）。

科利亚生病在家留守。到了别什肯特[3]，在那里，我们找到了当地的土地测量员别克特米尔·萨利赫，从其处得到了必要的证明文件，并细看了该区的地图。别克特米尔告诉我们说，我们去年曾经去过的库尼亚-法兹利（别兹达瓦）与沙赫里-别尔别尔[4]，其实是一个地方，而这一信息，与村委主任对我们所说的情况一致。根据其他信息，沙赫里-别尔别尔（翻译过来的意思是"柏柏人之城"[5]）位于第三国际集体农庄（卡玛希村）[6]西南方向 15 公里处。

查看地图也让我们确信，在库尼亚-法兹利这个最大的古城地区，除它以外，还有其他的古城……其中就有巴乌肯特帖佩。为了查证这些信息，我们到过卡玛希，此后又动身去找巴乌肯特帖佩。去那里的路是这样，方向是别什肯特-卡玛希，在距别什肯特 7 公里处，公路拐向卡尔·马克思集体农庄[7]，它距卡乌钦村[8]5 公里，而从那里再往西南走 7 公里，就到巴乌肯特帖佩。

在卡乌钦村处看了一座清真寺、一处陵墓和一系列建筑。看上去一切都是 18 至 19 世纪的，墓地上见到的墓碑系 19 世纪和 15 至 16 世纪风格，在路上还看到一只很大的蜥蜴……

1　Келиф
2　指米哈伊尔·叶甫根尼耶维奇·马松教授。日记中以 M. E. 缩写代替。
3　Бешкент
4　Шахри-Бербер
5　Город берберов
6　Колхоз III Интернационал（кишлак Камаши）
7　Колхоз К. Маркса
8　Кишлак Каучин

巴乌肯特帖佩在平面上几乎是一个严格参照基本方位的方型古城，其中央，是一座高 10 米、长宽为 130×120 米的城堡。而城堡的四周有壕沟，一直贴到了古城的城墙边上。向下，从东端起，是居住的房子。见到了公元前 6—前 5 世纪、公元 5—6 世纪，以及公元 9—12 世纪和 13—14 世纪的陶器。在城墙的西南角处（从墙的外侧——艾·瑞）有建筑遗迹，在这些建筑的西南侧，在一条将这些建筑分开的街道的中心位置，发现一处陶炉。此处找到两个女性和一些马的小塑像，是公元 5—7 世纪的陶器。在沙赫里斯坦的西北角，距它 180 米处，看上去是发现了蓝色和锰色的陵墓遗址（可见上釉彩砖），有上釉和无釉的雕纹赤土陶器，年代确定为 13—14 世纪。此处可见大块的陶渣。看到陶器地块的面积大概为 200×200 米，主要是 13—14 世纪。在距古城东北 425 米处，发现有生产砖的遗址。在城堡的东北角处发现一枚钱币，看上去，应属中世纪早期。

我绘制了古城图。17 时，我们返回。18 时 30 分，已经回到卡尔希，把所有情况向 M. E. 马松做了汇报。

上面所述的这条线路，是米哈依尔·叶甫根尼耶维奇走的最后一次线路考察。他是一位杰出的学者，是许多中亚考古考察的组织者，也是中亚灿烂文明的发现者。

在我有关往事的记忆深处，梅尔夫古城正在浮现，还有消失在卡拉库姆沙漠里的安条克索托墙 [1]——胡尔穆兹法拉、克什、纳赫沙布，对广袤无垠的中亚的一次次考察，还有米哈依尔·叶甫根尼耶维奇在塔什干街道上行走的形象：总是穿着一成不变的黑色西装，头戴一顶学院帽并拿着一个旧文件夹。一切都沉入过去，被无情的柯罗诺斯 [2] 吞噬。剩下的只有记忆，但随着时光，一切都让我的回忆变得愈加鲜明，而且回味无穷。

有一次，我和 B. 彼利普科被叫到他在梅尔夫古城营地的办公室。米哈

---

1 Стена Антиоха Сотера
2 柯罗诺斯（Хронос），即时间之神。

依尔·叶甫根尼耶维奇神情忧郁地看着我们（他大概已经知道，这会是最后一次参加梅尔夫古城的考察），说出了一句他特别喜欢的拉丁文名言："退伍军人的荣耀仅是装饰（Veteranus militus gloria ornamentus）。"

米哈依尔·叶甫根尼耶维奇，您在认知中亚的事业中所做的伟大业绩，将永远属于光荣！

结束语

作为结束语，我想指出的是，由于缺乏回忆录性质的文献，我萌发了写一本由三部曲组成的大作的念头。在其中，能将我个人对中亚考古学发展的看法，与对这个广阔地区过去历史的各种观点，以及它们的科学特征融为一体。

此书的第一部分，所涉及的时间段是从 19 世纪 50 年代末到 1967 年，已经写作完成并提交出版。在这里面，我不仅讲述了自己走上科学道路的开始，还努力尝试着把那个时代的一些有特点的事情，以某种形式展现出来。

如果说该书的第一部主要讲的是我自己参加各种考古考察的经历，以及这些考察的特点和野外研究的条件等，那么，第二部，除此之外，会更多侧重于理论性质的问题，即中亚考古在野外研究领域是如何发展起来的，以及一些理论上的思考。

按我的计划，第三部将主要讲述中亚考古在苏联解体和新独立国家建立后的发展情况，以及这一时期出现了哪些新东西，还有哪些传统被保留下来。

我希望自己的想法能够实现，而这其中，读者们对三部曲的第一部的反响十分重要。如果大家的反响十分积极，那么，所有续写本书的疑问会自然消失；如果它并不被需要，也许已完成的工作就有必要被重新思考，并找到另一种更为有趣的叙述形式。

热土荒丘五十年

第二部

谨以此书纪念我的老师

米哈依尔·叶甫根尼耶维奇·马松

加琳娜·安娜托莉耶夫娜·普加琴科娃

引 言

在写这本书的过程中，原本设想的三部曲中后面两本书的内容，在很大程度上做了改变。回忆录第二本书，所跨越的时间段是 1962 至 1967 年，是我进入塔什干国立大学上学和毕业的时期。

写人生这一阶段的内容，绝非偶然的想法，因为大学的学习岁月，正是一个学生形成科学思考和理解力，为掌握独立的科学创造能力而打基础的阶段。在这里，大学其他教研室省略不叙述，我只讲塔什干国立大学考古教研室和历史系。它们得益于米哈依尔·叶甫根尼耶维奇·马松杰出的教育家才能，以及他探索出的培养考古专业大学生的方法。他的方法被充分证明完全符合上文所述的学生成长发展的需要。

因此，回忆录的第二部，我把重点放在介绍塔什干国立大学考古专业是如何培养和教育学生掌握独立科学活动能力，以及如何在此方面打牢基础的。比如，教师的言传身教，尤其是我的老师加琳娜·安娜托莉耶夫娜·普加琴科娃和米哈依尔·叶甫根尼耶维奇·马松。他们知识渊博，讲课形式丰富多样，让学生参加大学生科学考古小组的活动，在图书馆阅读科学文献，在梅尔夫古城和南粟特考古考察中了解和熟悉所运用的考古研究方法。书中单独有一个章节，用来介绍我在北高加索进行的研究，这个阶段对我早期从事科学研究起到了非常重要的作用。

在书中，我讲述了面对未来的科学道路时，自己如何在不安和煎熬中做出了最终选择——决定一生从事中亚考古研究。在这之后，首先是在巴克特里亚进行最早的发掘工作，书中最后一个章节对此做了叙述。

此书以真材实料为基础，没有丝毫的粉饰和杜撰。在对最主要和最重要的内容进行重点叙述时，我没有忽略一些具体细节，乍看上去，它们似乎无关紧要，而实际上却个性鲜明。这是作者的个人特权，是他有意赋予回忆以社会背景，不仅如此，同时还突出了相对个人的色彩。

在此，我要特别感谢对此书提供帮助的丽迪亚·利沃夫娜·瑞德维拉扎。也要衷心感谢我的同班同学塔尼娅·别利娅耶娃和阿莉菲娅·穆萨卡耶娃，她们为此书提供了照片材料。

七　塔什干国立大学考古教研室和历史系

　　1962 年 7 月 27 日，满怀希望的我飞到了塔什干，准备参加塔什干国立大学（大学当时是以列宁的名字命名）的入学考试，我当时住宿在维克多丽娅·多琳斯卡娅家。

　　8 月 1 号，考试开始。进历史系需考四门：历史、外语、文学笔试和口试。前两门，历史和外语，我考了"优秀"；可第三门，是根据列夫·托尔斯泰的小说《战争与和平》写一篇文章，我的成绩是及格。季娜·希多罗娃把这个成绩告诉了我，她是从丽迪亚·布基尼奇那里听到的消息。实际上，这门考试的成绩，是考官本人——语言文学系主任马拉霍夫亲口告诉丽迪亚的。"你们认识的那位英俊的格鲁吉亚小伙子（！），"他不留情面地说（显然，我留给他的印象不错），"语法得了三分。"紧接着，他指出了试卷中的所有错误，最后用教训式的口吻说道："如果他文学口试得不到'优秀'，那就达不到入学分数了。"

　　事先有提醒，那就要好好准备。在文学口试中我得了最高分，就这样，我进了新生的录取名单。那时，对于获得同样分数的考生，有以下情况者可优先列入高校新生名单：有两年工龄或是在部队服过役。这要由专门的招生委员会来作决定。然而，对于我这个不具备其中任何一项优势的人来说，等待结果是件很紧张的事。Maximum momentum[1]。而这一次（又一次），在我的人生经历中，米哈依尔·叶甫根尼耶维奇·马松又起了决定性作用。他给我做的鉴定意见书，被提交给 3. И. 乌斯玛诺娃领导的招生委员会，成了起至关重要作用的依据：我被录取！

开始大学生活后，我以为主要就是坐下来学习，可上课只是在 9 月份的前两周。然后，所有教师和学生都必须去参加强制性的摘棉花活动。只有考古专业二至五年级的大学生享有由米·叶·马松从大学领导那里争取到的特殊待遇（这是因为他有极高的科学威望），可以先去梅尔夫古城进行野外实习（从 9 月后半月到 11 月初），然后再去"摘棉花"。

然而，对我来说，一张完全意外的"处方"成了学年的开始。我既不能去实习，也不能去摘棉花了，在南土考古综合考察队出发的前一天，在一堂波斯语课上，我犯了急性阑尾炎。我的好朋友，同系且同级的同学尼古拉·瓦谢茨基，送我去了塔什干医学院，然后，我直接被抬上了手术台。第三天，我被安排出院，整个年级只剩下我一人（所有人都去摘棉花了），我便决定先回基斯洛沃茨克的家中休养。

我买了机票来到机场。像是有谁存心要和我作对，这天正赶上赫鲁晓夫率领一个庞大的政府代表团抵达塔什干，所有航班都被取消。等我的航班起飞，已是夜里时分，所以，我到家的时候已是次日早晨。

年轻的身体总是恢复得快，也就过了两周，在欢送我的中学同班同学鲁迪克·马尔基罗索夫参军入伍时，我还和伙伴们一起跳了列兹金舞，之后又参加了我们小组在基斯洛沃茨克郊区的考古发掘活动。返程日子到了。可是，因为矿水城的浓雾天气，我在机场连续等了 5 天，回到塔什干时已是 11 月 10 日。之后，紧张的大学生活终于开始！

那时，历史系是在基洛夫街和"乌兹别克斯坦"大街交叉口的一栋拐角建筑（现在的"奥尔祖"商业中心，而稍早前曾叫"捷米尔"）的二楼。

历史系的系主任是阿布杜拉赫曼·哈姆拉耶维奇·哈姆拉耶夫[2]，他出身知名的哈姆拉耶夫家族，是杰出的乌兹别克电影演员和导演拉扎克·哈

---

1 拉丁文，意为"最重要的时刻"。
2 Абдурахман Хамраевич Хамраев

图 7.1　塔什干国立大学主楼，考古教研室在其中。塔什干，1962 年。

姆拉耶夫 [1] 的亲弟弟。阿布杜拉赫曼·哈姆拉耶维奇的外表很严肃，但他是一个温和、待人非常友善的人。他与米哈依尔·叶甫根尼耶维奇·马松的关系非常好，这相应地体现在了考古专业大学生的地位上面。

　　阿·哈·哈姆拉耶夫对我特别好，甚至在我大一时就推荐我当了系共青团领导小组的委员，甚至不顾一个细节，即我在中学毕业之后已自愿退出了团组织（那时候我就有了一个很固执的认知，认为在入党等类似组织与科学的自由精神之间，是有矛盾的）。

　　系副主任是加琳娜·鲍里索夫娜·尼科尔斯卡娅。大一她给我们上过世界民族学公共课，是一位极富同情心和有求必应的教师，经常在学生有困难的时候护着学生并给他们提供帮助。

　　我们在历史系上公共课，当时的考古专业课是在考古教研室上课，它

1　拉扎克·哈姆拉耶夫（Раззак Хамраев，1910—1981），苏联和乌兹别克演员、戏剧导演和教育家。苏联人民演员（1969），曾获斯大林奖二等奖（1948）。

在曾经的男子中学的一栋老楼里（如今是法律大学），位于革命公园（现在叫阿米尔·帖木儿公园）里。在历史系听完课后，我们考古专业的学生，要抓紧时间赶回教研室；但也有慢悠悠的时候，多是沿着乌兹别克斯坦大街走，因为整条街道被茂密的树荫覆盖，让人感到身心愉悦。

考古教研室有大量的课程：С. Б. 鲁尼娜的中亚考古学、З. И. 乌斯玛诺娃的考古对象研究方法、玛·伊·莫洛扎托娃的东南亚考古学、М. Е. 马松的中亚古城历史地形和中亚钱币学、К. Н. 纳吉莫夫的中亚各民族人类学、А. С. 莫罗佐娃的中亚各民族的民族学、Г. А. 普加琴科娃的中亚建筑学、З. И. 乌斯玛诺娃的的东方艺术、Ю. А. 斯克沃尔佐夫[1]的第四纪地质学、А. М. 马特维耶夫的阿拉伯哈里发史、Г. Н. 恰布罗夫[2]的中亚历史编纂学、А. А. 谢苗诺夫和后来的В. 列维茨基的中亚铭文学，以及其他课目。

理论课伴随着实践课，其中包括到撒马尔罕和布哈拉考察。在那里，教师给学生介绍这些历史古城中主要的中世纪遗址，讲解它们形成的历史和建筑特点（С. Б. 鲁尼娜、З. И. 乌斯玛诺娃），并教授学生们学习建筑测量（Г. А. 普加琴科娃、С. Б. 鲁尼娜）。

考古教研室教学中最重要和不可分割的部分，是大学生们的野外考古实践课（从大二开始），它在两个考察中不间断地进行：秋季是在梅尔夫古城的南土考古综合考察，而春季是在基塔布、沙赫里萨布兹、卡尔希的克什考古地考。许多大学生还在暑假进行实践，参加由其他科研机构组织的考察队。这就有可能让学生在各种考古项目上，不仅能了解发掘工作的特点，而且能认识不同考古研究方法在其他考察项目中的运用。

值得一提的是，在塔什干国立大学考古教研室的绝大多数学者，不仅是出色的学术报告人，讲课时有很高的学术理论水平，而且还是天才的研究者，都有自己的科学发现。他们在讲课中列入很多通过研究得到的新的经验和数据。我很幸运，不仅曾在这些学者的教导下听课学习，而且后来还与他们保持了紧密的合作性联系。

实事求是地说，我上大学的那几年，不管是在教研室，还是在历史系

---

1 Юрий Александрович Скворцов

2 Георгий Николаевич Чабров

图 7.2 大学校长 Л. 萨迪科夫（左二）接见旧金山市长 G. 克里斯托弗[1]（左一），马松教授也在场（右二）。1962 年。

图 7.3 历史系主任 A.X. 哈姆拉耶夫。塔什干，1962 年。

---

1 G. 克里斯托弗（George Christopher，1907—2000），美国旧金山第 34 任市长。

图 7.4　在建筑实习课上，撒马尔罕。

图 7.5　大学生实习课。左起：Л·布基尼奇、З.哈基莫夫、Л.朱科娃、З.乌斯玛诺娃，半蹲者为 A.比拉洛夫。撒马尔罕，1963 年。

里，教师队伍是变化的：有的人去世了，其他人调来了；还有人换了工作，他们的岗位就来了新的年轻专家。但是，我想顺便指出的是，并非所有的变化都有接替。所以，遗憾的是一些课在教学过程中就被取消了。比如，列维茨基去世后，教研室就失去了阿拉伯铭文学，而这是一门非常出色的课程。此前，非常杰出的学者A. A. 谢苗诺夫曾讲过该课。最终，米哈依尔·马松都未能找到合适的人来接手该课，因此，我不得不自学铭文学，主要的方法是借助米哈依尔·马松的报告，直接阅读相关的文献资料。考察提供了实习的机会。第一次与铭文学有关的工作是在 1965 年，在卡塔-梁加尔[1]参加克什考古地考期间，当时，马松教授把从伊什克[2]教团谢赫墓碑上拓下文字的工作，交给了我和安瓦尔·比拉洛夫。

自大一起，考古教研室开了波斯语课（E. A.科斯米娜），大四时开了阿拉伯语课（A.帕乌波娃），这在很大程度上使我学习穆斯林铭文学时能稍微轻松一些。掌握这些语言，对深入和有鉴别地研究阿拉伯语和波斯语原始资料，无疑有很大的帮助。比如，在我大四开始撰写《帖木儿对北高加索的征服》[3]一文时，我能够使用尼赞马丁·沙密和谢里夫丁·阿里·耶孜迪[4]的著作《扎法尔-纳玛》（《胜利之书》）[5]，该书由杰出的捷克东方学者费利克斯·塔乌艾尔创作。那几年，我读到不少阿拉伯语和波斯语文献（中世纪题目在我的科学作业中占了很大比例）的真本，其中，有伊斯塔赫里、伊本·豪卡勒、库达玛·本·贾法尔[6]的著作，它们都被收录进荷兰东方学学者德·古耶在 19 世纪下半叶编成的《阿拉伯舆地丛书》（*BGA*）[7]，一部无与伦比的书。后来当我拿起成吉思汗历史地理问题开始研究时，了解到上述资料对我帮助确实很大。米哈依尔·叶甫根尼耶维奇常常提醒我，不要过度地相信译本的准确性。这种提醒是有益的，因为类似的翻译多为普通性的，导致原文本出现多种解读方式，而且不能表现出

1　Катта-Лянгар

2　Орден Ишкия

3　*Поход Тимура на Северный Кавказ*

4　Низам ад-Дина Шами и Шараф ад-Дина Али Йазди

5　"Зафар-нама"（*Книга побед*）

6　Истахри，ибн Хаукаль，Кудама б. Джафар

7　*Bibliotheca Geographorum Arabicorum*

图 7.6　在布哈拉的建筑实习课上，中间的女性是 С. Б. 鲁尼娜，1965 年。

图 7.7　在布哈拉的建筑实习课上，左为瑞德维拉扎，右为尼·瓦谢茨基。乔尔-巴扎，1965 年。

图 7.8　在考古教研室的博物馆里上课

图 7.9　教室里的大学生们，后排右四为瑞德维拉扎。

原著语言本身所包含的一些精妙含义；但需要对某个城镇的考古信息和文字记载进行对比定位时，它们恰恰是特别重要的元素。在此之后，在我的历史地理调查工作中，我不止一次地想起他这句完全正确的话语。

玛丽娅·伊万诺夫娜·莫洛扎托娃[1]是一流的中国古代问题专家，在考古教研室的教师队伍里很有威望。她给我们讲授中国和东南亚考古学。她的经历很不平凡。玛丽娅·莫洛扎托娃的父亲是一位白色近卫军军官，在红军击溃了冯·恩琴男爵和哥萨克首领谢苗诺夫的白色近卫军部队后，他领着一家人去了中国。在那里，他们先后在好几个城市生活，后来全家到了上海，玛丽娅·伊万诺夫娜在那里上了大学，毕业后在古玩店工作过。她的中文水平，无论口语还是文字都非常好，她还收藏有汉、唐及明清朝代的瓷器，包括一些很漂亮的青瓷。

当侨民被允许回到祖国时，玛丽娅·伊万诺夫娜来到了塔什干，随身带来了自己的一部分藏品。她在艺术博物馆工作，顺便补充一句，不是在

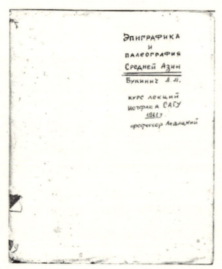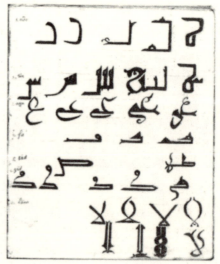

图 7.10　铭文学讲义题纲

1　Мария Ивановна Моложатова

19 世纪 70 年代新建的博物馆，而是在那个位于卡法诺夫街心公园的，带有雪白色圆柱和男像柱的老博物馆。之后，她到了大学工作。我们在玛丽娅·伊万诺夫娜家里听过课，她住的房子位于老的医院市场[1]大门的左手边。这里有一个居民街区，建的都是低矮的土坯房（这里现在已经建成高层住宅楼，在民间叫"银行的楼"）。玛丽娅·伊万诺夫娜讲课非常细，会使用直观的辅助工具和放在房间架子上的展品。

中亚第四纪地质学这门课很精彩，由著名的地质学家兼教授尤里·亚历山大罗维奇·斯克沃尔佐夫为我们授课。早在 1920—1930 年间，他在塔什干的地质单位工作时，就与米哈依尔·马松成了老朋友。马松教授认为，每一位考古学者都应该了解地球演化地质周期中的这一非常重要的阶段，因为，在这个阶段，人类进入漫长和复杂的起源过程。尤·亚·斯克沃尔佐夫在自己的讲义中，对黄土地起源的问题给予了高度的重视。他作为风成起源理论的拥护者，激烈地批评与自己观点相反，即持河流起源理论的人。斯克沃尔佐夫教授不仅是一位出色的讲课人，还是一位学识渊博的实践者：他带领我们这些大学生跑遍了塔什干，给我们看沟壑和河谷的断面，为我们仔细讲解地质层和夹层的成分。

中亚人类学课的老师是卡迪尔·纳吉莫维奇·纳吉莫夫[2]，他曾师从著名的塔什干学者列夫·瓦西利耶维奇·奥沙宁[3]。列·奥沙宁是中亚各民族人类学研究的奠基人，同时也是人类学教研室的创立者。在人类学教研室做实习辅导工作的老师叫瓦莲基娜·雅科夫列夫娜·泽坚科娃[4]，也是列·瓦·奥沙宁的学生。卡·纳·纳吉莫夫在自己的科学研究中，主要立足于中世纪晚期的人类学；而瓦莲基娜·雅科夫列夫娜的研究则偏较早时期，主要对古墓发掘中找出的头盖骨进行研究。

中亚各民族的民族学这门课程的老师，是安娜·谢尔盖耶夫娜·莫罗佐

1　старый Госпитательный рынок

2　Кадыр Наджимович Наджимов

3　列夫·瓦西利耶维奇·奥沙宁（Лев Васильевич Ошанин，1884—1962），著名的苏联人类学家、生物学家，生物学博士，中亚专家、教授，塔什干国立大学人类学教研室的创办人。著名俄国旅行家瓦西利·费多罗维奇·奥沙宁（Vasily Fedorovich Oshanin）之子。

4　Валентина Яковлевна Зезенкова

娃[1]，她身材修长、仪态端庄、气质高贵，从她身上仍能窥见她年轻时的美丽。她对所讲的课程有极深的了解，从不对照文字资料（而这就是 70 年代！），就能对各民族传统习俗和文化的特点讲解得非常详细。她特别关注地毯的织造，如地毯编织技术、装饰图案的寓意等。包括加·安·普加琴科娃在内的许多人都可证明，安娜·谢尔盖耶夫娜将她在土库曼和乌兹别克斯坦村庄进行田野研究时收集的大量材料，提供给了 В. Г. 莫什科娃的专著《19 世纪末至 20 世纪初中亚民族的地毯》[2]。但非常遗憾的是，1970 年此书在塔什干出版时，安娜·谢尔盖耶夫娜作为合著作者没有被标注。

毫无疑问，安·谢·莫罗佐娃是一位有天赋的专家。但遗憾的是，她的很多知识未能在科学出版物中体现出来，因为她极少发表文章。米哈依尔·叶甫根尼耶维奇为此经常责备她，因为自 20 年代起他们就相识，她的学识得到了他的高度认可。

阿列克谢·米哈伊洛维奇·马特维耶夫[3]是一个很有趣的人，身材矮胖，戴眼镜，脸上总是刮得干干净净，思维非常独特，常常会说一些带有挖苦意味但却善意的俏皮话。在历史系，阿列克谢·米哈伊洛维奇教中世纪欧洲史，在考古教研室教阿拉伯哈里发史。尽管在该领域他并非大专家，也未对此问题写过一篇著作（在自己的工作中，马特维耶夫主要研究第一次世界大战战俘在土尔克斯坦的生活史），但米哈依尔·马松说服阿列克谢·米哈伊洛维奇来开此课，因为马松教授深信，对考古专业的大学生而言，这些课程非常重要。因为在许多个世纪的跨度中，即自 7 世纪下半叶起（准确点讲，是从 70 年代起），中亚历史就与阿拉伯哈里发有了紧密的联系，当时，先知的阿拉姆巴尔多尔[4]（旗手）哈基姆·伊本·阿姆·吉法里对河中地区实施了第一次突袭，是他在阿姆达里亚河的右岸做了穆斯林的第一次祷告。而这与阿拉伯哈里发的历史紧密相关。

加琳娜·安娜托莉耶夫娜·普加琴科娃深受学生们爱戴，她讲中亚建

1　Анна Сергеевна Морозова
2　Монография В.Г.Мошковой, *Ковры народов Средней Азии конца XIX– начала XX века.*
3　Алексей Михайлович Матвеев
4　аламбардор

筑历史课。她在家里上课，就在那张传奇的圆桌前。早在十月革命前，米哈依尔·马松一家还在撒马尔罕居住时，他们就已经有了这张圆桌。加琳娜·安娜托莉耶夫娜讲课非常出色，简单明了。她知识渊博，对苏联、俄罗斯和国外文献了解之深，让我们学生感到震惊。

加琳娜·安娜托莉耶夫娜组织的考试，也融入了她对教育文化的深度认识：考试过程没有丝毫的形式主义，她不把学生当成一个被考的个体，而是像对待一位同行和对话者那样，为其创造一个非强迫的和自由讨论科学问题的氛围。

每当回想起 C. Б.鲁尼娜、З. И.乌斯玛诺娃、Г. H.恰布罗夫等系里的另几位老师时，我的心里也充满了感恩之情。

在考古教研室和历史系的所有老师中，最耀眼的一位，毋庸置疑，就是米哈依尔·叶甫根尼耶维奇·马松，他在学生和学界同仁中享有崇高的威望。他的课程是中亚古城历史地形和中亚钱币学。只要开讲，马松教授就用钥匙把教室的门锁住，让人在两个小时之内无法离开。他讲课逻辑严密，

图 7.11　加琳娜·普加琴科娃在授课。近景第一张课桌上是 A. 阿赫拉罗夫和扎·乌斯玛诺娃。塔什干大学考古教研室，20 世纪 50 年代初。

内容扎实，充满了大量古代和中世纪的资料，以及十月革命前和苏联的文献中摘出的实例。

米哈依尔·马松的考试独特严谨。几个学生在他那里考中亚古城历史地形这一门功课时，数次才过，我也是考了两次才通过。第一次，马松教授给了我一本不久前新出的《塔吉克人民历史》，并对我说："请在作者对中亚古城出现、发展和它们的定位问题的解释中找出十个错误来。"我只找出八个，很显然，没有达到马松教授的要求。在我第二次找他补考时，他给我补充了一个问题，是有关 B. B. 巴尔托尔德[1]对粟特和吐火罗几个古城定位准确性的课题。当我在答卷上对这两个问题做出完整的回答后，米哈依尔·叶甫根尼耶维奇才给了通过考试的评定。

在很多节日庆典上，米哈依尔·马松所做的演讲或发言十分精彩有趣。这些演讲非常庄重，并透着一些古风雅韵，而且内容总是独特新颖。有一次是庆祝格奥尔基·尼古拉耶维奇·恰布罗夫的六十岁生日，他是塔什干著名的学者和收藏家，在历史系给我们教授中亚历史编纂学。马松教授开场白的几句话，顿时让大家哑然失笑。他说："格奥尔基·尼古拉耶维奇就像一只灵缇，坚持不懈地寻找新的材料！"

前不久，加·安·普加琴科娃之子罗斯季斯拉夫·索斯诺夫斯基在自己七十岁生日这天，交给我一份文件，这是 1944 年 12 月 27 日，米哈依尔·马松在中亚国立大学为他举办的纪念其从事科学研究 25 周年庆祝活动上的发言。现将该稿全文摘录如下，以此来展现他崇高的文化和道德风范：

> 当我今天踏着中亚国立大学的台阶上三楼的时候，有一位同事用这样的话和我打了招呼："米哈依尔·叶甫根尼耶维奇，今天是您的凯旋日。"
>
> "Jo Triumphe！"[2] 的情形顿时浮现在我的眼前。
>
> 从战神广场通过凯旋门到国会大厦，沿着"永恒之城"石块铺成的街道，官员、元老院的元老们、音乐家列队穿过人群向前

1　B. B. Бартольд（V. V. Bartold）
2　凯旋式

走着。战利品被抬着通过。祭司们也在行进的队伍之中。身穿节日盛装的少年们赶着用于献祭的白色公牛。随后通过的是戴着枷锁的战俘。刀斧手、乐师、歌手和代言人等，簇拥着一辆由四匹白马拉动的金色战车。庆典的英雄站在它的上面，头顶月桂花冠，打扮成卡皮托尔山顶的朱庇特，他穿着刺绣上衣和紫色带绣金图案的长袍，脚上是一双镀金的鞋子。他手握一根有金鹰装饰的象骨权杖，另一只手里是一枝月桂树的树枝。一个国奴跟在他的身后，扶着他头顶上的金冠。每当人群中响起对凯旋英雄雷鸣般的欢呼时，这个国奴都会大声地提醒他：

"Respice post te！ Hominem te memento！"

[别忘了过去。谨记，你只是一个凡人！][1]

我非常感激中学时的母校，让我受到伊格纳季耶夫伯爵领导的改革后的古典教育，而它非常重视古代文化的历史。

* * *

八岁的时候，我是一个多愁善感的男孩，我收到的礼物是一头在巴扎上花五卢布买下的毛驴。我给它取了名字叫吉姆。我非常喜欢吉姆，而它也喜欢我。

三年级时我们学着用拉丁文背诵的第一篇寓言是 "Asinus pelle leonis ornatus"（披着狮皮的毛驴）。我逼真地想象自己是吉姆，一头被揭穿的毛驴，我当时感到委屈、羞辱直至流泪……甚至为它感到害怕……

这一印象令我一生都获益匪浅。

这正是 "Respice post te！" ——它们就像准则，跟着我在今天的庆祝活动上，在欢呼的包围中，如同这种情形下永远都有过誉的成分在里面一样。由于一些具体的因素，出于澄清之目的而

1　Оглядывайся назад！ Помни, что ты человек！

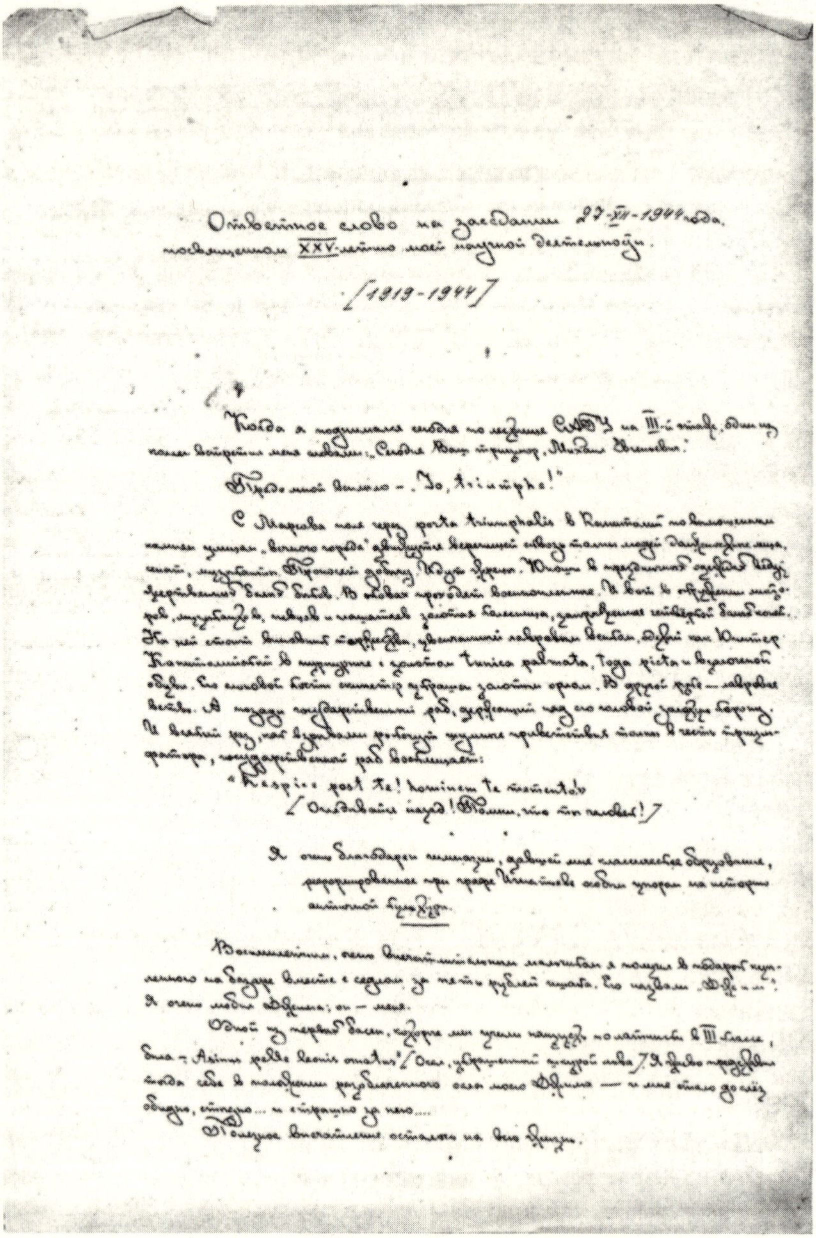

图 7.12　马松教授发言稿的头一页

反对这种现象，不知为何是一种犯忌。

那我们就不打破传统。

要知道，即使没有这一点，每个人也都明白，人的身上既有好的，也有粗俗的东西。他的行为，既有鲜亮的一面，也有阴暗的一面。当他工作时，在取得有益的成果时，也意味着失去了许多时间。没有怀疑和相信、犯错和寻找真相的能力，那至少就不是一位真正有活力的研究者、科学的创造者。如果不是其本人，还有谁能知道他的身后有一堆的不足？还有多少未能做到的，未能完美做成的，没有实现而还需再做的？那么，与此相比，那些看上去已经做好和完成的事，就显得有些牵强……

我清楚地认识到，我完全有可能做得更多和更好。

让年轻人带着修正的态度去接纳此处对我的一切说法。

我有一些话要对青年人说。

是对那些人，那些不知为何被战事困扰的人，以及此时还在前线的人。

我与他们有许多共同的经历。

我属于人生道路才开始就被第一次世界大战揉碎的那一代人，在文学中，有时被称为"不幸的"一代，它在英国甚至还有一个专门的修饰词。

高级中学的生活匆匆结束。命运在战后立即有了安排，生产劳动的生活开始。

是的，彼得格勒工学院少培养了一位建筑工程师。

但是，由此我就是不幸的人吗？难道，我们的历史科学没有因此而获益吗？

你们自己来评价。

* * *

今天是我科学研究活动 25 周年的纪念日——是一个象征性的

日子。从1919年3月1日起，我成了撒马尔罕博物馆的负责人，也就在这一年，我独立进行了阿夫拉西阿卜古城[1]的发掘工作，从那里运来雪花石膏雕刻板，并放进了博物馆。

我的出生地是彼得堡的瓦西里岛，一个像是"拉丁街区"的小区深处。但我不拒绝承认，自己是一个土尔克斯坦人。

土尔克斯坦——位于如今的中亚，是我的第二故乡。受过伟大俄罗斯人民文化培养的我，在撒马尔罕长大并成人。它的古迹遗址决定了我的命运，并让我走上了研究的道路。

以列吉斯坦广场上的伊斯兰神学院为背景，瓦西利·拉夫连季耶维奇·维亚特金[2]是位尤其令人瞩目的人物，他的男低音深沉，古尔·艾米尔陵[3]的穹顶之下，曾被他最低男低音的声浪灌满（在那些遗址曾与他一起同行的人，越来越多地想起他），是他把我带进了撒马尔罕的古代，这个古老城市中那个鲜活的古代。

从1913年起，我已经开始参加他主导的一些工作，并独立地进行过不少遗址的勘察。

是他教会了我，要无私地爱护它们，因此，我对他充满了感激之情。

到了1917年，作为国家的男儿，我放弃了享有的可以不服兵役的"土尔克斯坦优待权"，在社会对我这个年龄的青年进行招兵时，我以大学生的身份到了军队。

我亲身参加过彼得格勒二月革命时期发生的事件，到过西南前线，当过士兵和工人议员委员会的成员，去顿河征讨过卡列金的哥萨克白匪，之后回到撒马尔罕。从1918年起，退役并从事公民的工作。

就像高尔基一样，我在这里也曾上了"自己的大学"。

1　Афрасиаб，也有音译为"阿夫拉夏布"。
2　瓦西利·拉夫连季耶维奇·维亚特金（Василий Лаврентиевич Вяткин，1869—1932），俄国和苏联考古学家、东方历史学家，发现并发掘了撒马尔罕附近著名的兀鲁伯天文台遗址。
3　Своды Гуримира

它们中的第一所，就是撒马尔罕博物馆。我的助手，第一位是扎·瓦尔努·彼得·伊奥诺夫[1]，是斯科别列夫的士兵、乔治十字勋章获得者；而此后不久，是一位叫帕夫利克·果莫利茨基的少年；再后来是中亚国立大学植物学专业的一位毕业生，现在是驻巴尔干某部队的地形官。

　　在博物馆，我的自然科学方面的老师，是昆虫学家米哈依尔·米哈依洛维奇·希雅佐夫[2]，还有我家的朋友、土尔克斯坦人帕维尔·安德列耶维奇·布拉戈维先斯基[3]医生，他是位可爱的老头。还有一位是特种军[4]的将军工程师，是名考古爱好者，名叫鲍里斯·尼古拉耶维奇·卡斯塔利斯基[5]，他帮我掌握了钱币学的知识。画家兼古物收藏家米哈依尔·瓦西利耶维奇·斯托利亚罗夫[6]，为我打开了一个从未见过的兼具研究与修复的领域。我要感谢最天才的建筑家兼修复家米哈依尔·费多罗维奇·马乌列尔[7]，是他让我学会了研究工作中的科学思考体系，他是苏维埃时期中亚地区修复实践工作的骄傲。但主要的老师，当然还是瓦西利·弗拉基米罗维奇·巴尔托利德[8]，从我年轻时起，他给予我惊人的关心和帮助，他对人要求非常严格，可在对我的要求中，却表现出了更多的宽厚。在对待历史学家和研究者的劳动方面，在我有坚持把他停下来的研究继续下去的追求方面看，我不是形式上的，而是他实实在在的学生。

　　从1923年起，我调到塔什干，在中亚博物总馆[9]里工作。在这里，我的同事，在更大程度上也是我的老师，他们是米哈依尔·斯杰潘诺维奇·安德列耶夫、伊格纳季·伊万诺维奇·别兹捷卡、

1　за Варну Петр Ионов
2　Михаил Михайлович Сиязов
3　Павел Андреевич Благовещенский
4　特种军（Особая Армия）是第一次世界大战期间俄国的多兵种合成战役军团。原注。
5　Борис Николаевич Кастальский
6　Михаил Васильевич Столяров
7　Михаил Федорович Маурер
8　Василий Владимирович Бартольд
9　Главный Среднеазиатский Музей

达尼尔·尼古拉耶维奇·卡什卡罗夫[1]、列夫·瓦西里耶维奇·奥沙宁。俄罗斯地理协会土尔克斯坦分部把我带入了一个杰出人群的圈子，其中，有尼古拉·古里耶维奇·马利茨基、尼古拉·列奥波尔多维奇·科尔热涅夫斯基、安德列·瓦西里耶维奇·布拉戈维先斯基、亚历山大·亚历山德罗维奇·谢苗诺夫、尼古拉·艾德瓦尔多维奇·温德策杰利等。幸福的是，还有一群天才的青年人与我共事，像叶莲娜·米哈依洛夫娜·彼谢列娃、安娜·列奥尼多夫娜·特罗伊茨卡娅、谢拉菲姆·尼古拉耶维奇·库德里亚硕夫、亚历山大·康斯坦丁诺维奇·鲍罗夫科夫，这可是一个不小的集体。在"斯列达兹科姆斯塔里斯"[2]的体系里，我从事的是博物馆业务，同时，还有自然保护方面的业务，这不仅让我的考古工作涵盖了整个中亚范围，就在转并至地质委员会中亚分部后，还依然从事此项工作，并延续一生之久。就这样，我作为图书馆的馆长，同时还做了八年的矿业史领域的研究。后者让我结识了一系列著名的专家，如亚历山大·叶甫根尼耶维奇·费尔斯曼、德米特里·伊万诺维奇·谢尔巴科夫等。实际上，我与地质学家鲍里斯·尼古拉耶维奇·纳斯列多夫在一起工作的时间更长。在"萨尔格鲁"[3]地质青年的环境中，我与不少积极的研究者建立了有益的联系，像尤里·亚历山德罗维奇·斯克沃尔佐夫、弗拉基米尔·艾拉斯托维奇·波雅尔科夫、尼古拉·彼得罗维奇·彼得罗夫等。我也记得"萨尔格鲁"图书馆里那些亲切可爱的同事，首先，是我的助手叶卡捷琳娜·阿波洛诺夫娜·安费罗娃和法妮·玛尔科夫娜·帕列依斯妮克，我与她们一起工作多年，同甘共苦。

塔什干公共图书馆——也是我的一所大学。在这里，我幸运

1　Михаил Степанович Андреев, Игнатий Иванович Бездека, Даниил Николаевич Кашкаров
2　СРЕДАЗКОМСТАРИС，音译为"斯列达兹科姆斯塔里斯"（SREDAZKOMSTARIS），为缩略词，全称译为"中亚博物馆和保护古遗址、艺术和自然事务委员会"（Среднеазиатский комитет по делам музеев, охраны памятников старины, искусства и природы）。
3　САРГРУ，音译为"萨尔格鲁"（SARGRU），为缩略词，全称译为"中亚地区地质勘探局"（Среднеазиатское районное геологоразведочное управление）。

地得到了一位良师益友、图书馆学的导师——叶夫格尼·卡尔洛维奇·别特格尔[1]，他是这个馆的馆长，也是当时唯一够格的图书馆馆长。

我必须提到自己的许多工作伙伴、大师，如摄影师兼画家伊万·普罗霍罗维奇·扎瓦林，还有中亚博物总馆图书馆业务工作的助手，已故的安德列·彼得罗维奇·列兹尼克[2]，他曾是顿巴斯矿工，后来的俄国骠骑兵，在俄日战争中曾获乔治十字勋章，是最诚实的博物馆馆藏管理员。

中亚国立大学不是我的大学。在这里，是我自己，为我的听课人和未来的学生创造了一所真正的大学。

就是这样，生活中的一切，都在劳动的过程中自己形成。

我从未想过要成为科学家——结果却成了科学家。

我脑海里曾经有过念头，自己将来要成为一名教授。而就在十年前，在И.Ю.克拉奇科夫斯基院士、И.А.奥尔别利院士和А.Ю.雅库鲍夫斯基教授的推荐下，我成了中亚的第一位博士。

我从来没有梦想过科学的前程，恰恰相反，总是尽量地躲避开它，带着内心的冲突，尽可能地拒绝担任各种职务。但即便这样，还是走进了关于中亚的科学，而且这让我欲罢不能。那么，乌兹别克斯坦某些狭隘的科学机构，却拒我于千里之外，这是一种变态的荒诞，是在自毁声誉。

不！你们没有任何理由认为我这一代是"不幸的"，这种看法是毫无道理的。人的生命中很大程度上是自己创造自己的道路。

在这个严峻的形势下，当你们突然感到，好像自己的命运注定就是第二次世界大战"不幸的一代"时，请你们想想我的经历。

---

1 叶夫格尼·卡尔洛维奇·别特格尔（Евгений Карлович Бетгер，1887—1956）德语名字 Boetger。生卒皆于塔什干。苏联著名图书馆学家、书志学家、翻译家、历史学家和东方学家。被誉为"乌兹别克斯坦现代图书馆学之父"。他出生于普鲁士的移民家庭。其父卡尔·鲍格达诺维奇·别特格尔（Karl Bogdanovich Betger）是名药剂师，几乎一生都在中亚度过，经营塔什干最主要的一家药房达25年，1870年取得俄国国籍。
2 Андрей Петрович Резник

就让这个活生生的例子给予你们力量、动力和意志，并走向一条宽广的道路，而在我们辽阔的祖国，它们是如此之多。

* * *

是否需要举办简朴的庆典活动，以此来纪念科学活动生涯中的某个节点？那又是谁有需要呢？

对于受贺者来说，这在某种程度上，不仅是不凡的体验和社会责任，而且是那句有益的 memento mori[1]。这也是一个提醒：该总结一下了，要做一下准备，要做得更完美些，可千万别来不及了。要知道，研究者，他不仅为自己和他的时代而活，还要为科学、为后面的很多代而活。

实际上，庆典活动在很大程度上，是要教育年轻人。在庆典活动上，年轻人可亲眼看到，服务于科学的诚实劳动，是如何赢得社会真正的承认。在这方面，我把科学院院士克里斯汀·弗伦[2]的行为准则作为自己的行为准则，他的肖像就挂在中亚国立大学考古教研室的墙上。

谨借此机会，请允许我像加图一样，再一次向年轻人重复我自己的 credo[3]：

1. 把获得学位定为自己的最终目标是不够的——在辛勤的劳动之后，学位和称号是会自己来到的；

2. 研究的主要目的，是为科学服务，而不是把它变成仆人。

请牢记9世纪伊朗和中亚非凡的统治者阿卜杜拉·本·塔希尔[4]说过的一句公正的话："科学应让每个人都能享有……科学本

1　拉丁文，字面意思是"记住死亡"。这是古罗马时期，胜利归来的罗马将军们进行凯旋游行时常常喊出的一个名句。

2　克里斯汀·达尼洛维奇·弗伦（Христиан Данилович Френ，德语名 Christian Martin Joachim Frähn，1782—1851），杰出的德国和俄国东方学家，阿拉伯学家及钱币学家。最突出的贡献是建立（1818）了俄国科学院亚洲博物馆，它是俄罗斯科学院东方学研究所的前身。

3　拉丁文，信条。

4　阿卜杜拉·本·塔希尔（Абдуллах ибн Тахир，798—845），将军、呼罗珊总督（830年起）。

身会照顾自己，以免与不值得的人待在一起。"

况且，无论是什么学位和称号，都无法将科学扣留。

去做不愧于科学的人吧，即使没有行政的魔力，它也不会离开你们而去。

假如你们很快就把事业和科学的利益放在首位，那你们在生活中遇到困难时就不会犹豫，也没有恐惧，更不会出现"鼠目寸光"的窘境。就像那句话："没有比猫更凶的野兽。"[1] 祝愿你们永远是科学宝座上的小狮子和大狮子！

* * *

在结尾，我只想表达感谢。

看遍了所有的贺信，我看到最多的是对健康的祝愿，健康和健康。请勿将这与卡尔卡斯祭司[2]沮丧的惊叹"鲜花，鲜花和鲜花！"相提并论。健康是好东西，顺便说一句，我真的很需要。如果统计所有电报、贺信和发言中的健康祝愿，那么，其总数一定富富有余，不仅我，而且还有我们一家全体成员，大概够用到1999年。

我要感谢此次会议的组织者，尤其是他们中的伊万·库兹米奇·多多诺夫，大家给了我机会，让我在从乌兹别克斯坦搬到列宁格勒的前夕能见到这么多亲密的友人。

但我的最大感激之情，要献给忠诚的生命伴侣、多年来从开始到最后一直相伴的朋友，她是艰苦磨难时刻的支柱、工作中不懈的支持、我们考古教研室办公室的知音——克赛尼娅·伊万诺夫娜·马松[3]。没有她，就没有我的今天。

在生命走到尽头时，科学家有可能从自己的学生和追随者的身上获得支持和鼓舞，他们有权分享感激中属于自己的那一份。

1　俄罗斯谚语，完整表述是"老鼠认为没有比猫更凶的野兽"。该谚语源于克雷洛夫（1769—1844）的寓言《小鼠和大鼠》。

2　жрец Калхас

3　Ксения Ивановна Массон，即马松教授的第一任妻子，因故中年而亡。

我要感谢所有发言讲话的人，还有今天在场参会的人，以及通过邮局给我发来贺信和贺电的人。

作为今天的受贺人，我要祝愿像我一样曾经遭遇过窘境的人，祝愿大家在下一次庆典活动时再见！我要衷心地祝愿年轻人活到自己庆典活动的岁数，就像自己完成的诚实劳动，不是为一些人服务，而是为了科学。

Dixi.[1]

熟练地将拉丁语的词句用在讲话之中，对于老一代（20世纪上半叶和下半叶初）的教授们而言是很自然的事情，由此可见古典中学的影响和它对古代文学的重视。但在如今的讲话中，几乎已听不到这样的词汇，这是人文教育水平的倒退，演讲人的语言变得贫乏，他们的发言往往集中于罗列科学家们的功绩，有时会过于夸大。

应当承认，像米哈依尔·马松这样不平凡的人物，带有如此鲜明个性的科学家和革新者，在他所在的大学和塔什干其他的科研院所里，都属凤毛麟角。然而，正如通常所说的那样，正是这样的科学家成了"科学的旗舰"，他们对未来科学家的培养或影响，是从他们为大学生授课时开始的。每年，米哈依尔·马松都要给历史系大一的学生讲一堂详细的考古导论课，讲它在历史科学中的意义和作用。此课的目的，就是吸引学生来考古教研室进行学习。真是如此！有时候想来听课的人非常多。但是，过一段时间，他们中有些人就放弃了，而留下的人，则是那些决定要把自己的一生都与考古结合在一起的人。"被召的人多，选上的人少！"[2]米哈依尔·叶甫根尼耶维奇也喜欢经常重复《圣经》上的这一句话。

在这里讲一点学生的情况。在许多年里，考古教研室的大学生来自多个不同的民族：有阿塞拜疆人、亚美尼亚人、格鲁吉亚人、达吉斯坦人、巴什吉尔人、维吾尔人、犹太人、鞑靼人、波兰人、乌克兰人、俄罗斯人、哈卡斯人、哈萨克人、乌兹别克人、卡拉卡尔帕克人、塔吉克人、土库曼人、

1　拉丁文，意思是"我的话都说完了"。
2　《马太福音》第20章第16节。

图 7.13　历史系大三学生在大学主楼前的合影，第二排中间是瑞德维拉扎。1965 年。

朝鲜人。这中间，从来没有出现过任何民族矛盾。把他们大家联结在一起的，不仅仅是共同的科学兴趣，还有一个国家把人民团结在一起的共性。

　　本书的页面无法将考古专业所有的学生及他们的民族属性逐一列出。就讲讲较为"奇特的"一族——希腊人吧，不是那些起源于格鲁吉亚黑海沿岸、被称为庞廷的希腊人（那种只有维克多·伊万诺维奇·萨里安迪[1]），而是从埃拉达[2]本土迁移来的希腊人。他们是在二战后被迁移到塔什干的，与 1949 年结束的希腊内战有直接的关系，因为希腊共产党遭受失败，国内开始对共产党人和他们的家庭成员进行残酷迫害，他们不得不迅速离开自己的祖国。他们出走不只是经过了阿尔巴尼亚的领土（众所周知，在此之前，南斯拉夫领导人约瑟夫·布罗兹·铁托已同原本友好的苏联决裂，所以拒绝让希腊的政治难民经过南斯拉夫领土），而是像米哈利斯·帕乔

1　维克多·伊万诺维奇·萨里安迪（Виктор Иванович Сарианиди，1929—2013），出生于塔什干的一个庞廷希腊人家庭。苏联、俄罗斯考古学家，历史学博士，意大利林琴科学院外籍院士。
2　Эллада（Elláda）

图 7.14　瑞德维拉扎（右）与 B. 费苏诺夫（左）在历史系教室的合影，1964 年。

斯告诉我的那样，是翻过了希腊的马其顿山脉到了保加利亚，之后，再从那里的黑海港口坐船驶进苏联的海港。

根据约瑟夫·斯大林的命令，迁移到乌兹别克斯坦塔什干的希腊人，被安顿到专门划出的街区居住，这些地方后来被当地居民称为"希腊城"，其中就包括 "纺织联合体"[1] 附近的一个被称为索茨格罗多克[2] 的地方，以及今天的科学院城[3] 地区。当时给这些希腊移民提供了特殊的优待：他们有自己的市党委、文化中心，他们出版自己的希腊文报纸，叫《涅奥斯·德罗莫斯》（《新路》）[4]。有时，他们的希腊共产党组织内部会出现一些严重分歧，不过很快就会被相关部门消除。

很快，希腊人就适应了在塔什干的新生活，他们还与当地姑娘相恋结婚，这类婚姻生出的孩子成了第二代"侨民"，已经熟练地掌握了俄语，有的还会乌兹别克语。他们中有许多人在塔什干接受了高等教育。也有不

1　Текстилькомбинат

2　Соцгородок，即社会城。

3　Академгородок

4　*Неос дромос*（*Новый путь*）

少希腊人就毕业于我们考古教研室，从中也折射出他们对古代的那种热爱。在老一代人，即希腊内战的直接参与者中，有一位叫雅尼斯·克里基斯[1]，是撒马尔罕州地方志博物馆多年的老员工，我们大概是 1962 年在米扬卡利进行考察时认识的他，当时，我们偶尔会在博物馆里过夜。克里基斯是个很朴实的人，是非常诚实和有责任心的博物馆工作人员。他在切列克[2]发现了嚈哒国时期的银盘，由此，他的名字进入了中亚考古学，而这一发现成果，亦由 Б. И. 马尔沙科夫[3]与他联合进行了发表。

科斯塔斯·卡丘里斯与雅·克里基斯相比，则完全不同，按我的话说，他就属于欧洲自由主义类型的人。他后来去了莫斯科，在考古研究所工作，并与瓦季姆·米哈依洛维奇·马松[4]一起参加了南土库曼古代农耕遗址的发掘。自科·卡丘里斯从莫斯科移居加拿大后，他实际上就从科学界彻底消失了。

在老一代的希腊人中，还有一位叫米哈利斯·帕乔斯，他身材魁梧，面孔特征明显。有人说，他在希腊游击队的司法机关任过要职，因此，当希腊人逐渐分批返回希腊时，他在塔什干留下未走，估计是担心回国后会遭到被他判过刑的人的亲属的报复。

米·帕乔斯认真地从事过粟特考古，尤其是对阿夫拉西阿卜古城遗址的考察。他对该古城发展进程的分期观点，受到了米哈依尔·马松的尖锐批评。米·帕乔斯常常在我面前抱怨："你的老师（指米哈依尔·叶甫根尼耶维奇，顺便要说的是，也是他的老师）没有明白我的观点，我一定要证明给他看，我是对的。" 米·帕乔斯还提过一个新的独创观点，即马其顿的亚历山大远征时的马拉坎达的位置，不在阿夫拉西阿卜古城，而是在卡什卡达里亚河流域。但是，他的观点还是没有得到其他研究粟特问题的学者的支持。

1　Янис Крикис

2　Черек

3　Б. И. Маршаков

4　瓦季姆·米哈依洛维奇·马松（Вадим Михайлович Массон，1920—2010），苏联、俄罗斯著名的考古和历史学家，是米哈依尔·马松与第一任妻子克赛尼娅·伊万诺夫娜的长子。

从考古教研室学习毕业的第二代希腊侨民有基查·梅洛丝[1]、古韦利斯（遗憾的是忘了他的名字）和奥丽加·帕帕赫里斯图，第三代有雅尼斯·古韦利斯，他大概是从我们教研室毕业的最后一位希腊人。

在希腊推翻了"黑色上校"政权之后，绝大多数的希腊人返回了祖国。第一个走的是基查·梅洛丝（我们一起在塔什干附近的哈纳巴德帖佩[2]进行过发掘工作），她回国后进了国家历史博物馆工作。然后是雅尼斯·古韦利斯全家一起走了，后来雅尼斯在罗德岛的一家旅行社工作。几年前，雅尼斯回过塔什干一趟，还随我去了我们在卡姆佩尔帖佩的考察现场。奥丽加·帕帕赫里斯图是最后一个离开的，在乌兹别克斯坦时，她在考古研究所工作，攻下了副博士学位，还参加了许多遗址的发掘工作。

米哈依尔·马松的学校获得了真正享誉世界的名声。许多从塔什干国立大学考古教研室毕业的大学生，尽管在苏联解体后遭遇过许多困难，但他们仍在不断刷新自己的成就。从教研室走出的毕业生，在下列单位及国家地区工作：莫斯科和圣彼得堡的艾尔米塔什博物馆（A.奥梅尔钦科）、俄罗斯科学院考古研究所（Г.阿法纳瑟耶夫、B.彼利普科、H.德伍列钦斯卡娅）、东方博物馆（T.姆克尔特切夫、C.鲍列洛夫）、克里姆林宫博物馆（O.德伍列钦斯基）；阿塞拜疆（Г.阿利耶娃）、达吉斯坦（A.库德里亚夫采夫）；欧美和非洲（B.萨里阿尼季、T.梅洛丝、O.帕帕赫里斯图、Я.古韦利斯、M.费多罗夫、П.根德利曼、A.纳依马尔克）；中亚国家（O.奥维佐夫、T.霍扎尼雅佐夫、B.果里亚切娃）和乌克兰等。

C.П.托尔斯托夫[3]的莫斯科（花剌子模）学校，如同列宁格勒的学校一样，在其代表人物离世之后都变得悄无声息，然而，M.E.马松的学校依然存活，且有很强的生命力！

1　Тица Мелос

2　Ханабадтепа

3　Сергей Павлович Толстов

八　大学生科学考古小组

1940 年 [1]，由米哈依尔·马松在中亚国立大学历史系考古教研室下组建的大学生科学考古小组（学生科考组）[2] 开始活动的时间，几乎与教研室建立的时间同步。小组的工作与考古教研室带学生从事课外实践总是密不可分。Л. И. 朱科娃经常给杂志和报纸发文，对学生科考组的活动进行全面报道。而我担心的是，这些深埋在时间中的久远的报道，对大学后来的其他届的大学生来说，早已无迹可寻。

加入学生科考组的授职仪式，同我进入大学前就已经历过的授职仪式一样。被吸收为成员的消息，是米哈依尔·马松于 1961 年 11 月 9 日写信告诉我的，这封信被他发往了基斯洛沃茨克，而那时，我还在梅尔夫古城的考察营地。1963 年春天，我被选为学生科考组的主席，接替了前任彼得·加弗留申科。

学生科考组的会议与教研室的会议交替进行，每月定期两次，每逢周五 17 时 30 分，就在考古教研室的一间大教室里举行。会议可以在任何情况、任何条件下举行，甚至包括"极其异常"的情况。比如，1966 年 5 月

1　在我回忆录第一部中所写的时间是 1939 年，有误。原注。
2　СНАК（студенческий научный археологический кружок）

图 8.1　中亚塔什干国立大学大学生科考会议的一组参会人员在大学楼前的合影。马松教授在前排左二，身后左侧是瑞德维拉扎。1966 年。

初的一天，正当学生科学考古会议举行的时候，地震发生了，天花板上的水泥墙皮脱落了下来。当时，有许多人已经冲向了门口，想快一点跑出大楼，突然，一个使人感到镇静的声音响起，听得出，这是马松教授的喊声："请继续开会。"他冷静地说道。就这样，会议又继续进行。

　　要召开学生科考组的会议，我们必须提前进行充分的准备。发言报告的题目各种各样，会议上还经常通报大学生参加的发掘工作的结果。这其中，有暑假在吉尔吉斯斯坦、哈萨克斯坦进行的发掘，也经常可以听到关于某个科学问题讨论的报告。会议的最后一项，通常是"其他"，包括简短的通知，讨论新的文献资料等。

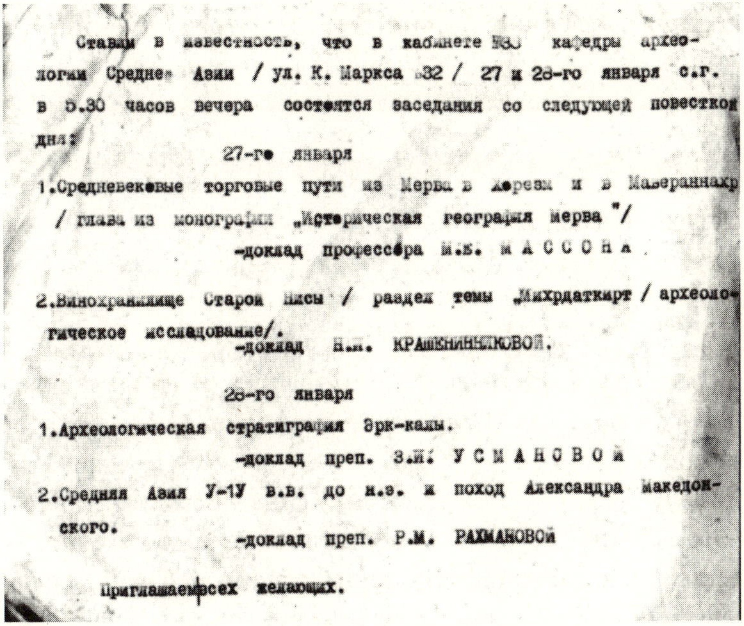

Ставим в известность, что в кабинете №3 кафедры археологии Средней Азии / ул. К. Маркса 32 / 27 и 28-го января с.г. в 5.30 часов вечера состоятся заседания со следующей повесткой дня:

27-го января

1. Средневековые торговые пути из Мерва в Хорезм и в Мавераннахр / глава из монографии „Историческая география Мерва"/
-доклад профессора М.Е. МАССОНА.

2. Винохранилище Старой Нисы / раздел темы „Михрдаткирт / археологическое исследование/.
-доклад Н.И. КРАШЕНИННИКОВОЙ.

28-го января

1. Археологическая стратиграфия Эрк-калы.
-доклад преп. З.И. УСМАНОВОЙ

2. Средняя Азия V-IV в.в. до н.э. и поход Александра Македонского.
-доклад преп. Р.М. РАХМАНОВОЙ

Приглашаем всех желающих.

图 8.2 一次学生科考会议的通知（内容翻译如下）

今年1月27—28日下午5:30，在中亚考古教研室第**号办公室召开学术会议，议题如下：

1月27号

1. 从梅尔夫到花剌子模再到马维兰纳赫尔的中世纪商路 / 摘自《梅尔夫历史地理》专著的章节 / 报告人 M. E. 马松教授

2. 尼萨古城[1]的酒窖 / “米特里达梯基特”专题的章节 / 考古研究 / 报告人 H. 克拉舍宁尼科娃

1月28号

1. 艾尔克-卡拉的考古地层学情况 / 报告人 З. И. 乌斯玛诺娃讲师

2. 公元前 5—前 4 世纪至公元元年的中亚和马其顿的亚历山大的远征 / 报告人 P. M. 拉赫马诺娃讲师

诚邀有兴趣者光临。

会议日程由二战前生产的老打字机打印，之后，日程会被分送到市内各家科研机构进行张贴，比如下面这一份：

1 Старая Ниса

尊敬的各位同行：

学生科考组的例行会议将于 1964 年 3 月 15 日举行，谨此通知。

日程如下：

1. 纪念 C. C. 奥尔洛夫 / 五年级女生 B. 果里亚切娃

2. 来自尼萨古城带印记的生砖 / 二年级女生 Л. 科洛霍娃

3. 胡尔穆兹法拉村古城遗址 12 世纪上半叶的墓碑铭文 / 三年
级男生 A. 比拉洛夫

4. 其他

学生科考组理事会

每次召开学生科考组会议，按照米哈依尔·马松教授制定的规则，都
开得很隆重。我作为小组的主席，与他同坐在桌子的一边，他在左边，我
在右边，对面坐的是考古教研室的学生和老师，还有受邀参会的客人。马
松教授从不干涉会议的进程，很少对报告人提问，但总会在每个报告结束
之后发言，给予肯定并指出不足。有时，他的点评也很尖锐，特别是涉及
所展示的标图和物品图片的质量时。"可别那样，如果地层图上都未标出
各层的顺序，还谈何编层码。"有时会看到米哈依尔·叶甫根尼耶维奇雷
鸣电闪般发火的样子。

小组主席主持会议时的职责包括：宣布会议日程，记录所问问题的内容，
对提交的报告进行一般性描述，对会议工作进行总结，确定下次会议的题
目和召开日期。

学生科考组会议的通知及报告极具吸引力，因此，塔什干各科研机构
的知名学者积极前来参会，有时甚至有参会者从其他的城市前来。应我们
的请求，他们也在会上宣读自己的报告。

学生科考组每年都出《考古》墙报，上面会刊登大学生的考古研究成果。
在加琳娜·德列斯维杨斯卡娅和维克多·彼利普科的领导下，还出了一本
讽刺杂志，名为《快乐探钻》[1]，其中的图画描绘了学生考古实践中发生的

1　*Веселый щуп*

各种滑稽故事，并附有简短而富有表现力的题词。

学生科考组还经常举办各种活动，包括庆生活动、科学研讨会等，学生们参加此类活动十分积极。其中，考古教研室和学生科考组成立 25 周年的纪念活动，给人留下了深刻的记忆。为了这个纪念活动，准备工作很早就开始了。1964 年春天，卡什卡达里亚州的考察工作刚结束，米哈依尔·叶甫根尼耶维奇就把学生科考组理事会的全体成员叫到了自己办公室，给大家布置任务，要求把举办这一庆祝活动的计划尽快上报给他。为了将该纪念日的记忆保存得更久一些，理事会决定制作学生科考组的会员证，以及考古教研室和学生科考组二合一的纪念胸章。学生安瓦尔·比拉洛夫做了徽章的设计草图，最后得到了马松教授的认可。

徽章为圆形，表面有深蓝的珐琅涂层，并有一圈低平的饰边。中间是一条首尾相连的长颈龙（象征东方的永恒）浮雕图像，这是借用了一只 10 世纪彩釉盘的创意，它系瓦·拉·维亚特金在阿夫拉西阿卜古城遗址发现的文物，马松教授将它选作考古教研室和学生科考组的标志。圆周上有一圈“考古教研室 1940 学生科考组”[1]字样的铭文。

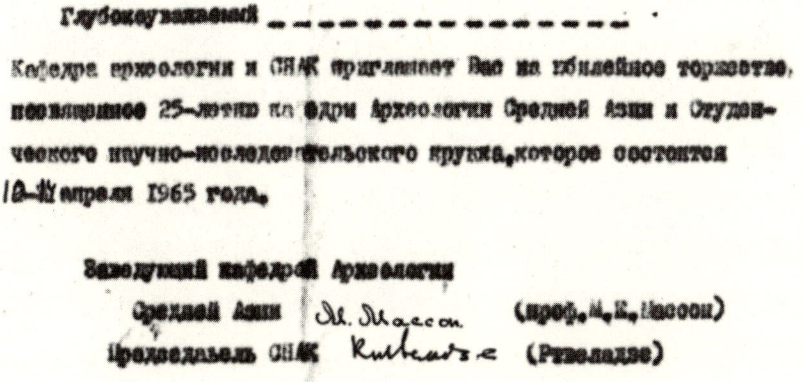

Глубокоуважаемый ________________.

Кафедра археологии и СНАК приглашает Вас на юбилейное торжество, посвященное 25-летию кафедры Археологии Средней Азии и Студенческого научно-исследовательского кружка, которое состоится 10-11 апреля 1965 года.

Заведующий кафедрой Археологии
Средней Азии М. Массон (проф. М.Е. Массон)
Председатель СНАК (Ртвеладзе)

图 8.3　考古教研室中亚考古学术报告会的请柬，时间为 1 月 27—28 日（年份不详）。

1　“СНАК 1940 КафАр”

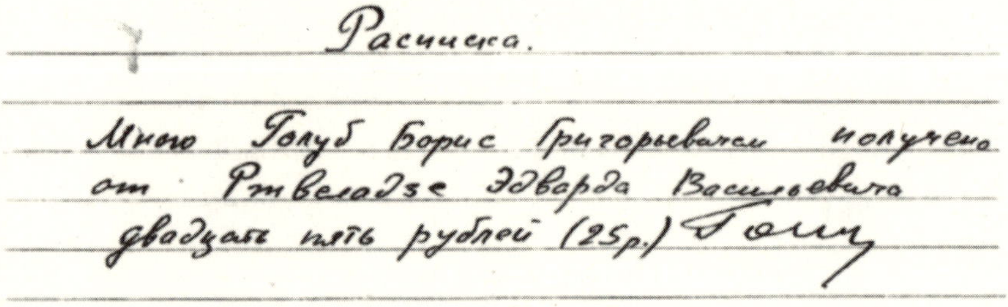

Расписка.

Мною Голуб Борис Григорьевич получено от Ртвеладзе Эдварда Васильевича двадцать пять рублей (25р.) Голуб

图 8.4　徽章师傅收到瑞德维拉扎余款 25 卢布的收条

　　但一切远非那么简单。那时，发行任何胸章都受到国家相关部门的监管，需要办理专门的批准手续。得到该批文的程序（递交申请、研究批复，等等）非常费时。况且，还不能确定是否能得到肯定的结果。然而，这个问题最终得到了解决。20 世纪 50 年代末到 60 年代，塔什干同苏联其他城市一样，出现了许多所谓的地下匠人，他们可以上门，或在地下的作坊里做私活挣些外快，包括徽章在内，五花八门，各种东西都能做。

　　塔尼娅·别利娅耶娃找到一个这样的工匠。他叫果鲁布·鲍里斯·格里戈里耶维奇，外表高贵，一头浓密且梳理平整的银发。他与自己的同行有很大的区别，是一个不贪财的人。当我们解释清楚要做的东西后，他说连工带料就收 100 卢布，其中，要先预付 75 卢布，余额等全部工作完成后再付。我们去找马松教授要钱，他当即就给了要付的金额。

　　很快，鲍里斯·格里戈里耶维奇就做好了模子和几个徽章样品，但不知怎么回事儿，他将深蓝颜色的涂层做成了绿色（迄今我还留有一个样品）。当我们见到这些样品后，顿时想到米哈依尔·叶甫根尼耶维奇的反应会是什么样子。果然我们没有猜错。他瞪大了眼睛，好似巴兹里斯克[1]蛇怪的眼神，就看了一眼，然后说道："这么难看的东西你们也能拿来？！快扔了去！"工匠顿时慌了，但……经过数次尝试，他最终还是做出了马松教授要求的颜色。后来，米哈依尔·叶甫根尼耶维奇干脆去掉了全部的珐琅，还把徽

1　巴兹里斯克蛇（Василиск［basilisk］），蛇怪，古代传说中目光或气息可致人死亡的怪物。

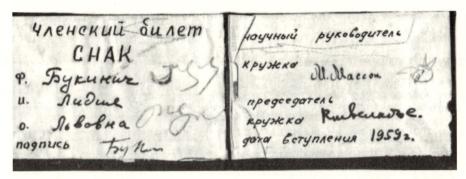

章抛光，把上面的图案和铭文做得更清晰了。马松教授将它别在上衣的翻领上面，一直戴到 1986 年去世。

除了徽章，我们还印制了深绿色的会员证，封面上压印出了同样的图案。在考古教研室和学生科考组成立 25 周年的纪念会议上，我们颁发了会员证和徽章。第一个得到它们的是米哈依尔·马松教授。

对于许多人来说，这个礼物真是出乎预料，又非常珍贵，它被人们珍藏多年。由于相对稀缺（共计制作了 250 枚），图案设计独特，在徽章收集者的圈中，我们的徽章颇受追捧。

每年，通常是在春季，塔什干国立大学都要举办大学生科学会议。为了参加这个会议，学生科考组都要做认真的准备。在我的档案中，迄今还保留了一份学生科考组为参加 1966 年 4 月底召开的中亚考古会议而进行准备工作的计划表，我认为，将它作为一个实例放在文中非常有益。

学生科考组参加周年纪念大会考古分会准备工作计划表

No.	名称	责任执行人
1	准备一个反映学生科考组生活和活动的影集	别利娅耶娃、朱科娃
2	为学生科考组成员打印的论文做陈列的准备工作	—//—//—//—

No.	名称	责任执行人
3	出版《考古》墙报和《快乐探钻》杂志	学生科考组编委（多尔夫曼、科诺瓦洛娃、比拉洛夫），由朱科娃领导
4	为参会代表安排住宿，迎接参会代表并送至宿舍	阿布都卡迪罗夫、库德里亚夫采夫、斯托利亚罗夫
5	在宿舍迎接参会代表	尤素波夫、萨依帕诺夫、伊希耶夫
6	准备会议用的教室	学生科考组全体成员：阿法纳瑟耶夫、布塔纳耶夫、瓦利耶夫、苏尔塔诺夫
7	组织并主持会议	学生科考组理事会：瑞德维拉扎、瓦谢茨基、多尔夫曼
8	邀请前些年的学生科考组成员	
9	组织游览塔什干市区，请克拉舍宁尼科娃主持参观游览	
10	邀请乌兹别克苏维埃社会主义加盟共和国历史研究所考古部	扎希多夫
11	邀请塔什干国立大学考古办公室	德列斯维扬斯卡娅
12	邀请艺术学研究所	科诺瓦洛娃
13	邀请美术博物馆	法希丁诺夫
14	会议开幕式上邀请历史系主任A.哈姆拉耶夫、学生科考组荣誉会员 Г. И. 恰布罗夫讲话，闭幕式上邀请历史系大学生科协的领导 Б. В. 鲁宁教授讲话	瑞德维拉扎
15	学生科考组成员和参会来宾大会上的报告发言	代表学生科考组发言
	1. 撒马尔罕州境内的第一座青铜时期的古墓（阿瓦涅索娃）	科洛霍娃
	2. 从梅尔夫和尼萨古城遗址出土的11至12世纪绿泥石容器（库拉耶娃）	德列斯维扬斯卡娅

No.	名称	责任执行人
	3. 哈萨克斯坦中部古代部落的物质文化（苏列依曼诺夫）	布塔纳耶夫
	4. 中世纪早期的卢戈沃耶 "A" 城堡（科谢克巴耶夫）	瓦谢茨基
	5. 乌孙部落联盟村落阿克-塔斯 [1]（斯莫戈尔热弗斯卡娅）	伊希耶夫
	6. 科克切塔夫州境内安德罗诺沃人村落遗址（伊利亚索夫）	布塔纳耶夫
	7. 关于阿巴舍夫文化（米洛谢尔多夫）	阿法纳瑟耶夫、库德里亚夫采夫
	8. 针对中亚地区穆斯林古墓研究的问题（彼利普科）	科奇涅夫
	9. 基塔布古城 19 世纪的历史地形（比拉洛夫）	阿布都卡迪罗夫
	10. 梅尔夫古城（苏丹-卡拉）遗址上的 14 世纪陶窑（瓦谢茨基）	科诺瓦洛娃
	11. 针对巴兰贾尔古城与马扎尔 [2]的鉴别问题（瑞德维拉扎）	科奇涅夫

　　按照举办此次会议的要求，我去看了与大学校园相邻的那栋楼，当年，那里是安托尼·伊万诺维奇·伊兹拉艾利 [3]领导的生物教研室。伊兹拉艾利教授是拉脱维亚人，是一位典型的知识分子。在全校大学生科学协会里面，他是教师队伍出任协会领导的代表，我是学生方担任科考组主席的代表，按"工作条例"，我去了他的办公室。他给我倒了茶，问了学习情况，问了米哈依尔·马松教授的情况，并在这时摇了摇头，轻声地说："米

1　Ак-тас

2　г. Баланджар и Маджар

3　Антоний Иванович Израэль

- -

Вам было направлено приглашение принять участие в расширен-
ных заседаниях археологической секции УШ Среднеазиатской студен-
ческой научной конференции, открытие которой состоится в Ташкен-
те 22 апреля с.г.

Просим ускорить присылку следующих сведений:

1. Имя и фамилию докладчика (с указанием , какого курса).

2. Точное наименование доклада или информационного сообщения
   о работе Вашего кружка или СНО по историко-археологиче-
   ской тематике.

3. Фамилию и инициалы руководителя.

Эти данные необходимо получить до 1-го апреля для включения
в публикацию программы работ конференции.

Тезисы докладов желательно иметь не позднее середины апреля.

Докладчики обеспечиваются общежитием на все время прохожде-
ния заседаний конференции.

С добрым пожеланием успехов в Вашей деятельности.

Заведующий кафедры археологии
Средней Азии   М. Массон   (проф. Массон М.Е.)

Председатель СНАК   Rtveladze   (Э.В.Ртвеладзе)

Наш адрес: г. Ташкент, ул. К.Маркса,32. Кафедра археологии
           Средней Азии,комната 80.

图 8.6　塔什干第八届中亚大学生科学会议考古学科扩大会议的请柬，下方是马松教授和瑞德维拉扎的签名。

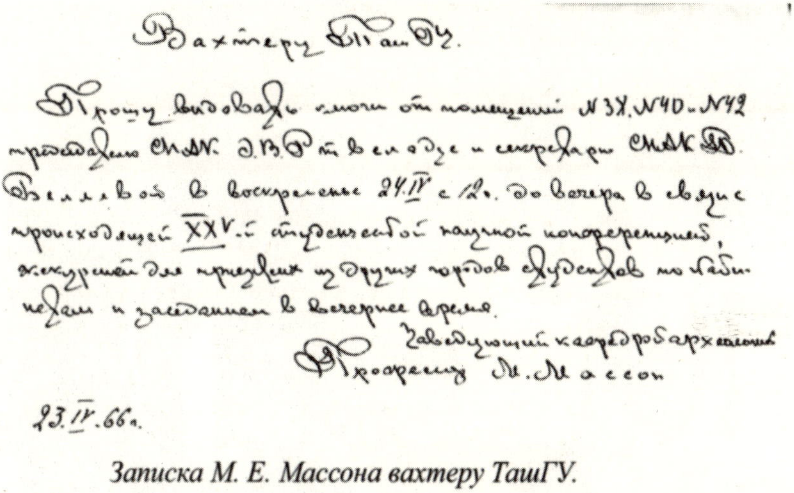

Вахтеру ТашГУ.

Прошу выдавать ключи от помещений № 37, № 40 - № 42 председателю СНО Э.В. Ртвеладзе и секретарю СНО Ю.В. Беляевой в воскресенье 24.IV с 12 ч. до вечера в связи происходящей XXV-й студенческой научной конференцией, экскурсией для приезжих из других городов студентов по кабинетам и заседанием в вечернее время.

Заведующий кафедрой археологии
Профессор М. Массон

23.IV.66 г.

Записка М. Е. Массона вахтеру ТашГУ.

图 8.7　马松教授写给塔什干国立大学大门值班员的字条

Грамота
Ташкентского государственного университета им. В. И. Ленина

Студент II курса Исторического факультета Ташкентского государственного университета
Э. РТВЕЛАДЗЕ.
награжден ГРАМОТОЙ в 1964 году на студенческой научной конференции университетов Средней Азии и Казахстана за научную работу на тему:
Новый христианский памятник в городище Мадкар.

Председатель Оргкомитета
Ректор ТашГУ им. В. И. Ленина:
Научный руководитель СНО:

Ташкент—1964.

ГРАМОТА

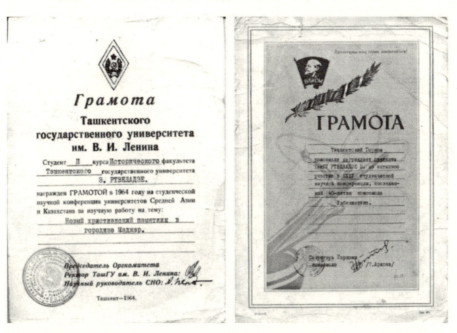

图 8.8　左图：1964 年列宁塔什干国立大学颁发给瑞德维拉扎的奖状，表彰他参加中亚哈萨克斯坦高校大学生科学会议并做了题为“马扎尔聚落一处新基督教遗址”的学术报告，签名落款是此次大会组委会主席、塔什干国立大学校长。塔什干，1964 年。
右图：塔什干市共青团委员会颁发给瑞德维拉扎的奖状，表彰他积极参加为纪念乌兹别克斯坦共青团成立（1925）40 周年而召开的大学生科学会议，签名落款是塔什干市团委书记 T. 阿里波夫。

图 8.9　科学会议结束后，来宾在阿利舍尔·纳沃依歌剧和芭蕾舞剧院前合影留念。前排右起：瑞德维拉扎、H. 尤素波夫。

哈依尔·叶甫根尼耶维奇是个严厉的人，有点过于严厉了。"在得知我对生物学和昆虫学也很感兴趣后，安托尼·伊万诺维奇曾多次给我讲解它们的特点和规律。我们在谈话时，总能听到狗的叫声。原来，在这处建筑物的另一头，有安·伊·伊兹拉艾利建的一个狗窝。有时，我会在他的办公室里见到他的孩子尤里，这个年轻人后来成了著名的学者和苏联"水文测量局"[1]的领导。

安托尼·伊万诺维奇同我提起维克多·弗拉基米罗维奇·鲍宾教授，我与该教授曾不止一次参加过在基斯洛沃茨克郊区的考古发掘活动。维克多·鲍宾是辛菲罗波尔医学院组织学和正常胚胎学教研室的主任，同时还从事人类学的研究，发表过一些有关北高加索地区的重要文章。他来基斯洛沃茨克，在科学院高尔基疗养院疗养时，常常与考古小组成员一起去发掘，

1　Гидрометеослужба，СССР

收集颅骨并做测量，还参加"每逢周五"的会议。

　　回想起这些人物，我想指出的是，他们都有非常高的教育水平、良好的道德素养，举止优雅，有知识涵养，忠诚于自己的事业，有很强的责任心。

　　就在不久前，塔什干国立大学70年代末的毕业生，如今的参议院外事委员会主席萨迪克·萨利霍维奇·萨法耶夫[1]，在与我见面时说，我让他回想起母校的许多老教授。说实话，他的话让人感到十分愉悦，这说明，从老一代人身上继承的一些东西，如今也体现在了我的事业之中。

　　《塔什干国立大学报》的版面上经常会刊出一些文章，介绍学生科考组的活动，并评价它是众多大学生科学社团的优秀代表。小组的成果曾获得苏联列宁共青团中央委员会的表彰。

　　在安·伊·伊兹拉艾利主持的全校大学生科学协会的会议上，我做了有关学生科考组的工作报告，而米哈依尔·马松教授每一年度的总结中，也会报告有关学生科考组的工作情况。下面摘一篇我的总结报告的片段。此份总结报告是在1963年11月参加摘棉花劳动期间完成的。

　　亲爱的米哈依尔·叶甫根尼耶维奇，您好！

　　瓦利娅·戈里娅切娃说，您让她转告，除了田野会议之外，还要我写出学生科考组前一时期的工作总结。请原谅，我稍有耽搁，原因主要是：第一，这里没有邮局，所以，我不知道您是否能收到这封信，要知道，我是把信交给了一个陌生人，他正好要去塔什干。我是想通过他来转交，为防万一，我还是再抄写一份留用。第二，是因为完全没有时间，早晨8点开始工作，傍晚6点半收工，这时天色已黑，我们这里也没电，而今天是找到一截蜡烛头，用它在写此信。第三，我们找到一处非常有意思的古城遗址，并已经开始对它进行研究，而这也将大大丰富我们的总结。

　　在过去的一个阶段，即从4月底举行的学生科考组理事会改选后起，已经过去7个月。而这几个月正值学生科考组的成员或

1　Садык Салихович Сафаев

图 8.10　1961 年 4 月 13 日的《塔什干国立大学报》。该期报纸大标题（最上面一行）：《太空人，苏联人！》；左半版居中文章标题：《大学共青团组织的任务》；左半版最下方文章标题：《发自大学生科学大会考古人专场的报道》；右半版最上方小块文章标题：《苏联——第一位宇航员的家乡》；右半版居中文章标题：《共青团员》。

БИЛАН
ЕРУЗА

ИНТЕРЕСНЫЕ РАСКОПКИ

Я)

Тончадаги бир тўп газета-
рни олиб, ишчи бошладим.
р вақт район газетасида бо-
лан суратда очиқяза кў-
тим тушди. «Феруза эмасми?
ўгчі Пўк, ўша, ўша!!!» Бор-
дим бир тебранди-ю, кўзла-
мига иссиқ нам келди. Шоша-
ши очериби ўқий чикдим. Ме-
н дахшат, изтироб, соғинч, ха-
рат, ҳаяжон қуршади кўйди.
, қиз бечора, шунчалар бахт-
ли бўласанми? Мухбир унинг
ўхшати тақдири ҳақида жуда
, гапирибди. Кайта ўкиб чиш...
иши «...Феруза занжирбанд...
«Хоки оға» бир суддан...
бой почча» бир суддан... жид-
ловита кутарди-ку... ҳиз
аюси бир ўпиш... Кайси нт тип-
ша ҳам унга бариабир, угрили
ю карамайди. карамаса ик-
ии ташланади... Феруза-
инг юракиари тулиб, қўш-
инг девори тагига бориб
тирди. У ўкди радио то-
упи келар, дилтор Турсуной
ухнова ҳакидаги қиссадан
арча ўкир эди. Уни иллаб юр-
ай «бой почча» югуриб келди-ю
удаб уй ичига олиб кирди.

— Мана сизга радио эшитиш!
Юд-фарёд... Дарвозани шарқ-
ратиб очганича ўрта ёшлар-
даги жувон кириб к е л д и.
Бу «бой почча»нинг хотини-
ичи хотини эди. Унинг тўрт
ёлаки бор. Шу ўкуч «бой поч-
жа»нинг сири очилди — у алла-
верда колхоз кассирлигидан
астаст қилиб чўлга кочибкел-
ган эди. Кизни ишиниг
ами чиди. Ферузага қарши
гапирибди, ҳатто зулмнинг
зулмини курсатмасликка каттик
таъсир қилган эди. У кафасдан
сўшилди-ю, механик
зторлар юзига йўл олди...

(Охири 4-бетда).

НАД РАЗВАЛИНАМИ ста-
рого Мерва пронеслись ты-
сячелетия и от прежней ее
блестящей культуры сохрани-
лись жалкие остатки, плотно
покрытые «пылью веков»,
частично растащенные мене
культурными наследниками. В
первые годы исследований
XVIII отряда ЮТАКЭ при то-
пографической съемке городи-
ща Гяур-кала, холм в юго-во-
сточном углу, по микрорельефу
был определен как здание са-
фянского времени. Прошло
много лет, прежде чем удалось
выяснить назначение этого па-
мятника. За 3 сезона полевых
работ (1959—1962 гг.) было
выявлено культовое сооруже-
ние — Будийская ступа в ви-
де башни, диаметр ее 10 м.
Башня возведена. на прямо-
угольной платформе. Было ус-
тановлено, что здание сущест-
вовало долгое время, подвер-

галось неоднократным перестрой-
кам. Временем наибольшего
расцвета здания является II
строительный период, который
совпадает по данным монет с
царствованием Шапура I (III в.
н. э). Стены помещений, при-
мыкающих к платформе с севе-
ра были покрыты росписями,
которые до нас дошли лишь
небольшими фрагментами. К
этому же периоду относится
декоративная лестница. Книзу
она сужается. К западу от нее
был обнаружен росписной кув-
шин, который стоял в специ-
альном углублении. Пробыв в
земле более 1500 лет, кувшин
сохранил яркие краски. Роспись
на тулове представлена 4-мя
сценами, которые последова-
тельно раскрывают жизнь
главного персонажа. Первая
композиция — сидящие за сто-
лом дехканин и женщина.
Мужчина держит в руке жезл.
На нем типично среднеазиат-
ская одежда — широкие шаро-
вары и халат с голубым отво-
ротом. Сидящая напротив жен-
щина, вероятно, жена дехкани-
на. У нее поверх одежды через
левое плечо переинуто сари.
Далее наш герой отправляется
на охоту верхом на лошади ти-
па карабир. На заднем плане
дано изображение убегающего
джейрана, на которого всадник
не обращает никакого внима-
ния. Он стреляет в птицу с
длинным хохолком типа павли-
на. 3 сцена — близкие про-
щаются с умирающим. Около
него стоит жена с подругой и
простирает к нему руки. Рядом
сидит жрец-врач. За спиной
жреца слуга с перевязанным
ртом. Это делалось для того,
чтобы дыхание раба не осквер-
няло господ. И, наконец, по-
следняя сцена изображает по-
хороны. Под ручкой у кувшина
была найдена медная сасани-
ская монета относящаяся к
концу 4-сер. 5 ви. н. э.

Когда извлекли кувшин, то
огромным желанием было уз-
нать его содержимое. Первый
вытащенный кусок глины ока-
зался со слабыми отпечатками
букв, которые были предвари-
тельно определены проф. М.
Массоном как буквенные знаки
индийского письма. Естествен-
но, возникло предположение,
что внутри, возможно, будут
остатки рукописей. Извлечение
и изучение рукописей отложи-
ли на период камеральной
работы. Вскрытие было осуще-

ствлено 18 февраля 1963 года
силами комиссии в составе
проф. М. Массона, реставрато-
ра Федорович, доктора искусств
Г. Пугаченковой, археолога
инд. исторических наук Аль-
баума, фотографа-археолога
Е. Юдицкого и др. В процессе
работы извлекались куски гли-
ны с отпечатками материи,
букв. И вот, наконец, появи-
лись очень плохой сохранности
фрагменты рукописи со склеен-
ными страницами. Предстоит
очень большая работа по кон-
сервации, чтению оставшихся
писем. Можно будет прочи-
тать 2—3 строчки на каждой
из страниц, что же касается ма-
териала, бумаги, то ничего опре-
деленного еще нельзя сказать.
В ходе работы были высказаны
предположения, что материа-
лом служили или береста, или
папирус, или шелковистая ма-
терия. Более точное определе-
ние дает анализ. Обнаружен-
ные роспись, окраска полов и
колонны, крашенная скульпту-
ра свидетельствуют о богатстве
а значит и большой популяр-
ности буддийской общины в
Мерве поздней поры рабовла-
дельческого общества. Причи-
ной гибели здания в этот пе-
риод явилось, вероятно, земле-
трясение 451 г. Через некото-
рое время жители, несколько
оправившись, стали заново от-
страивать здание. Остатки раз-
рушенной ступы и скульптуры
они тщательно забытыми вло-
жив туда кувшин с рукопися-
ми. Благодаря благоговейному
отношению жителей к религии,
до нас дошел в относительно
хорошей сохранности памятник
ранней поры своего существо-
вания.

Буддизм в Средней Азии на-
чал распространяться с III в.
н. э. Продержался он наряду
с другими религиями до араб-
ского завоевания, после кото-
рого буддизм иногда уже не
достигал прежнего значения.

Из-за недостаточности архео-
логического обследования Сред-
ней Азии, до сих пор обнару-
жено очень мало памятников
буддийской архитектуры, тогда
как в соседнем Афганистане
их найдено гораздо больше.
Вероятно, в будущем количе-
ство их у нас тоже увеличится.
Несомненно, этот памятник
явится важным источником по
истории идеологии и политике
Мерва.

Л. БУКИНИЧ,
студентка IV курса ис-
торического факультета.

Фото Е. Юдицкого.

图 8.11　1963 年的一期《塔什干国立大学报》。其中，左下角的照片中自右起为Л.И. 阿利巴乌姆、Л.Л. 布基尼奇，右半版文章标题为《有趣的发掘》。

回家或在参加考察，因此，那些我们计划冬季要举行的活动，如参观或在塔什干学校里组织考古角的活动，都未能进行。

除了春季在沙赫里萨布兹和基塔布，以及夏季在梅尔夫古城这些主要的发掘实践课外，学生科考组成员们在暑假期间还进行了数个考察。今年，组里有数名成员参加了三个考古考察，直到四五月份才结束。

参加三个考察的学生科考组成员分别是：

大五学生：彼得·加弗留申科、瓦·戈里娅切娃、H.加洛奇基娜；

大四学生：纳·尤素波夫、Д.伊希耶夫；

大二学生：塔·别利娅耶娃、尼·瓦谢茨基、艾·瑞德维拉扎。

在走访马扎尔古城遗址时，在普里库姆斯克市市郊国营葡萄农庄，我给警卫和工人讲了一堂古城考古和历史专题的讲座。在学生科考组工作的计划中，有给基斯洛沃茨克市的第十市属学校和巴依拉姆-阿利镇镇属学校提供帮助的内容。我与第十学校的地方志小组成员一起，对位于别列佐夫卡河的青铜和早期铁器时代的墓地进行了发掘，还就田野研究的方法和基斯洛沃茨克的历史，举行了相关的座谈会……

我担任学生科考组主席要比几位前任早了大概四年的样子。1967年大学毕业那年的冬天，通常，此时应把所有时间都用在毕业论文上面，我去找米哈依尔·叶甫根尼耶维奇，想提出改选学生科考组理事会的请求。但当我向他提出这个问题时，米哈依尔·马松连听都不愿意听。这也许说明一点，他尚未发现学生科考组主席的合适候选人。不过我对此问题有自己的想法，在大学二三年级同学中，有几位年轻人很不错，如格纳·阿法纳瑟耶夫[1]、X.古利亚莫夫、A.库德里亚夫采夫、Ш.彼达耶夫。到了1967年的5月，经马松教授同意，在去卡什卡达里亚考察时，我们召开了学生科考组会议，在这期间进行了改选。

1　即格纳季·阿法纳瑟耶夫，格纳是其昵称。

九　无价知识的宝库

　　我的关于中亚与东方的物质和艺术文化、建筑学、钱币学、铭文学、民族学等方面的知识，毫无疑问扎根在各位老师在考古教研室讲授的那些课程上。当时，所有这些课程均无教学参考书，因此，听课笔记必须做到"一丝不苟"，还要配上各种缩略图和草图。这些课程的笔记，迄今仍完好地保留在我和丽迪亚·利沃夫娜的档案之中，它们是那个逝去时代教学技巧的样板。而这些听课的笔记，对我在塔什干几所大学里的教师生涯（1971—1998）帮助很大。

　　同时，即使讲座再完美，它们也无法涵盖任何一个科学课程的全部信息。为了加深和拓展理论知识，需要自觉和系统性地去研究科学文献。在考古教研室，斯维特兰娜·鲍里索夫娜·鲁尼娜讲授过一个专研科学文献的系列课程。该系列的课程要求大学生正确和渐进式地掌握吸收科学文献，在此过程中，要编写带注释（包括出版物的引语和作者的信息）的参考书目的索引（包含准确的信息源）的卡片。我在国外的科学中心，包括伦敦的皇家亚洲学会（Royal Asiatic Society）图书馆，意大利、美国、法国和其他国家图书馆，一直沿用这种科学卡片的体系方法，工作了很久。在世界各图书馆多年的学习中，我积累了大量的图书索引和注解卡片，这种收集知识的基础，毋庸置疑，是大学期间在塔什干各图书馆里奠定的。

图 9.1 20 世纪 60 年代的威斯敏斯特大学，原塔什干国立大学图书馆在该楼的一楼。

"塔什干的图书馆特别好。"加琳娜·安娜托莉耶夫娜·普加琴科娃曾在给我的信中这样写道。的确如此。对我来说，最重要的是塔什干国立大学图书馆和阿利舍尔·纳沃依图书馆。直到 1966 年地震发生之前，前者一直是在过去的第二女子公学（之后曾是航空学院和航校，而如今则成了威斯敏斯特大学）老楼右侧的一楼。塔什干国立大学的基础科学图书馆中，保存有一些书籍的珍本，其中包括十月革命前出版的有关土尔克斯坦和东方的全部书籍，而有些书，在其他图书馆是没有的。

只有老师可带借阅的书回家。因此，我与所有的大学生一样，都是在一个不大但很舒适的阅览室里自习，书桌上有带绿色灯罩的台灯。在学生阅览室里做服务工作的是萨依达-奥帕[1]，她对自己的业务极为负责，对所有书架上的内容了如指掌。

我特别喜欢在冬季来图书馆，坐在温暖而舒适的阅览室里，偶尔看看窗外的雪景，心里感到十分的愉悦。

阅览室里的安静，让人向往并感到神圣，而图书馆门前有一处不大的圆廊,给人的感觉像一个大学生俱乐部。读书累了,男生会来这里吸烟、聊天,

---

1 Саида-опа，音译"萨依达-奥帕"，"奥帕"在乌兹别克语中是大姐的意思。

或者就是站在原地，欣赏从身旁走过的美丽姑娘。

我上大学时，阿利舍尔·纳沃依图书馆是在一栋四层的楼里，如今，该建筑成了乌兹别克斯坦造型艺术画廊[1]。那时，图书馆里有大量 19 世纪和 20 世纪初出版的国内外科学文献。这些书籍的收藏，要归功于出生在塔什干的叶夫格尼·卡尔洛维奇·别特格尔[2]。他是一位杰出的东方学、图书馆学和书志学学家，他在图书馆里建了稀有图书分部。很遗憾，我没有在叶·卡·别特格尔生前（1957 年去世[3]）见到过他本人，米哈依尔·马松很多次说起过他，并对他的科学活动[4]给予了高度评价。

之后，几位在阿利舍尔·纳沃依图书馆继续工作的，是叶·卡·别特格尔曾经的学生，他们都成了出色的图书学家，如 O. B. 玛斯洛娃，她是专集丛书《俄国中亚旅行探险一览》[5]的作者，以及 E. 科尔米利茨娜等。她们看到我对科学的专注，时常会把不对学生开放的稀有图书分部的一些书拿出来给我阅读。

图书馆阅览室里常常是坐满了学生，丽迪亚·布基尼奇也经常在里面学习。有时，她会把我从阅览室的书桌边"拽"起来，邀我一起去逛塔什干夜晚的马路。就是在阿利舍尔·纳沃依图书馆，我花费了大量的时间，阅读了很多书，其中有非常珍稀的书，如学者帕尔斯帕鲁克的《萨珊王朝硬币》[6]、恩斯特·赫兹菲尔德的《伊朗考古史》[7]、科学院院士 Б. 多恩的著作《里海》[8]、A. 斯坦因的《亚洲腹地考古记》，以及《俄国地理协会土尔克斯坦分会通报》《高加索地方和部落概述材料汇编》[9]，等等。

总之，当时的塔什干有十多个图书馆里有科学文献类藏书。其中，该类

---

1 Галерея изобразительных искусств Узбекистана

2 他的父亲卡尔·别特格尔于 19 世纪末在塔什干开了第一家药店。原注。

3 也有信息显示为 1956 年去世。

4 我曾经有一部有关历史、考古和民族学的单本材料集，系叶·卡·别特格尔编制并用打字机打印，由《土尔克斯坦公报》出版，上面有别特格尔的亲笔提示："叶·卡·别特格尔赠米·叶·马松"。马松教授临去世前将该书赠予了我。然而遗憾的是，它连同其他一些书籍在我办公室被盗。原注。

5 O. B. Маслова, Сборники *Обзор русских путешествий и экспедиций в Среднюю Азию*

6 *Sassanian coins*

7 *Археологическая история Ирана*

8 *Каспий*, академика Б. Дорна（Boris Andreevich Dorn）

9 ИТОРГО（*Известия Туркестанского отдела Русского географического общества*）, СМОМПС（*Сборник материалов для описания местностей и племен Кавказа*）и др

藏书最丰富的是科学院图书馆以及它下属的各研究所，但是不对大学生开放。

　　各博物馆里都有不大的图书馆，其中包括历史博物馆和艺术博物馆。在塔什干市中心，距离穆斯塔基利克[1]地铁站不远处，在一栋一层的建筑里，不久前还有一个科技图书馆，我觉得它也是最老的图书馆之一。

　　乌兹别克斯坦物质文化遗址保护科学生产管理总局图书馆和档案馆的藏书尤为珍贵，而这些书籍均从土尔克斯坦艺术和古代遗迹保护委员会和乌兹别克文化自然古迹事务委员会[2]图书馆继承。很多年里，这些图书一直珍藏在阿利舍尔·纳沃依大街 30 号，在该址一栋很大的建筑左侧的四楼上面。仅在几年前，它们同整个管理局一起，搬到了离人民友谊广场不远处的霍加·依禅清真寺[3]。该图书馆的馆长是娜捷兹达·沙基罗夫娜·卢卡舍娃，她是乌兹别克斯坦修复科学学校的创始人——著名的修复家鲍里斯·尼古拉耶维奇·扎瑟平[4]的妻子。她破例让我在这个收藏真正珍本书籍的图书馆里阅读，其中，就有土尔克斯坦考古爱好者小组学刊的全套汇编（ПТКЛА）[5]和俄国考古学会东方部的会刊（ЗВОРАО）[6]。

　　在大学读书的那几年，我翻阅了 ПТКЛА 和 ЗВОРАО 的全部资料，并将许多文章的内容摘抄到带注释的卡片上面，迄今我仍在自己的科学研究中使用它们。其中，在《东方铭文》专集（XXVI. M., 2001）中，我曾写过《中亚中世纪铭文注释》这篇文章，是为出色的俄国东方学学者 В. Г. 蒂森豪森男爵[7]的文章而写，他的文章对纳斯赫[8]字体的阿拉伯铭文进行了分析

1　Метро Мустакилик

2　"Туркомстарис" и "Узкомстарис"，即土尔克斯坦艺术和古代遗迹保护委员会（Туркестанский комитет по охране памятников искусства и старин）和乌兹别克文化自然古迹事务委员会（Узбекистанский комитет по делам памятников культуры и природы），它们是 20 世纪初在中亚建立的专门从事古代遗址保护的机构。

3　Мечеть Ходжа Ишан

4　Борис Николаевич Засыпин

5　土尔克斯坦考古爱好者小组协议，缩写为 ПТКЛА（Протоколы Туркестанского Кружка Любителей Археологии）。

6　《俄国考古学会东方部笔记》（*Записки Восточного Отдела Русского Археологического Обще-ства*）。俄国考古学会东方部的这一会刊在长期停刊之后，在圣彼得堡又复刊了（已经出版了 2 卷 [卷 I，XXVI 和卷 II，XXVII]，第 3 卷已经准备交印），毫无疑问，这其中，著名考古学家 В. П. 尼科诺罗夫功不可没。原注。

7　В. Г. 蒂森豪森男爵（В. Г. Тизенгаузен，德语名字为 Ernst Woldemar Baron von Tiesenhausen，1825—1902），东方历史学家、钱币学家、考古学家，圣彼得堡帝国科学院通讯院士。

8　насх

图 9.2　马松教授和学生丽迪亚·瑞德维拉扎在他家中的书房

和解读，该文发表在俄国考古学会东方部会刊之上（第 IX 卷第 IV 期，圣彼得堡，1896 年）。

很显然，如果我对学者们的"家庭"图书馆只字不提，那我对塔什干图书馆的介绍是不完整的，因为在这些私人藏书中，有大量的学术专著和专集，以及成百上千国内外同行赠予的科学文章单印本。虽然总体上说，这些图书馆是开放的，然而，对学生和一些同行来说，也是不可能接触到的。与此不同的是，М. Е. 马松和 Г. А. 普加琴科娃的图书馆——当时塔什干最好的家庭藏书之地，则对所有人开放。但实事求是地说，这里也有严格的制度规定，阅览时间为 17:30—19:30（即晚饭前），所有的书也从不被允许借出带回家阅读。有一回，一本书我未能及时看完，我请求米哈伊尔·叶甫根尼耶维奇允许我带走，次日上午归还。他先端详了我一番，然后说："我当然不该反对，但万一在回家的路上，你被有轨电车或汽车轧着了，那书该怎么办？"

经过许多年积累，我也有了自己的科学题材图书馆，而它可追溯至我少年时期在基斯洛沃茨克开始的收藏习惯。大学时期，我主要从二手市场和"学术书店"[1]买书。后来，我结婚了，妻子丽迪亚·利沃夫娜的存书也填充进了书房。但说实话，在那个时期，所有的藏书总计仅数百本，一个不大的书架就能放下。当然，这还未到时候！随着时间的推移，藏书的数量逐渐增多，甚至让它们"侵占"了居住空间。家中所有的架子、桌子上和柜子里，都塞满了书，甚至在地板上一堆堆地码放，形成了一个真正的图书帝国的"下城"。总之，说句实话，如今要找到一本需要的书，就如同进行考古发掘一般。

许多私人图书馆的命运让人唏嘘。如果说，M. E. 马松、Л. И. 列姆佩尔、H. C. 格拉日丹基娜、Б. H. 扎瑟平等人的藏书被转交给了物质文化遗址保护科学生产管理总局[2]，使得这些书至今依然能够被使用，那么那些因主人去世而导致的私人图书被丢弃和被部分贱卖的情况，则让人感到惋惜。

塔什干市东北郊有个叫"尼基佛罗夫地块"[3]的地方，此处就有一个未知主人的图书馆，其命运令人惋惜。1967 年，我曾在这个地块上进行过地层坑的发掘工作。有一次，是一个阴雨天，塔什干考古队的队长玛特柳芭·阿米贾诺娃来找我查看地形并为发掘找一处新址。我们把整个地块看了一遍，发现一个院落里堆满了书。看上去这个房子早已被抛弃，于是，我们走进了院子，并从地上捡起书来翻看。一本、两本、三本，大多数图书居然是十月革命前出版的，它们中的许多已损毁严重，但仍有部分保留了下来。玛特柳芭找到一整套 6 世纪拜占庭史学家西莫卡塔[4]的著作，我则挑选出了部分保存尚好的土尔克斯坦军区司令部的稀有出版物，是几本 19 世纪末至 20 世纪初在塔什干出版的书，主编是萨哈罗夫中将参谋长。书堆中居然奇迹般完好保存着《喀什噶里亚或东土尔克斯坦——军事统计描述的体验》[5]一书，它由情报局长拉夫尔·科尔尼洛夫[6]中校编写。

拉夫尔·科尔尼洛夫是一位非同寻常的人物，他是精通中亚各民族语

1　Академкнига

2　Главное научно-производственное управление по охране памятников материальной культуры Узбекистана, сокращённо ГлавНПУ.

3　Никифоровские земли

4　Симокатта

5　*Кашгария, или Восточный Туркестан. Опыт военно-статистического описания*

6　拉夫尔·格奥尔基耶维奇·科尔尼洛夫（Лавр Георгиевич Корнилов）

言和风俗的专家。他用当地居民的装扮（这对他不难，因为他的面孔有蒙古人的特征）做掩护，曾经到达过清朝政府管辖的喀什噶尔最边远的地方，成功地绘制了一张《喀什噶里亚分布图》，图上标有中国的军事哨所、骑兵和步兵队以及大炮所在的位置，是上述那本书中的附件。1917 年，科尔尼洛夫将军组织了著名的反对苏维埃俄罗斯的暴动，失败后逃到了库班地区，在之后叶卡捷琳娜达尔（克拉斯诺达尔）城郊的一场交战中，被流弹击中身亡。

在我的一生中，曾不止一次见到过大量图书被毁的场景，但如此公开的文化被毁情况还是头一回看到。毁书通常是要消灭意识形态中有害的东西，但时常仍会发生一些书因"过时"而被烧或被扔的现象。还有不少图书馆甚至会定期地"清仓"，对一些破旧的书刊进行销毁。

这不禁又让我想起安娜·谢尔盖耶夫娜·莫罗佐娃讲述的让人印象深刻的一件事。那是发生在乌兹别克苏维埃社会主义共和国时期的故事。有人要以处理废纸的方式销毁一批旧书刊，将一大堆旧书刊搬到当时科学院图书馆的院子里。书刊堆得像小山，在里面，安娜·谢尔盖耶夫娜挑出了一整套当时非常主流的杂志，名为《古代历史通讯》[1]，其中包括该刊物出版第一年最早的期号。而这本杂志是由阿列克谢·斯瓦尼泽出版，他是约瑟夫·斯大林第一位妻子的弟弟。这本杂志中，刊登有不少由古希腊语和拉丁文文献译成俄文并带分析的文章。安娜·谢尔盖耶夫娜幸运地收集到了著名的俄国学者 B. B. 拉特舍夫[2]在《古代历史通讯》上发表的系列翻译文章，总的题目为《写过斯基泰人和高加索古代的作家信息》。后来她将它们装订成两册送给了我，并写了赠言："赠艾迪克：希望'这一发现'能够很好地利用起来！安娜·谢尔盖耶夫娜，1973 年 12 月 20 日于塔什干。"

每当我翻开这两卷书去寻找需要的资料时，我都怀着感恩之情，回想起安娜·谢尔盖耶夫娜和那个日子——1974 年新年即将到来的前几天，她把我叫到了她的办公室，并赠送了这两本书。

我还是另一个例子的证人。有一年的夏天，在基斯洛沃茨克，当进行

---

1 *Вестник древней истории*，ВДИ
2 B. B. Латышев

完沿博尔古斯坦山的考古巡查之后，我发现在山沟的底部有一团红色的东西。当我走到沟底，看到是一大堆（像是自卸车倾倒后形成）被从"王位"赶下台的赫鲁晓夫的著作。

有些图书馆因被盗而丢失书籍，这对探索科学的读者来说是严重的损失，尤其是那些稀有的图书，而有些教师把书带回了自己家，常年把图书馆的书存放在家里，这似乎也司空见惯，不足为奇。

"学术书店"对我有特别的意义，它对普及科学知识作用很大。苏联时期，在莫斯科、列宁格勒和联盟各加盟共和国的中心城市，都有统一名称为"学术书店"的分支网络，不仅销售发行全联盟科学院及其分支出版的书籍，还有各共和国科学院的出版物。在塔什干市，共和国"学术书店"的分店，就在卡尔·马克思大街（现为萨依尔果赫[1]街），离历史系不远。总体上说，我发现大学、图书馆、博物馆，即这些与我从事科研和学习有关的所有机构，都集中在塔什干市内，而且都在方圆一公里的范围内。从历史系到"学术书店"，我走基罗夫街时，会路过工会塔什干委员会[2]，紧接着是中央食品总店的大楼，它的二楼是"迪纳摩"运动商品店[3]，然后就可走到当时塔什干最热闹的街道——卡尔·马克思街和"塔什干州书店"[4]，"学术书店"就与之并排相邻。这里还有服装和首饰店，以及塔什干年轻人最喜欢的"费尔干纳"咖啡店，店里装有自动售酒机，花 30 戈比就能接一杯很好的干红葡萄酒。

与这条街道上所有的建筑一样，"学术书店"所在的建筑也建于 20 世纪初，面积不大。除了有店门的这一面，书店的三面墙，从地板到屋顶都装满了书架，分人文、技术和自然科学，在它们的前面是新书的橱窗，给来买书的读者留下的空间很小。有些日子，则需要在街边排队，等候里面的顾客出来后才能进去。

1　Сайгох

2　在它的对面，即街道另一侧，至今还保留了过去的一栋建筑，如今是扎马尔银行，而那个年代，这里曾经有个营养餐食堂。原注。

3　过了几年，这个地方改成了一家名为"泽拉夫尚"（Зеравшан）的餐厅，开始还用过另外一个名称，叫"亚洲"。原注。

4　магазин "Ташоблкнига"

"学术书店"好像一个奇特的科学中心,除了有著名的科学家经常光临,更多的则是刚起步的研究人员和大学生,他们仔细地聆听白发大师们的讨论,从中汲取不曾了解的科学事实和假设。

在这个"学术书店",为顾客提供服务的是两位非常优秀的女性,布玛·彼得罗弗娜和斯维特拉娜·阿列克谢耶夫娜,任何时候,她们都笑容可掬,悉心服务。

每年,"学术书店"都有一些专门的学术书讯宣传册,介绍所有已经出版和即将出版的学术著作和其他出版物的信息。宣传册中,有新书的详细介绍,包括封面图样、内容简介和页数等内容。在这些宣传册上,有专门的卡片可以填写预订申请,填好后留给书店,之后,到相应的日期,申请卡会寄到你的家中,通知你等待接受预订的书籍。还有一点就是,"学术书店"里的书都非常便宜。比如,我买了几本杰出的苏联阿拉伯学学者 И. Ю. 克拉奇科夫斯基[1]的著作选集,每册的价格才 50 戈比!还有著名的突厥学学家 В. А. 果尔德列夫斯基[2]的著作选集,其中,我非常喜欢他那篇名为《什么是"赤脚狼"》[3]的文章。我还买了许多其他珍贵的书籍。

另外,"学术书店"时常会发布消息,让人们预订收藏某个学者的著作选集。其中,1962 年秋天就发布过瓦·弗·巴托尔德著作选集的预订通知。我们焦急地等待第一册的问世,因为这一册里有他那篇经典的作品——《蒙古人入侵时期的土尔克斯坦》[4],对研究中亚历史和历史地理的学者而言,它几乎成了他们书桌上必备的一本书。顺便一提,第一册是 1963 年出版的,共出了 9 册,最后一本于 1977 年问世。1976 年,Н. Н. 图马诺维奇在莫斯科曾出版过一本《瓦·弗·巴托尔德院士的档案概述》[5],是前述九卷本选集的珍贵补充。

在本章结尾处我想指出一点,尽管当今技术有了新的突破(电子书、互联网、电脑),而对我个人获取知识和自学而言,书籍曾经是也将永远

---

1 И. Ю. Крачковский

2 В. А. Горделевский

3 *Что такое "Босый волк"*

4 *Туркестан в эпоху монгольского нашествия*

5 *Описание архива академика В. В. Бартольда*(М., 1976)

是主要的信息来源。因此，我想与读者们一起分享英国著名作家亚瑟·柯南·道尔之子阿德里安——也是一位作家——在自己的小说里写的一句话。故事中的主角向其对面的人展示电脑的优势，而那个人听完他热情的讲话之后，平静而又特别准确地指出："我知道比计算机更完善的机制。那是人的大脑。"

十 野外考古实践

野外考古实践，是培养考古专业学生的特别重要的核心内容。它的目标在于培养学生野外考古研究技能，比如，了解独立的线路考察和考古勘察，掌握开展发掘的方法，学习掌握固定文化层、剖面，剥开墙壁和地面，拍摄和绘出考古遗址平面图的要领，等等。

在实践时，低年级学生在由高年级学生负责的各发掘面上做采集员工作。前者的首要职责包括对发现物进行登记造册，做探方记录，对陶片和其他物件进行描摹和编号。有时，他们还会被安排当挖土工。发掘面负责人的职责是编制现场文件（日记、每日所做工作的现场报告、完成发掘后的简要现场报告），绘制平面图和发掘分层图。任何一个项目的发掘结果都可作为大学生毕业论文的题目，而对个人或集体的发现物的概述，则是学期论文的内容。

在考古实践的过程中，地层学研究得到了特别的重视，它是农耕定居文化（古城和聚落）考古遗址以及墓葬遗址研究方法中最主要的一种，比如古墓研究等。只有借助地层研究才能了解某个考古遗址的起源和演化时期，从而得到准确和有科学依据的概念。

非常遗憾的是，最近这些年来，考古的这项功能开始被遗忘了。有不少考古遗址在未考虑底层和重叠层的情况下被打开，对考古发现的解释中也没

图 10.1 马松教授为考古学校成员组织的游览活动（目的地为巴依拉姆-阿利镇、梅尔夫古城、苏丹桑贾尔陵墓）。

有明确的地层关联。结果是在确定发掘目标区和从中得到的发现物的年代时，出现了年代顺序上的差异，而这正是两个具有原则性重要意义的要素。

在中亚考古研究的黎明时期，真正意义上科学的遗址发掘方法不曾有过，主要是借助探沟的方法进行发掘；情况稍好些的，是对发现物和文化层进行简单固定（从 19 世纪末直到 20 世纪 30 年代，既不做地层图绘制，也没有做发现物分层的表格）。

首个中亚考古遗址研究的地层学方法，系由米哈依尔·马松教授发明，这就是地层和发现物的层级系统固定法 [1]。米哈依尔·马松自己承认，他摸索出该方法时还很年轻，当时是作为刚刚起步的考古学者，在阿夫拉西阿卜古城，随 В. Л. 维亚特金一起进行考古工作，但真正开始运用它，是 1936—1939 年在铁尔梅兹古城的铁尔梅兹考古综合考察之中。随着 1946 年南土考古综合考察项目的建立，新、老尼萨开始发掘，他的这一方法在实践中被广泛运用。此后，米哈依尔·马松教授的学生们又将此法运用到了自己的考古研究当中。非常遗憾的是，人们对这一方法的实质的理解并

1　Ярусная система фиксации стратиграфии и находок

图 10.2 梅尔夫古城发掘现场。中间穿黑衣戴帽者是马松教授，他的右侧是 Г. А. 科舍连科，左侧是 З. И. 乌斯玛诺娃。

图 10.3 马松教授在考察营地。右侧为 З. И. 乌斯玛诺娃。

非都正确。比如，一篇国外的文章非常确定地宣称，中亚考古学者们运用的地层固定层级系统已经过时，因为这个时候，法国的考古学者在运用更先进的文化层固定方法。

委婉地说，我们认为作者的这种确信是令人悲哀的；而为了反驳，就拿两个基础出版物，即南土考古综合考察著作中关于梅尔夫古城考古的内容，与《法国驻阿富汗考古代表团回忆录》一书有关阿伊哈努姆古城的内容，做一个比较。在法国同行的这套系列著作之中，除了 P. 列里什[1] 关于阿伊哈努姆城防工事的文章外，不仅没有总体的古城文化层图，也没有每个单独对象的绘图。与之不同的是，在南土考古综合考察著作中，附有关于地层的绘图。在此方面，З. И. 乌斯玛诺娃在多年的研究中，对艾尔克-卡拉城堡围墙所做的巨大的剖面图，不仅在中亚，而且在相邻的国家，都无与伦比。

考古实践中，地层研究主要运用三种形式：探洞、发掘和剖面。

地层坑通常为正方形或长方形，尺寸有 $2 \times 2m$、$3 \times 3m$、$4 \times 4m$。

放置较大尺寸的长方形坑，是由于文化层有多层及数米的厚度，随着深度增加，坑的面积会因为有进坑用的台阶而逐渐减小。因此，方坑在初始层时的面积需要达到 $2 \times 2m$，有时也可为 $1 \times 1m$。

地层坑会给出该考古遗址上生命活动的出现、运行和消亡时间的初步概念。通常可在古城遗址的各个地点放置地层坑，比如，在卫城上、城里或者是城郊，因为它们上面的地层情况大不相同，也就是说，同一个考古遗址可能会有一个部分出现的时间比另一部分更早的情况。

地层发掘通常运用在较大型的驻站式考古发掘之中，其尺寸（$5 \times 5m$、$6 \times 6m$ 等）与探洞法有较大区别。平面发掘，打开的深度通常达到一定水平，例如，仅对贵霜时期的建筑进行发掘时，地层发掘会从日照地表直到底土，对全部的文化层进行发掘，这将保障得到更明确和更宽广的有关文化积层替换的画面，了解它们与各建筑之间的关系，以及再沉积的情况，而这些正是生产经营和建筑活动的结果。它们造成包含较晚期文化沉积的地层低于早期堆积的情况。

1　P. 列里什（П. Лериш），还曾经负责过在杜拉欧罗波斯进行考古的法国考古队。未查到其个人的更多信息。

图 10.4　南土考古综合考察营地，居中者是马松教授。

图 10.5　和马松教授一起在营地的时光

图 10.6　马松教授与南土考古综合考察队队员合影。梅尔夫古城，20 世纪 60 年代。

图 10.7　马松教授与南土考古综合考察队人员及大学生的合影。梅尔夫古城，1963 年。

图 10.8　艾尔克-卡拉东南角一景。梅尔夫古城。

　　地层剖面有别于放坑和发掘，它能够显现出更多的地层材料，以供考古者判定某个考古遗址的历史。剖面通常是在古城内单独的地段，穿过护城城墙进行放置，包括与之邻接的从日照地表到底土的建筑地块的内、外部。通常，剖面放置的宽度不大，为 2~4m，但长度较大，有时可达数十米。比如，我在卡姆佩尔帖佩卫城东南部位放置的剖面，长度达到了四十多米，用它切开了卫城的整个文化积层，以及护城墙、大门和部分护城河。在这种剖面的基础之上，可以对聚落的出现、城墙建造和毁坏的时间，以及该遗址上生命停止的时间得出概念。最终可以得到总体的古城定居点的相对和绝对年表，之后，还将通过地层发掘的方式对这些结论进行印证。

　　上述三个地层研究的方法，能就古城或聚落遗址定居点的各个阶段和时期，综合地给出较为完整和准确的概念。此外，在考古目标各个地段进行的放坑、剖面和发掘，有助于得出总体的历史地形信息。

　　可借助水平仪和标尺对文化层的高度线进行标注，或按照层级系统法（层级是一个常定相当于 50cm 的测量文化层变化和发现物的堆积深度的单位；在内部，层级还分为层、夹层、透镜体），从一个主要的统一基准点（位于考古目标体最高点的水准原点）或远程基点开始标注。

　　实践证明，层级系统法是更为简便的地层研究方法，因为它无须借助

图 10.9　丽迪亚·布基尼奇在梅尔夫古城佛塔遗址。1963 年。

复杂的测量工具，仅使用标尺和水平尺，即可确定某个考古遗址的地层情况，并且能为显现出的目标体和发现物做高度标记。地层情况是使用绘图的方式进行表现，图上标明所有显现出的层、夹层、透镜体、地面和墙基的水平（被称为建筑水平线），并固定发现物埋藏的情况。按照地层发掘的结果，最终完成的绘制图，上面带有能够表现出所有不同文化层的图示。陶制材料的地层布局同时进行，在与建筑地平线和文化层的对照中，可确定它们中的每一个陶器的类型。这样一来，相对的年代划分便可再建。然后，在仔细分析和比较的基础上，便可编制成一个具有绝对年表的地层柱，对于地层柱而言，硬币是确定年代最重要的材料之一。但是需要牢记一点，硬币与其他物件一样，可能是处于再沉积的状态，并与它们真正入层的时间不符。所以，钱币发现物的研究必须要在从发现它们的那一层中提取的全部考古材料（更多情况下是陶片）的基础上，进行全面分析。

　　我认为，有必要详细介绍地层研究的作用，目的是强调其重要性和必要性，因为地层研究是获得考古对象历史特征的结论的基础。我想要提醒的是，只有借助地层研究，才能弄清乌兹别克斯坦境内的许多历史古城的真实年龄，更不用说全中亚境内数百个考古古城和聚落。不同于古希腊、罗马或近东的城市，由于缺少有关中亚城市文字记载的信息来源，地层研究的特殊重要性就显得尤为突出。

十一　梅尔夫古城，南土考古综合考察

1963 年的秋天，我回到了梅尔夫古城，此时，我已是大二的学生。在考察队里，我同建筑小组先去，比大家去得都早，但返回却是最后一个。在梅尔夫古城考察的几年里（1961—1969 年，1962 年除外），艾尔克-卡拉的城墙剖面，戈亚乌尔-卡拉的佛寺和基督教堂，戈亚乌尔-卡拉郊城的佛塔，苏丹-卡拉的房子，沙赫里阿尔克[1]，拉巴德[2]苏丹-卡拉的陶片堆和乃麻孜果赫清真寺，没有一处我未挖过；我还走了前人未去过的线路：阔依涅-基什曼和乌鲁-基什曼[3]、安条克·索托的城墙[4]和其他地方。仅仅是这些研究的概要，就足以占据半本书的位置，但我只简短地介绍南土考古综合考察十八队的野外考古营地生活，以及科学活动的几个重要并有特点的细节。那首先，让我从一段有点儿偏题的历史故事开始。

马尔吉安那[5]（马尔加夫 = 莫乌鲁-阿维斯陀语，马尔古什-古波斯语，

1　Шахриарк
2　Рабад，音译为"拉巴德"，阿拉伯语，意为"城郊""郊区""（城郊）的村落"等，在中世纪（7—8 世纪）的中亚和南哈萨克斯坦、伊朗、阿富汗的城市中指位于其城郊的商贸和作坊区。也称"拉巴特"（Рабат）。
3　Койне-Кишман и Уллу-Кишман
4　Стена Антиоха Сотера
5　马尔吉安那（Маргиана），也见音译为"马吉安那""马尔吉亚纳"等。

图 11.1　在南土考古综合考察队营地里。梅尔夫古城，60 年代初期。

马尔吉安那-古希腊语，梅尔夫-阿拉伯语）[1]是一个历史文化地区，涵盖穆尔加布河中游和梅尔夫绿洲的土地。此名称的词源是"marg"——草地，指有茂盛草地的辽阔之地。人类对该地区的开发利用，可以追溯至新石器时代和次新石器时代[2]。从公元前两千年开始，在穆尔加布三角地带的北部，出现了一个有许多聚落的古代农耕绿洲（马尔古什国[3]），其中有些规模很大，并围绕以有高塔的城墙。马尔古什国的首都中心是古诺尔聚落，维克多·萨里阿尼季[4]曾在这里研究，他发现了火神庙、宫廷和墓地，在里面找到并出土了金饰、小石像、带有各种神话场景的印章、质地很好的陶器、骨制品和其他物件。在此发掘出了宏大的具有拜火教特点的庙宇，其中，

1　Маргав=Моуру-авест., Маргуш-древнеперс., Маргиана-древнегр., Мерв-арабск.

2　эпоха неолита и энеолита

3　Страна Маргуш

4　维克多·伊万诺维奇·萨里阿尼季（Виктор Иванович Сарианиди，1929—2013），也有译"萨瑞阿尼迪"，著名苏联和俄罗斯考古学家、历史学博士，土库曼斯坦科学院名誉院士，希腊人类学学会会员。著有 30 多本书和 300 多篇科学出版物。他出生于塔什干，是希腊裔政治人士移民到苏联家庭的后代。大学毕业于中亚塔什干国立大学。在莫斯科去世，享年 84 岁。被誉为"世界考古学的神话人物"。

以 Togolak-211 最具代表性。这些宏伟的建筑和出土物品证明，在公元前两千年，马尔吉安那曾经存在高度发达的文明，它是古代东方先进的文明中心之一。

该地后续的开发利用是在铁器时期之前，即公元前一千年前，这个时期出现了大型的灌溉系统和聚落，一些聚落有建在很高的人工平台上的城堡（雅兹-帖佩、阿尔瓦利-帖佩[2]），它们是那些不大的领地的中心。公元前一千年中叶，该地区的中心南移至古城艾尔克-卡拉和戈亚乌尔-卡拉，在这里形成了马尔吉安那的首都之城，即今天巴依拉姆-阿利镇附近的古代梅尔夫。阿契美尼德人对这个地区的占领，激起了由弗拉达[3]领导的人民广泛的起义，在大流士一世（公元前 522—前 486 年）称帝最初的几年里被残酷镇压。公元前 4 世纪末，马尔吉安那被马其顿的亚历山大占领，他在戈亚乌尔-卡拉的位置上建起了马尔吉安那的亚历山大城。从公元前 4 世纪初至公元前 3 世纪中叶，马尔吉安那成了塞琉古王国的一部分。这个地区中心的名称是马尔吉安那的安条克城[4]。

从公元前 3 世纪中叶起，马尔吉安那成了希腊巴克特里亚王国的一部分。从公元 1 世纪下半叶起到 3 世纪初，这里确认有过萨那巴尔皇帝[5]后代建立的一个地方王朝。从公元 3 世纪大约 30 至 50 年代[6]起到公元 7 世纪中叶，马尔吉安那成了萨珊王朝的一部分。公元 651 年，它被阿拉伯人占领。

就这样，再让我回到 1963 年的秋天。9 月初，米哈依尔·叶甫根尼耶维奇结束基斯洛沃茨克的疗养回到塔什干后，把我叫到他家说："艾迪，你现在是学生科考组的主席，因此，我要让你带几名学生提前十天去梅尔夫古城，去做准备工作，把考察队的营地安顿好，等待主要成员后期到达。"马松教授一边说着，一边从椅子上起身，走到书架前并从上面拿出一卷希

---

1 Тоголак-21

2 Яз-депе，Арвали-депе

3 Народное восстание Фрады

4 Антиохия Маргианская

5 местная династия потомков царя Санабара

6 原文为"从公元 3 世纪第二个四分之一年代起"。

图 11.2　阿拉-库利考察队[1]的向导。梅尔夫古城。

图 11.3　考察队营地，考古专业的大学生们。梅尔夫古城，1962 年。

1　Экспедиция Ала-Кули

罗多德的《历史》（Ф. Г. 米先科[1]的译本，1885年出版），从书页中取出一些钱，转过身来对我说："我给你1000卢布，用于开支报销。你现在坐下来，把收条写好。"

不到五分钟，收条写好："我，瑞德维拉扎·艾德瓦尔德·瓦西利耶维奇，塔什干国立大学历史系考古教研室大二学生，从M. E. 马松教授处收到壹仟卢布整，用于梅尔夫古城营地考察队入驻准备期间的开支。日期和签字。"我把收条递给马松教授，只见他平整地叠好，又放进了希罗多德那本著作之中。围绕着这卷书，大学生们开过不少玩笑，比如，"历史"是个人资本最好的投入！又或者，"历史之父"把贵重的储蓄只存进自己创建的科学之中。

末了，马松教授通知说："明天出发。在巴依拉姆-阿利，费多尔·阿列克谢耶维奇会接你们，他现在是我们的常驻总务。"紧接着他沉默了片刻，用惋惜的语气补充说道："阿布都尔·古谢依诺维奇走了。照年纪，他参加考察，坐车都很困难了。"

告别了米哈依尔·叶甫根尼耶维奇后，我第一件事是和科利亚·瓦谢茨基一起，与另外几名大学生去了车站，买好了塔什干—克拉斯诺沃茨克（现在是土尔克缅—巴什）的火车票。之后，采购了所有的必需品——从手电筒电池到针头线脑，要知道，我们将要在非常艰难的条件下生活一个月到一个半月，所有东西都是必需的。

第二天，我们坐上了火车，过了一个昼夜到了巴依拉姆-阿利，费多尔·阿列克谢耶维奇和考察队的司机接到了我们，然后又把我们送到南土考古综合考察的野外营地。应该指出一点，对于南土考古综合考察项目来说，1963至1966这几年是很不利的：国家缩减了对考古工作的拨款，导致我们野外工作的费用也随之压缩，仅够开支伙食而已。好在那个时期的食品，甚至包括一些今天被当作美食的食材，价格平稳且十分低廉。

例如，距离苏丹-卡拉不远的一个土库曼小村里，有一家外表平平的泥土房商店，里面的货架上，码放的"鳕鱼肝罐头"顶到了天花板，每罐才

1　费多尔·格拉西莫维奇·米先科（Фёдор Герасимович Мищенко，1848—1906），俄国古代史学家、古典语言翻译家，希腊文学博士和教授、喀山大学教授，圣彼得堡科学院通讯院士。

40戈比！每天午饭前，我们会从发掘现场派一人跑到这个商店，给每人带一份回来。你们一定同意，鳕鱼肝配上松软的白面包绝对是美味，但到了考察快结束时，我们大家都吃腻了。

　　考察的拨款减少，但考察工作对体力的消耗却一如往常，这就激发了我们从事"狩猎业"的念头。有时，驻扎在梅尔夫的一些士兵会到我们的发掘现场，他们乘车来苏丹-卡拉艾苏哈卜-布列依迪和吉法里的陵墓后面，在南城墙边附近的一个靶场进行训练。我们给他们讲述梅尔夫的历史故事，为了表示谢意，士兵们有时会允许我们用他们的枪支，去打苏丹-卡拉城墙里筑巢的野鸽子。就在发掘现场，我们燃起干枯的柽柳枝条，将野鸽子烤熟了吃。有一次，我们正在专注地烤野鸽子，却没有察觉到，斯维特兰娜·鲍里索夫娜·鲁尼娜走到了我们身边。她严厉地问："你们为什么没有在工作？"这时，只见科利亚按照最优雅的礼仪方式，建议她加入到我们的队伍。出乎我们的意料，斯维特兰娜·鲍里索夫娜居然欣然接受了邀请，说

图11.4　梅尔夫古城考古现场的午餐时间[1]

1　作者在该图片下方的标注是"梅尔夫古城"，"午餐时间"的中文标注为译者根据书中的描述所加。

实话，她也许是厌烦了考察队每天"丰盛"的菜单，眼前诱人的野味难以拒绝。通常，我们配发的午饭总是茄子酱罐头（是我们总务主任在军队仓库购买的，这些仓库不时地会开放其不可动用的储备），加一条面包。

茄子酱是大学生们喜爱的一道菜，价格很便宜。在食品店里，焖肉罐头和炼乳，都是大量供应的。我回想起一个有趣的经历。20世纪60年代末，在谢拉巴德草原[1]进行线路考察时，当时草原还没有被水淹掉，我走进了一

图11.5 左起：З. И. 乌斯玛诺娃，考察队摄影师 Е. Н. 尤季茨基，С. Б. 鲁尼娜。20世纪50年代初。

家村中小店。货架上只有伏特加酒和茄子酱罐头。我的问题"这个茄子酱罐头是什么时候进的货"，得到的回答有点阴阳怪气："从我在这个商店开始工作的时候。""那你是什么时候开始在这个商店工作的呢？"我又问了一句。售货员丝毫没有故弄玄虚，骄傲地回答："1947年！！！"

在梅尔夫古城，我时常会不等汽车来接，就直接从自己的发掘地块出发，步行走回考察队营地，途中会经过尤素福·哈马达尼[2]清真寺。尤素福·哈马达尼是12世纪著名的穆斯林活动家，也是霍贾·艾哈迈德·亚萨维和哈密德·吉日杜瓦尼[3]的导师。我和清真寺的掌教交上了朋友，他经常请我喝绿茶，一小碗绿茶之后，我们就开始交谈伊斯兰教的一些知识。他对待我的态度完全是一种东方式的智慧与平和，但有一回，我刚到他这里，看到

---

1 шерабадская степь

2 Юсуф Хамадани

3 Абд ал-Хамид Гиждувани

图 11.6　左起：瓦·戈里娅切娃，摄影师 E. H. 尤季茨基，3. И. 乌斯玛诺娃。梅尔夫古城，1963 年。

他显得有点不同寻常的激奋。"感赞真主！"他将眼睛朝着上方看去然后说道，"这个人终于被赶下台了。"原来是这样。在遥远的梅尔夫，我们也得知了尼·谢·赫鲁晓夫下台的消息。

　　饮水方面存在很大的困难。距离营地不远处有几条小渠，水流总是很小，而且水质浑浊，不适于饮用。所以，在过去的那些年里，饮用水都是用奇列克——一种土库曼平底小桶，把水从巴依拉姆-阿利运来。几乎每天都要运水，因为，在营地有三十来人生活，饮用水没有办法实现足量储存。但是，与考古发掘过程中的发现和收获相比，任何困难都微不足道。从西面的拉巴德至塞尔柱时期的沙伊穆-卡拉军营，发掘工作在整个梅尔夫古城展开。每天晚上，除了周六和周日，晚饭之后是各个野外作业现场的负责人向 M. E. 马松报告当日结果的时间，会议上会展示图纸和发现物。顺便说一下，这些文物随后会放入田野博物馆，在这里，每一个发掘地块都有一个陈列的位置。每逢星期日，会举行考古教研室和学生科考组的科学会议，最后几次会议甚至在去胡尔穆兹法拉[1]古城的时候举办。

在梅尔夫古城胡尔穆兹法拉开展发掘，傍晚下班之后，我们通常是乘车返回。米哈依尔·马松教授坐在首辆车上，第二辆车上坐着大学生，他们如此便有机会做兼职的"偷瓜人"了。此地是特别香甜的卡拉库姆西瓜的产地。当汽车在瓜地旁停下来时，大学生们会以"强行军"的动作跳下车去，迅速跑进瓜田，抱起一两个西瓜扔到驾驶室里，然后又快速地跳回汽车上面。汽车瞬间又启动出发，拼命地去追赶已经跑远的第一辆车。这个看似"战果辉煌"的场景使我们心情愉悦，可导致的后果是，看瓜田的人像打了鸡血，尽管无济于事，他仍以令人惊叹的顽强，试图骑着毛驴追上我们。在一阵欢呼声中，我们朝他挥动着手，如同我们在为自己的无礼表示歉意。之前，像胡尔穆兹法拉城下沙漠地里种出的这样美味的西瓜，我从没有吃过；而此后，比这更好的西瓜，也再没有尝到过。

图 11.7　瑞德维拉扎在营地洗衣服。梅尔夫古城，1963 年。

1　有关胡尔穆兹法拉古城（阔依涅-基什曼）的情况，请看本书第一部。原注。

图 11.8 在营地做室内材料整理。自左向右:A.科诺瓦洛娃、B.彼利普科、Э.米西莫夫。梅尔夫古城，1964 年。

图 11.9 З.И.乌斯玛诺娃与学生在营地。木架上所挂的即营地里用于击打鸣钟的铁轨。梅尔夫古城，1966 年。

图11.10　胡尔穆兹法拉中世纪遗址的发掘现场。中间戴白帽者为马松教授，左为 С. Б. 鲁尼娜和 Н. 瓦谢茨基。

1966 年秋天，当时，我已经上了大学五年级，是最后一次到梅尔夫古城进行考古实习。在巴依拉姆-阿利，带考察队汽车来接我们的仍是费多尔·阿列克谢耶维奇。像往年一样，周围都很安静，几乎听不到小渠里的潺潺水声，在夏季的酷热中，渠边栗树的树枝都枯萎了。在我们顺路采购食品拐进的巴扎里，一些私下售卖阿纳沙的土库曼老头半睡似的打着盹儿；打扮漂亮的土库曼妇女，戴着五颜六色的长围巾，上面挂着珠子和其他的装饰，争抢着叫卖蔬菜和水果；有些卖开心果[1] 的人，完全有可能是波斯巴哈伊教徒。一切场景，仍同六年前一模一样。

远端地平线上，苏丹桑贾尔陵的轮廓依稀可见，我内心充满了回来的喜悦。而在那一瞬，我也明白，到了即将告别的时刻，于是，我脑中顿时出现一个自问："今后什么时候，我还能再次来到这里？" 我漫步在整个古城，还登上了艾尔克-卡拉厚实的城墙（有一次甚至是在深夜），将自己发掘过的地块转了个遍。我在与梅尔夫古城告别，就像是一次永别。我的

1　Фишты，原文音译"费什特"，与"фишташка"（开心果）一词中的词根"фишт-"相同。估计为开心果，该食物在中亚巴扎上常见有售。

图 11.11　乘车去发掘现场。车厢边沿坐者为 B. 彼利普科，驾驶室顶为 Π. 瓦利耶夫、3. И. 乌斯玛诺娃、T. 别利娅耶娃。梅尔夫古城，1965 年。

科学命运就是这样，后来，我没能再次到过梅尔夫。但它永远留在了我的记忆当中，是那么的美好和不同寻常，就像 1961 年 9 月 17 日，当我第一次见到它时那样。对我来说，梅尔夫古城是一所真正意义上的科学学校。后来，那种对科学的敬重，那种精准的带着组织性、纪律性、秩序性的每周的科学会议，多样性的发掘工作，有效的研究方法，以及能像米哈依尔·叶甫根尼耶维奇·马松那样多年来一直坚守科学工作岗位的领导人，再无任何一处考古地点，再无任何一次考察工作，能让我再一次遇到。

时间在无情地奔跑，而且不停地在加速！我每一次来到梅尔夫古城，都是愈加感到时间的珍贵：虽然工作的纪律性和营地的规章制度依旧，发掘工作也仍在进行，但考察队的组成不断更替，野外营地的环境也发生着一些细微的变化。

呜呼，梅尔夫古城，呜呼……

米哈依尔·叶甫根尼耶维奇衰老了，似乎变得温和了些，而且也更体贴人了。然而，他用数十年创造的那个世界，正在成为过去。1968 年，倬路支人用过的马厩彻底坍塌了，它是南土考古综合考察十八队使用多年的野外营地，而这时去实习的大学生，已经住进国营农庄条件较为完备的房屋，这些房子就建在戈亚乌尔-卡拉附近有过佛塔的地方。

1967 年，米哈依尔·叶甫根尼耶维奇告别了考古教研室主任的岗位，线路考察对他来说，已经变得很困难了（在本回忆录的第一部中，我曾讲述过他最后一次参加线路考察的情况）。

十二　基什和纳赫沙布

克什考古地形考察[1]

创建一个新的考古考察队，是米哈依尔·马松在20世纪60年代初作出的决定。研究的地区选在了克什，所以，初期的研究目标是基塔布和沙赫里萨布兹。考察队还对克什的考古遗迹做了定位和研究性的线路勘察。只是到了1965年的5月末，考察队将研究挪往卡什卡达里亚州的西南部，转到了纳赫沙布[2]（尼克沙帕、克谢尼帕）。我就简要概述一下这次考察，将克什[3]，准确地说是基什[4]的主要历史和考古数据陈述如下。

有关基什城的记述，最早出现在阿拉米人的书信文书之中。这封信件中说，公元前329年春天，在马其顿的亚历山大远征巴克特里亚和粟特之前，胡利姆国王巴加万[5]下令在尼克沙帕（纳赫沙布）修筑城墙并开挖护城河，同时在基什城修建城墙。

1　КИШ И НАХШАБ. КАТЭ（Кешская археолого-топографическая экспедиция）
2　Нахшаб（Никшапа，Ксениппа）
3　有关这个地区可参看艾·瓦·瑞德维拉扎所著《乌兹别克斯坦过去的历史》一书，塔什干，2009年版。原注。
4　Киш
5　правитель Хульма Багавант

公元 14 世纪，与基什（克什）这个名称一起用过的，还有沙赫里萨布兹（绿色的城）这个名称。在公元前一千年上半叶及其中期，基塔布以西地区形成了一个以乌宗-克尔古城[1]为中心的舒罗布古代农业绿洲[2]，该中心约 70 公顷，有三层的城墙、护城河和城堡。看来，乌宗-克尔古城符合阿拉米人书信中提到的基什城。希腊时期的基什古城就在现代的基塔布市所在的位置。它当时的面积不少于 40 公顷。在这里发现了城墙遗留、陶片、赤陶、亚历山大时期的马其顿钱币的仿制品，还有塞琉古一世、狄奥多特、欧西德莫斯、安提玛科斯、欧克拉提德的钱币。在公元前 2 世纪至公元 1 世纪期间，基什是独立的属地，其组成包括了整个南粟特地区，对此，一些出土的小银币可以为证，在它们的上面有赫拉克勒斯和宙斯的形象，以及粟特人"阿尔塔特国王"的传说。

在公元 5 至 6 世纪，整个南粟特还形成了统一的领土。根据《唐书》的记载，这一时期，那色波（纳赫沙布）被称为小史[3]，因为它是依附于史[4]（基什）。这里曾经铸造有人狮搏斗和粟特神话"kyšnk MR'Y"[5]图案的钱币。公元 7 世纪，该地区解体成了两部分——基什和纳赫沙布，每一地都铸造自己的钱币。

根据《北史》（7 世纪）和《隋书》（7 世纪）的记载，基什的统治者都出身于昭武，即月氏。公元 7 世纪初的基什，大概有一个新的王朝开始执掌政权，首位统治者叫狄遮[6]，中文文献称他为乞史，即基什的建造者。从这个时候起，基什开始向沙赫里萨布兹迁移。从公元 7 世纪到 8 世纪中叶，基什有六位统治者，其中有三位——Shishpir、Akhurpat、Ihrid，[7]均以自己的名字铸造了钱币。在公元 7 至 8 世纪期间，基什城走向衰落，随后迁移至

1　Городище Узун-кыр

2　Шуробский древнеземледельческий оазис

3　Малое Ши，小史（国）。

4　Ши，应为史（国）。

5　原文：kyšnk MR'Y。

6　Дичже

7　Шишпир，Ахурпат，Ихрид

沙赫里萨布兹的位置。在 10 世纪萨曼王朝时期，基什由库罕季兹、希松和拉巴德[1]（伊本·豪卡勒）组成，即城堡、城和城郊。还要提及一城——马季纳，与拉巴德相邻。内城——沙赫里-达隆[2]和库罕季兹已成废墟，而外城——沙赫里-比隆[3]有人居住，拉巴德位于穆萨拉[4]地区。

在 11 世纪到 13 世纪初，在喀喇汗王朝和花剌子模王朝的统治下，基什城依然在原址上继续发展。在整个沙赫里萨布兹区域内，都发现有巨大的定居层，而在阿米尔·帖木儿时期的几个建筑下面，发现有 11 至 12 世纪的大型建筑遗迹，也足以说明这一点。

在阿米尔·帖木儿统治和帖木儿王朝时期，基什-沙赫里萨布兹变成了一个花园城，一些建筑群衬托着这个城市，这其中就有非常著名的阿米尔·帖木儿的宫殿——阿克萨拉依[5]。

克什考古地形考察队的主要成员是老师（H. И. 克拉舍宁尼科娃[6]、C. Б. 鲁尼娜、З. И. 乌斯玛诺娃）、考古教研室的研究生和本科生。考察队没有吸收其他科研单位的考古学者。

克什考古地形考察开展考古研究，始于 1963 年，当时只是在春季（5 月至 6 月初）进行，因为秋季我们是在梅尔夫古城开展实习工作。自 1964 年春天起，我开始在该项目工作。当时是应加琳娜·普加琴科娃的请求，米哈依尔·马松教授同意我去参与"乌兹艺术考察"项目，为的是在卡特-库梅什肯帖佩[7]继续进行始于前一年的发掘工作。

该项目的成员分成了两组。一组的负责人是乌斯玛诺娃老师，驻扎在沙赫里萨布兹，另一组在基塔布。考察负责人马松教授住在沙赫里萨布兹的宾馆里。我被编入基塔布组，该组的负责人是娜捷日达·克拉舍宁尼科娃。

---

1 кухандиз，хисон и рабад

2 Шахри-дарун

3 Шахри-бирун

4 Мусалла

5 Дворец Амира Темура-Ак-сарай

6 Надежда Иосифовна Крашенинникова

7 Катт-Кумышкенттепа

图 12.1　出发去卡特-库梅什肯帖佩考察。右为瑞德维拉扎，左为 T. 别利娅耶娃。塔什干，1963 年。

图 12.2　克什考古地形考察。沙赫里萨布兹，1966 年。

在项目开始前，基塔布的考古研究仅在不大的范围内开展过。这些研究工作与谢尔盖·库兹米奇·卡巴诺夫密不可分，在发现和研究南粟特，尤其是纳赫沙布地区的考古遗址方面，他起到了重要的作用。谢尔盖·库兹米奇个儿不高，身材单薄，一张晒黑的脸庞上布满了皱纹，他是一位真正的科学劳动者，一位深思熟虑的研究人员，也是才华横溢的考古文物鉴赏专家。他著有两部专著，写有数十篇关于南粟特中世纪早期遗址的文章，为人们理解粟特从古代到中世纪早期的过渡时期做出了重要贡献。

20世纪30年代后半期，谢·库·卡巴诺夫大学毕业后，从列宁格勒来到了乌兹别克斯坦。他是"乌文古委"[1]在沙赫里萨布兹的全权代表，是第一位开始对阿米尔·帖木儿宫殿——阿克萨拉依进行发掘的人。卫国战争之后，他到了乌兹别克斯坦科学院历史和考古研究所工作。

1962年5月，在撒马尔罕博物馆，我与谢尔盖·库兹米奇·卡巴诺夫相识，当时，我与季娜·济莉佩尔从丘杨奇-帖佩回来，正逢星期日，而谢尔盖·库兹米奇在前往卡什卡达里亚的路上，正好途经撒马尔罕博物馆并停留在此。当时，他正在基萨尔的山里寻找阿米尔·帖木儿的藏书，这对当时乌兹别克斯坦历史和考古学家们来说，是一个很热的题目。在卡尔希，在克什考古地形考察的工作期间，我们的友谊得到了巩固。而从1965年起，我未来的妻子丽迪亚·布基尼奇，已经是我历史和考古研究所的同事，也加入到谢·库·卡巴诺夫的考察队并开始工作。在参加我们的婚礼时，谢尔盖·库兹米奇给我们送了一份真正的皇家大礼——Я. И. 斯米尔诺夫的《东方银器》图集[2]，该书是1909年为纪念俄国考古委员会五十周年庆典在圣彼得堡出版的。

20世纪60年代上半叶，基塔布是一个很大的村子，一层的夯土房子成片密布，家家都有宽大的花园和果园，村落的中央耸立着保存相对完好的卡拉城墙，该位置曾是基塔布伯克的官邸。卡拉内是一个极为简陋的运动场，当地的男孩们经常在这里踢球。阿克达里亚河[3]流经村落的南边，左

1　"乌文古委"（Узкомстарис）是乌兹别克文化自然古迹事务委员会（Узбекистанский комитет по делам памятников культуры и природы）的简称。该机构于1929年在撒马尔罕成立。前身先为土尔克斯坦文古委（Туркомстарис），后为中亚文古委（Средазкомстарис）。

2　atлас Я.И.Смирнова, *Восточное серебро*

3　Акдарья

岸比较高，有一所中学，在 1964 和 1965 年期间，曾专门拨出房子供我们居住。村落的北面紧挨着卡什卡达里亚河。这个村落的居民很杂，多数是乌兹别克族，部分是塔吉克族，俄罗斯族也不少，还有克里米亚的鞑靼人和土耳其梅斯赫特人。

总体上，基塔布给人的印象是一个非常平静和舒适的地方，大乌兹别克干线公路[1]上的汽车，不时会经过基塔布，它们发出的轰鸣声打破了这种平静。

1964 年，在基塔布，我们从 5 月中旬一直待到了 6 月初。与我们这些低年级的大学生在一起的，还有几位正在做毕业论文的学生——鲍里斯·科奇涅夫、丽迪亚·布基尼奇和涅莉·加洛奇基娜，他们必须要回塔什干完成毕业考试，但米哈依尔·马松教授暂时没有对此表示同意，所以，这几位同学有些焦急。有一天，米哈依尔·叶甫根尼耶奇事先没有通知任何人，自己乘公交从沙赫里萨布兹来到了基塔布，好像是为了检查一下基塔布组的工作。营地的生活仍按往常的节奏，毕业生在写总结的收尾并给陶器画图，其他学生正在发掘现场工作。只有鲍里斯·科奇涅夫决定这一天多睡一会儿，所以起床比平时要晚。当他正在院子里洗漱时，猛地看到米哈依尔·叶甫根尼耶奇正朝营地走来。当然，鲍里亚[2]手脚麻利，瞬间跑出了大门。

当时，我和巴扎尔巴依·萨依帕诺夫[3]（当今著名的卡拉卡尔帕克考古和钱币学家）几乎走到卡拉城墙边上，突然听到身后传来从未有过的异样声响，是汽车鸣笛和司机喊叫混合发出的声音。我们转过身来，看到一幅惊人的画面：一个上身赤裸的人，正沿着基塔布的中心街道飞奔，也顾不上看路，一只手握着牙刷，另一只手攥着牙膏。很快我们认出他就是鲍里斯，便一同喊了起来："鲍里亚，别跑了！"当他跑近我们时，一边喘着粗气，还一边神经质地回头看看，然后轻松地喘了口气说："上帝保佑，看不到

---

1 大乌兹别克干线公路（Большой Узбекский Тракт）是塔什干至铁尔梅兹的公路，全长 708 公里，建于 1939 至 1940 年。它穿过乌兹别克斯坦一些城市——古利斯坦、吉扎克、撒马尔罕、卡尔希，是阿拉木图—比什凯克—塔什干—铁尔梅兹干线公路的组成部分。

2 Боря，音译为鲍里亚，即鲍里斯的小名。

3 Базарбай Сайпанов

米赫[1]了！"没过一会儿，米哈依尔·叶甫根尼耶维奇就在卡兰达尔帖佩[2]出现了，只见此时的鲍里斯，正用力地将泥土从坑中抛出。

在基塔布的生活既愉悦，也有乐趣。我们常去阿克达里亚河游泳，时常还会徒步到山里。有一次，还玩了一个婚礼游戏，我和丽迪亚扮成一对，而这竟然成了我们正式婚礼的预演。但是，我们的工作很多，发掘、线路勘察、画图、写报告都要涉及。与在梅尔夫古城时一样，米哈依尔·马松把我们所有人都分到了各个单独的发掘地块上面。在卡什卡达里亚河右岸进行发掘的是丽达·布基尼奇和纳里曼·尤素波夫，他们在这里发现了丰富的希腊化年代的文化层，里面埋有大量的遗留物。鲍里斯·科奇涅夫工作的地段非常复杂，有许多文化层，地点在基塔布北边的卡兰达尔帖佩，正如我预估的，这里是古代基什城的一处城堡。

1964 年，在伯克卡拉的中心位置，我和巴扎尔巴依·萨依帕诺夫挖掘了一个地层坑，看到了中世纪早期和古代时期的地层。到了第二年，我研究了基什古代城市的城墙，在沿渠边朝卡拉以南方向，发现了几段它们的残留。我做的绘图和报告，后来被 Н. И. 克拉舍宁尼科娃以没有提及引用作者的方式发表。

在这个时间，安瓦尔·比拉洛夫正在做基塔布的历史地形研究，他寻访年长的居民，对 19 和 20 世纪初基塔布所辖的玛哈利亚的名称、大小及结构进行核对。

1965 年 5 月的下半月，米哈依尔·马松把在卡尔希的考察队全体人员都调整去研究另一个历史文化区域——纳赫沙布。这符合他制定的关于卡什卡达里亚河流域古代和中世纪城市的科学题目，马松教授在 1973 年出版的一本题为《卡什卡达里亚河下游自古以来的首都城市》[3]的书中，对该题目做了描述，该题目在当时非常重要，时至今日也依然具有科学价值。

根据该科学题目，1966 年，我受命去做一些线路勘察工作，有时是与米哈依尔·马松一起进行。其中，我研究了叶尔-库尔干、库尼亚-法兹利（别

1　Мих，音译米赫，此处应为大学生私下称呼米哈依尔·叶甫根尼耶维奇·马松的绰号。

2　Каландартепа

3　*Столичные города в области низовьев Кашкадарьи с древнейших времен*

兹达瓦）、卡斯彼（卡兹比昂）、巴乌尔帖佩、古扎拉；行走过的线路一直到扎姆和萨雷阔尔[1]，沿着卡尔希到科利夫[2]的公路，穿过塔利马尔占[3]到阿姆河。

　　1966年6月初，我和米哈依尔·叶甫根尼耶维奇研究了艾斯基-安霍尔大渠的河床，在古代的时候，从达尔果姆[4]向卡什卡达里亚下游输水就通过这段河床，在这里，我们锁定了几处遗址。之后，我们到了扎姆村，该村有条到撒马尔罕的道路，相比另一条通过塔赫塔-卡拉恰山口的路，线路尽管略长一些，但非常方便通行。在扎姆，我们研究了一处墓地，里面有许多墓碑，上面写有简短的18世纪末的阿拉伯文字，其中有个细节给我留下较深的印象。我与米哈依尔·叶甫根尼耶维奇走在村里的街道上，看到每家房子的后面都有一个果园。天气十分炎热。挂满苹果的树枝从院墙上伸出，一些果子落在地面，我很想捡一只来吃，但一直不敢下决心去捡。米哈依尔·叶甫根尼耶维奇发现了我的犹豫，用鼓励的语气对我说："艾迪，你就是穆萨菲隆[5]，而按古时的习俗，他摘树上的果子和田里的蔬菜，可以不经主人的允许。"

　　从扎姆村再走过同名的山口，我们来到了萨雷阔尔村，这里的公路旁边有座挺大的纪念碑，碑文上有文字记述，是20世纪初为在此地准备远征印度的由阿布拉莫夫将军指挥的俄国官兵而建。这些官兵因军营中扩散的一种传染病死亡，病因是士兵们从俄罗斯初到当地没有经验，吃了尚未成熟并用灌渠的水洗过的杏子。那个时期，费尔干纳和中亚的其他地方，也驻扎有同样为远征印度而组建的部队。英俄对抗时期，在俄国社会的某些圈子里面，征服印度的计划曾很有市场。之后，在英文传媒中，它被称为"库罗帕特金计划"，是以土尔克斯坦将军总督的姓氏命名。按此计划（据推测应属机密），俄国军队要占据并控制阿富汗北部领土，沿兴都库什山脉，建一条自铁列克到库班河和顿河的村庄链，由哥萨克人居住。后续阶段的

1　Джам и Сарыкол

2　Келиф

3　Талимарджан

4　Даргом

5　Мусафирун（Musafirun），即行者，朝圣者。

计划是俄国军队推进至开伯尔山口，并从那里开辟出一条直接通向印度的道路。这在当时究竟是真实的情况，还是英国报纸杜撰出来的内容，现在只能分析和猜测了。这段历史或许曾经有过，如位于萨雷阔尔的纪念碑上的碑文，还有老一辈土尔克斯坦人的讲述，也许能够证明。

由于碑体铭文的表面有些模糊不清，辨认字体变得十分困难，但我还是成功地将碑文全部抄了下来。在米哈依尔·马松的档案中，有可能还保留着我抄写这段碑文的记录，尽管萨雷阔尔纪念碑上的碑文还从来没有公开发布过。

与发现卡拉-依·扎哈基·玛隆城堡城墙[1]有关的一段经历，也很有意思。这座古城距离卡尔希火车站不远，自 1916 年 Л. 济明对其进行研究，一直备受学者们的关注。但没有一个人会料到，比起铁路车站旁所保留下来的遗址，卡拉-依·扎哈基·玛隆是一个更宏大而古老的遗迹。

1967 年 7 月初，马松教授要从卡尔希飞塔什干，我和鲍里斯·科奇涅夫去送他。当时的老机场候机楼是一栋不大的平房式建筑，因航班晚点，米哈依尔·叶甫根尼耶维奇便与我们在机场交谈。他兴奋地告诉我们："你们知道吗，在一张 19 世纪末的地图上，大概就在离这儿不远处，我发现围着卡拉-依·扎哈基·玛隆的城墙呈现出一个明显的长方形。"他停顿片刻后，果断地结束了谈话："你们去，把它们找出来！"就这样，我们立即开始去寻找。从机场开始，朝着一个村庄所在的位置向东边搜寻。

在距离一处房子不远的地方，我发现了像城墙的地段，它与普通的泥墙有明显的不同。当我们再走近一些，则分辨出一截用未烧制的泥土砖块交错混砌的墙体。很显然，这是老墙，而且应该是古代时期的城墙。在南面有一处，我们发现在一些果菜园和房屋的旁边，有同个时期的城墙的遗迹，同时，我们用罗盘做了方向定位。后来，马松教授根据我们的绘图，对整个卡拉-依·扎哈基·玛隆古城的平面图做了复原，并将它发表在上文提到的那本书里。对这个城墙的后续考古发掘，也证实了我们此前有关年代的推定，但直到今天，像卡拉-依·扎哈基·玛隆如此规模的古城，其修建的

1　Крепостная стена Кала-и Захаки Марон

归属问题仍无结论。

我清楚地记得，米哈依尔·马松派我们的考察队去寻找著名的铁门（达尔-依-阿哈宁）[1]线路，它就位于巴克特里亚和粟特的边界。我是在随后的线路勘察[2]过程中弄清了铁门的位置。那时，我们尚未找到铁门，原因是选错了方向：从阿克-拉巴特村[3]起向南拐了，而没有向东。沿着狭窄的谷地，我们来到了穆金帖佩[4]古城，后来我弄明白了，该古城控制着一条可绕过铁门向南通往科利夫[5]的道路。显然，这与阿拉伯语的书面文献所提到的与775至777年穆卡纳起义[6]有关的穆金城堡有吻合之处。

古城形状特别，建在很高的楔形岩岬之上，兀立的房屋石墙上长满了开着野花的杂草，沿着陡峭的悬崖峭壁向前蜿蜒，一直延伸到公路边，眼前的景观让我们十分震撼，情不自禁地想起 A. 布宁[7]的诗句：

> 留神，要蹬紧马鞍，
> 峡谷里——夜幕已降临，瀑布发出的响声在轰鸣。
> 陡峭的群山高耸云天
> 在峡谷的尽头似墙一般。[8]

但这是粟特。沿着山间的小路和库希斯坦[9]的公路，距离神话般的巴克特里亚和伟大的奥克斯[10]文明仅一步之遥……

1　Железные ворота（Дар-и Аханин）

2　А. С. 萨格都拉耶夫、Э. В. 瑞德维拉扎：《在金火之国》，塔什干，1983 年。（А. С. Сагдуллаев, Э. В. Ртвеладзе, *Встранезолотогоогня*, Ташкент, 1983）；Э. В. 瑞德维拉扎：《巴克特里亚达尔班德的墙》，《乌兹别克斯坦社会科学》1986 年第 12 期。（Э.В. Ртвеладзе, Стена Дарбанда Бактрийского\\ *Общественные науки в Узбекистане*, 1986, № 12.）。原注。

3　Кишлак Ак-Рабат

4　Мудинтепа

5　Келиф（Kelif）

6　Восстание Муканны в 775—777 гг

7　伊万·阿列克谢耶维奇·布宁（也有译为蒲宁，1870—1953），俄国作家，1933 年诺贝尔文学奖得主。

8　伊万·布宁的诗作《达吉斯坦》（*Дагестан*）中的诗句，该诗写于 1903—1906 年。

9　Кухистан

10　也见"阿克瑟斯文明"（цивилизации Окса）

十三 大学生的日常生活
一间朝向克伦克尔大街的宿舍

我记得，大学生活最初那几年的塔什干，与 21 世纪的塔什干相比，几乎是天壤之别。当时，除了市中心的几块地有相对密集的多层楼房外，它仍旧是一个以平房为主的城市。在安霍尔大渠的岸上，距离"帕赫塔阔尔"体育场[1]（系市总设计师 M. C. 布拉托夫设计，1956 年建成）不远处，还耸立着旧的俄式城堡的高墙。后来，在城墙的位置上建起了乌兹别克斯坦共产党中央委员会大楼。乌兹别克人居住的传统玛哈利亚和俄罗斯族人街区，紧挨着市中心并一直向外延伸，而建房使用的简易材料，完全是就地取材——土坯、胶合板、铁皮和纸板等。这些街区因其"简陋"而俗称"上海"[2]。

塔什干的中心是一个连接有八条辐射状街道的街心花园，系十月革命前的设计规划，如今仍保留着。东侧古比雪夫大道（如今的费尔干纳玉

1　Стадион Пахтакор

2　Шанхай。把城市中某个低矮建筑密集、基础设施配套差、居住人口多也较为拥挤的城区称为"上海"的现象，最早出现在 19 世纪末和 20 世纪初的俄国时期，苏联时期十分普遍。被当地居民称为"上海"的街区现象，不仅存在于莫斯科、塔什干、巴库等大城市，在俄罗斯车里亚宾斯克卡塔夫-伊万诺夫斯克等小城镇也有。近年来，随着俄罗斯等后苏联国家一些城市的发展和改造，这些在当地被称为"上海"的破旧街区也逐渐被新建。

图 13.1　俄式旧城堡，塔什干市。

里[1]）上靠近历史博物馆（如今的图片大楼）的角落处，有一栋老建筑——商人之家[2]，考古学家 Г. В. 帕尔费诺夫曾在该建筑里住过，他的住处成了当时塔什干所有青年考古爱好者的聚会之地。在街道的对面，是邮局的一栋长条形建筑，它的后面，在卡尔·马克思和普希金两条街道之间，当时都是清一色的平房（后来这里建起了塔什干的第一幢高层建筑——乌兹别克斯坦酒店）。

街心花园的西侧是一栋半圆状的建筑，它是过去的神学院和今天的弗·伊·列宁塔什干大学的主楼。紧挨着街心花园的中央广场，在曾经为斯大林建过纪念碑的旧址之上，有一个高耸的基座和碑石，坐落着一栋木制建筑物"彼亚塔克"[3]，它是一个波西米亚风格的咖啡馆，是诗人和画家经常聚集的地方，夏季就成了露天咖啡店，有漂亮的鲜花橱窗，是十月革命前为土尔克斯坦举办的一个工业展会而建。1964 年，在街心花园的西北

1　Фергана йули，音译为费尔干纳玉里（yuli）。其中，玉里为乌兹别克语，即大街、街道的意思。
2　Купеческий дом
3　Пятак，音译为"彼亚塔克"，俄语意为"五戈比"，或俚语"五卢布"之意。

图 13.2　前排近景右起：地方志专家阿罗诺夫，丽迪亚·布基尼奇与乌克隆斯基院士。1957 年。

图 13.3　在一棵老梧桐树（600 年树龄）下。以 Г. В. 帕尔费诺夫为组长的地方志科学小组成员，左二为丽迪亚·布基尼奇。霍基肯特，1957 年。

图 13.4　在霍基肯特发现岩画[1]。丽迪亚·布基尼奇在做岩石表面的清理。

图 13.5　瑞德维拉扎在塔什干街心花园。1963 年。

1　霍基肯特岩画：距塔什干东北约 70 公里的霍基肯特镇附近，在奇尔奇克河（Chirchik）河畔、靠近一处山泉的地方，有块很大的岩石，20 世纪中叶在其上发现了古老的岩画。经研究发现，岩石上有 90 处可追溯到不同历史时代的岩画，最早的岩画距今已有三千多年。

图 13.6　塔什干街心花园中一处纪念碑前的合影。左起：瑞德维拉扎、B. 费苏诺夫、H. 瓦谢茨基。1962 年。

角、塔什干国立大学的对面，建起了一个现代的咖啡店"德鲁日巴"[1]，那时，大学生们常常作为自愿协助人员，被警察部门派往该店去做义务治安工作。

当时，在卡拉卡梅什、谢尔戈利和尤努斯阿巴德[2]还没有大规模的住房建设，奇兰扎尔也才开始建一些四五层的住房——"赫鲁晓夫卡"[3]。这个小区的街道，那时还是同名的村庄，以及集体农庄的田地和果园，里面还有夏季幼儿园和少年先锋营，它们都建在布尔扎尔[4]大渠的岸边。我的妻子见证过，深夜里，此处经常能听到刺耳的胡狼叫声。

工业企业划出了城市的边界，其中，塔什干的东北郊是大型的拖拉机厂，就在这些企业的周边建起了一些由工人居住的"小城"，如"航空城""社会主义城"[5]，等等。

尤·布里亚科夫、尤·格拉斯、尤·索科洛夫共同编写了一本介绍塔什干街道的书籍。这些街道总是熙熙攘攘，其中最热闹的就是卡尔·马克

1　Дружба，音译"德鲁日巴"，俄语"友谊"之意。

2　Каракамыш，Сергель，Юнусабад

3　苏联赫鲁晓夫时期为解决住房紧张而大规模建造的楼房。

4　Бурджар，塔什干市内"布尔扎尔"大渠的名称。全长 5.4 公里，均流量 33m³/s，起自安霍尔大渠，入水口（在宇航员大街附近）高程 459 米，渠尾处为萨拉尔（Салар）大渠（拉希莫夫铁路车站处），高程 410 米。

5　Авиагородок，Соцгородок

图 13.7 "德鲁日巴"咖啡店前合影。左起：B.费苏诺夫、瑞德维拉扎、B.沙波瓦洛夫。1963 年，塔什干。

图 13.8 塔什干街心花园里的夏季露天咖啡店，瑞德维拉扎与 Л.科洛霍娃。1966 年。

图 13.9　在基罗夫大街历史系楼前的合影，左为 B. 费苏诺夫，右为瑞德维拉扎。1966 年。

思大街，那是市民最喜欢逛街的地方。

总体上说，塔什干当时是多彩的，如同《圣经》中的巴比伦。城市的精神世界显得独特和多样，充满了艺术、诗意、科学的气氛和气质。而那时我感觉自己虽然只在这个城市生活了五年，但好像已度过了漫长的时光。

与入学考试同时令我感到不安的事情，就是考入大学后，是住学生宿舍还是租房来住。未经任何多余的思考和犹豫，答案自己有了。有一天，在一门例行考试结束之后，我和科利亚·瓦谢茨基顺路去学生宿舍"侦察"，想看个究竟。简单讲，我们的印象是，宿舍条件还有待改善。这样的宿舍让人觉得很像"聊天"爱好者的过堂。想在此从事科学则无从谈起。这样我们的决定非常一致：租房！

那个年代将房子出租给大学生，对于许多市民而言是挺大的补贴。对我而言，虽然选择很多，然而说句实话，价格也不低。但是可以和同学一起合租，这样对于两个人来说房租就可以接受了。

我和科利亚为了找到合适的房子，走访了十多个玛哈利亚，却未遇到一个合适的。还是维克多丽娅·多琳斯卡娅帮我们找到了房子，8 月底她告诉我们，她在离克伦克尔街（如今的沙拉夫·阿巴德街）自己房子不远处找到了一个住房。该街道的一侧是乌里茨基街，向前是一所学校；另一

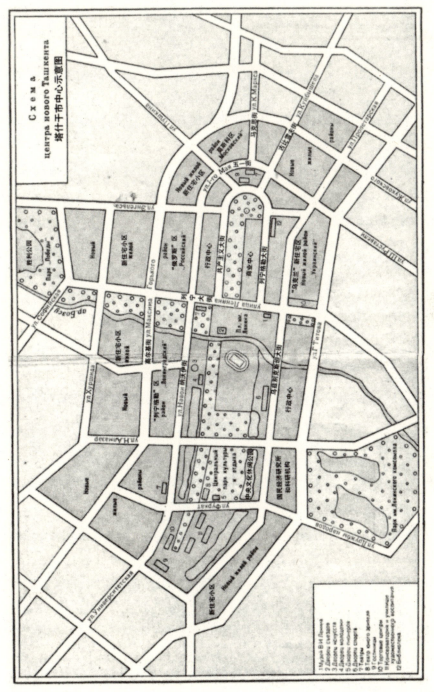

图 13.10　塔什干城区示意图，1966 年。

侧是卡布鲁科夫街，通向阿赖[1]巴扎；再往前就是街心花园和大学，距离近得几乎是抬腿就到——沿着恩格斯街（如今的阿米尔·帖木儿大街）步行十五分钟即可。

从西侧，大概是从乌里茨基街到"军官之家"之间，恩格斯街与闻名的"喀什噶尔"玛哈利亚（或可简称"喀什噶尔卡"）相邻，它的名称源于喀什噶尔地区（中国新疆），从那里来的商人带着商队到阿赖巴扎做生意，逐渐在这里过起了定居的生活。

在我上大学的时候，喀什噶尔卡是一个人口稠密的地区，密密麻麻的土房，家家都有自己的小院和小果园，它的居民以好斗闻名全城，经常在舞会和街道上与从塔什干其他区来的年轻人打架。有一首歌将这个区特有的气质唱了出来："噢，喀什噶尔卡，喀什噶尔卡，喀什噶尔卡——死胡同，小街，小院子……"

我和科利亚经常去喀什噶尔卡，那里有条鲁金小街，与我们同班的女同学塔尼娅·别利娅耶娃就住在这里。我们在她家准备过考试，还看过电视转播的足球比赛，尤其是几支强队间的比赛，如"帕赫塔科尔"队和"凯依拉特"队，有时是与"阿尔加"[2]队。

每次从塔尼娅家出来回自己的住处，我们都会光顾那家不大的面包烘烤店，它位于恩格斯街的一个角落，全天营业，任何时候来，都能买到新烤出炉的面包。这在1962—1963年的冬季变得尤为重要，要知道，当时所有面包店柜台上的食品，只在当天固定的时间配送，原因是赫鲁晓夫对玉米的"偏爱"[3]，导致传统粮食作物的种植面积大规模缩减。

喀什噶尔卡在1966年塔什干大地震的震中位置，震后，整个地区进行

1　Алайский базар，音译为"阿赖"（或"阿莱"）巴扎，塔什干市内最有中亚风情的巴扎之一。
2　"帕赫塔科尔"（Пахтакор）、"凯依拉特"（Кайрат）和"阿尔加"（Алга）分别为苏联时期乌兹别克、哈萨克、吉尔吉斯三个加盟共和国的足球俱乐部球队，均为20世纪50年代改建、组建的老牌球队，都有数十年的发展历史，也是苏联时期比较出名的球队。
3　"赫鲁晓夫对玉米的'偏爱'"（文中原文"увлечение Н.С. Хрущева кукурузой"），指赫鲁晓夫于20世纪60年代在苏联推行"玉米种植运动"。有关他在苏联大面积推广玉米种植的原因，一说是他1959年从美国访问回来，决心要让苏联在玉米种植（并在此基础上大力发展养殖业）上也超过美国；二说是他在斯大林时期担任乌克兰苏维埃社会主义共和国一把手时，曾得益于大规模种植玉米，在饥荒时期解决了乌克兰的口粮问题，所以，他当上苏联领导人后，也想把这一经验在全苏联进行推广。

图 13.11　在克伦克尔街住房的小院里。后排左起：瑞德维拉扎、塔·别利娅耶娃、尼·瓦谢茨基，前排半蹲者为 B.费苏诺夫。1963 年。

了重建，全部建成了现代风格的多层楼房。

　　有点奇怪的是，我们曾经住过的地方，与整条克伦克尔街一样，迄今保留得不错。同与其平行的另外三条街道——帕帕宁、什尔硕夫和弗多罗夫一样，这条街道是为纪念著名的极地探险家恩斯特·克伦克尔而命名的。它是一条非常幽静并紧凑的街道，清一色的平房，都带有漂亮的铁艺门廊，房前有小渠流过，小巷里有参天大树。

　　这里主要住的是知识分子，其中，有历史系副主任加琳娜·鲍里索夫娜·尼科尔斯卡娅。距离此处不远，在马利亚索夫街的一栋拐角楼里，住着我妻子的奶奶奥尔加·亚历山德罗芙娜·布基尼奇（以前在这个区有很大的一片土地曾属于她，而我的女房东曾在她家做过家务管理）。奶奶的邻居，是考古学家季娜·瓦尔霍托娃和她的一个姨妈，这位姨妈在教堂工作，有很多基督教方面的书。我和丽迪亚有时会到季娜家去翻阅这些书，有 19 世纪末出版的《圣经》，带着古斯塔夫·多雷的版画，十分精美。

图 13.12　瑞德维拉扎（右二）、丽迪亚·布基尼奇（右一）、塔·别利娅耶娃（右三）等五位同学在克伦克尔街住房的院里合影。

　　克伦克尔街有栋普通的平房，窗户朝着马路，院子和小花园也不大，里面住着乌兹别克斯坦共产党第一书记沙拉夫·拉希多维奇·拉希多夫一家。很多年里，这栋房子曾是乌兹别克斯坦共产党第一书记们的住宅，20 世纪 30 年代，阿克马利·伊克拉莫夫[1]也曾在此住过。

　　曾经经历过这样一件事情！我们租住房间所在的那栋房子，就与拉希多夫家的房子相邻，仅一堵土墙之隔。因此，直到 1966 年大地震（之后拉希多夫家就搬到别处的新房子里了）前，我时常能在去大学的路上遇到沙·拉·拉希多夫[2]在房前等他的专车，每次遇见都会与他打招呼并致意。而每一次，他也都是热情地回应并大声地问候："你好啊，大学生！"然

---

[1]　阿·伊·伊克拉莫夫（А. И. Икрамов, 1898—1938），乌兹别克苏维埃政权早期的政治和党务活动家。曾经担任过乌兹别克斯坦共产党（布）中央委员会第一书记（1929—1937），在苏共肃反运动中遭受迫害致死，后平反。
[2]　Шараф Рашидович Рашидов

后会很关心地问一句："怎么样？学习还好吗？"

我们的女房东是一位上了年纪的女士，叫叶卡捷琳娜·奥努芙里耶夫娜·什利娅彼娜，她的丈夫曾在印刷厂工作，是一位老布尔什维克，参加过国内战争。她出租给大学生的这间屋子不大，做过简单的布置：墙角处立着衣柜，中间有一张桌子，四张网床紧贴着墙边。我的那张床，已有几根铁丝接头翘了起来，被室友们封号为"拉赫美托夫的床"，这是车尔尼雪夫斯基小说《怎么办》中主人公的名字，而他正是斯巴达式生活的样板。

起初，在克伦克尔街的出租房里就我和科利亚两人居住，但到后来，又有两人加了进来，他们是历史系的学生斯拉瓦·沙波瓦洛夫和弗拉基米尔·费苏诺夫，两人都曾在部队服役过三年。

斯拉瓦家住在阿雷西[1]，是塔什干以北一个很大的铁路车站，距离奥特

图 13.13　克伦克尔街上的住房，2014 年。

1　Арыси

图 13.14　瑞德维拉扎（右）和尼·瓦谢茨基合影，在克伦克尔街的住房里。1963 年。

拉尔古城遗址不远。弗拉基米尔来自沙赫特市，距 1962 年发生过大规模居民抗议活动的诺沃切尔卡斯克[1]市不远。据说，事件是因为居民对几种食品物价的上涨表示不满，但实际上是有其他原因，有反对苏联的性质。

再到后来，克伦克尔街出租房里的住客组成又发生了变化。科利亚·瓦谢茨基与自己的中学女友柳德米拉结了婚，当她来塔什干时，他就在阿塞拜疆人的街区租了间房子，离十月革命俱乐部不远，附近还有一个历史悠久的捷济科夫大巴扎[2]，市场的地盘一直延伸到了铁路边上[3]。

1965 年，瓦谢茨基家的儿子出生，起名艾德瓦尔德，我们还用"南土考古综合考察的著作"为他做了洗礼。大学毕业后，瓦谢茨基一家很快就回到了自己的故乡伏龙芝市[4]，科利亚先是在博物馆工作，但因为工资低，

1　Новочеркасск，音译为"诺沃切尔卡斯克"，即新切尔卡斯克。"诺沃"，俄语为"新"的意思。
2　Тезиковский базар
3　在原来的十月革命俱乐部的位置上，建起了一个阿塞拜疆文化中心。原注。
4　Фрунзе，吉尔吉斯斯坦独立后改名为比什凯克。

他转行进了内务部系统。

大部分的大学生仅靠一项助学金生活，尤其是外地来的学生，数额是32卢布。我的助学金数额较高，为45卢布，这对学生来说是较为可观的收入，然而，若考虑到所有开支，这些钱依然不够。对于大学生来说，增加收入来源的办法主要有：女生去邮局和电话台换值夜班，而男生则去货运站当装卸工，其中一个货运站就在佩尔武什桥 [1] 附近。根据货车编组的情况，每个装卸队（通常由四五个大学生组成）能获得 100~125 卢布的报酬，也就是说，每人能分得 25 卢布。

我们队有五人，队长是地理系的学生科斯塔斯，他出身于希腊政治移民家庭。在许多次我去货运站"挣外快"的经历中，有几次的印象比较深刻。记得其中一次，是让我们卸一车美国的"弗吉尼亚"烟叶。包装桶非常大，每桶是三百公斤。我们在卸的时候用了这样的办法：将两块木板倾斜放置，三个同伴先将大桶放倒横躺，然后用撬杠把它滚动到车厢边上。另外两位从两个侧面扶住桶子，让它顺着木板滚动下来。工作进展很快，但剩下的最后一桶，不知为何我们未能把它抓紧……它滚落到沥青地面时被碰破了，烟叶从里面散落出来，空气中顿时弥漫着一股芬芳的香味。不用说，这香味对吸烟者有一种特别的诱惑！我们悄悄地将散落的那部分烟叶收集到自己的口袋中，并设法修补了碰破的桶板。到此还没有结束：科斯塔斯还与管事的人争吵了一番，坚持要求他要给我们略加一点报酬，加钱的名义是我们从事了"重体力劳动"。

我们大学时期的伙食非常俭朴：早晚餐是面包配茶肠，或配茄汁小杂鱼。现在很难想象，这种用小杂鱼和其他一些鱼种制成的罐头，是由穆依纳克市生产，它就位于曾经水源丰足的咸海岸边。我们的午饭通常是去食堂，它在历史系教学楼的地下楼层，或去"军官之家"的食堂。到了春天，我们的口粮中，会多出一些蔬菜和水果。巴扎上那些热情的售货员，很容易就认出我们这些大学生，总是用能够打动我们的语气吆喝："买点吧，孩子，自家园子种的。吃了身体健康！"在傍晚的巴扎上，任何果菜园子的果实，

---

1 佩尔武什桥（Первушинский мост），当地人也称"佩尔武什卡"（Первушка），由出生于俄国莫斯科后在塔什干从事贸易活动的商人佩尔武什于 19 世纪末出资修建。

"哈麻斯"[1]地买下，才花 50 戈比。

有时，我们也买点烤肉打打牙祭。烤肉摊遍及塔什干的每个十字路口，头顶是梧桐树或榆树巨大的树冠，旁边紧挨的是清凉的小水渠。一串烤肉带一片面包和一点沙拉，价格为 18 戈比。

有时可能会邀请姑娘去餐厅坐坐。在塔什干，还有一个与"巴霍尔"[2]齐名的餐厅，叫"沙尔克"[3]。它在东方真理大街角上的一栋漂亮的老建筑里，离曾经的"斯维尔德洛夫"剧院（如今的"交易所"）不远。在它的半地下室里，有个快餐部，在那里喝一杯红酒配一份白鱼三明治，价格十分便宜，仅需花费 30~40 戈比。餐厅里有塔什干当时最有名的爵士乐队的演奏，曲目有探戈和狐步舞曲。有几位舞者，我在 21 世纪初的一些不同类型的活动中，还见到过他们的身影。

当然，"人不能仅靠面包而活着"。在大学里，课余时间的每一个小时，我都会用来抓紧读书，我读了很多书，其中包括文学作品如诗歌、散文，以及有关高加索和中亚的长、中篇历史小说。它们中，给我印象最深的有瓦西里·扬的《蒙古人的入侵》三部曲（《成吉思汗》《拔都汗》《走向最后的海洋》）；亚·哈·伊利亚索夫的中篇小说《粟特》[4]；安娜·安东诺夫斯卡娅的系列长篇小说《伟大的穆拉维》[5]；A. A. 别斯图热夫–马尔林斯基的中短篇小说《阿玛拉特伯克》；列夫·托尔斯泰的中短篇小说《哈吉穆拉特》《高加索的俘虏》；阿尔玛金斯卡娅的长篇小说《压迫》三部曲（《在辽阔的草原》《风暴的呼吸》《在伟大的会战中》[6]）。留下深刻印象的作品还有列昂尼德·安德列耶夫的散文，以及他的悲剧小说《瓦西里·菲维伊斯基的一生》。我还喜欢亚·格林、A. 布宁、亚·库普林等作家的中短篇小说……

---

1 原文 Хамузом，音译为"哈麻斯"，乌兹别克语意为"一下子全部"。

2 Бахор

3 Шарк

4 Повесть Я. Х. Ильясова，*Согдиана*

5 Многотомный роман А. А. Антоновской，*Великий Моурави*

6 роман-трилогия А. Алматинской，*Гнет*（"В степных просторах""Дыхание бури""В битве Великой"）.

我曾一度痴迷于诗歌，阿波隆·格里戈里耶夫的诗，以及他的《茨冈匈牙利女人》这首诗里的诗句，韵味独特："两把吉他响起／似哀怨般的哭泣……"还有费多尔·丘特切夫和尼古拉·涅克拉索夫的诗，尤其是那句"在高高的庄稼间迷失……"和"这是正门……"。在春季线路考察时，我会想起阿·康·托尔斯泰的诗句："我的风铃草，草原上的小花！深蓝色的你们，是怎样地看我？"我喜爱读当时还被严禁的尼古拉·古米廖夫的诗，当然，还有米哈依尔·莱蒙托夫的那首题为《争端》[1]的诗，在很大程度上成了预言：

> 有一次
> 在似同族兄弟般的群山面前
> 在卡兹别克山与沙特山[2]之间
> 出现一场伟大的争端。
> "要小心！"——白发的沙特
> 朝着卡兹别克说了一句——
> 你臣服了一个人
> 兄弟，这可不无道理！
> 在崎岖的陡坡之上
> 他将修建有人烟的小房；
> 就在你的峡谷深处
> 斧声即将回响；
> 还有那铁铲
> 会挖向石壁胸膛；
> 铜和黄金将被开采，
> 凶险的路嵌入前方。

1　这首诗写于1841年，作者时年27岁，也是其生命的最后一年。作为一名军官，他被调往高加索，期间，写下了这首叙事诗。诗中的对话者是两座山：卡兹别克山与沙特山（厄尔布鲁士的旧称），它们的对话中隐含着对抗。白发的沙特隐喻俄国高加索军队的总指挥——高加索独立军司令阿·叶尔莫洛夫。
2　音译"卡兹别克"（Казбек）和"沙特山"（Шат-гора）。

在外国作家和诗人当中，我喜欢阿蒂尔·兰波、夏尔·波德莱尔、弗朗索瓦·维庸的诗歌和散文诗，一生喜爱鲁德亚德·吉卜林的诗作，其中，《英殖民主义的歌手》一诗，透着诗人对东方细致和深刻的理解。在诗作《曼德勒》[1] 中，吉卜林充满了对东方的怀旧之情。

> 听到东方召唤的人，会把大家带回那里。
>
> 把所有的人带回那里
>
> 回到辛辣和醉酒的气息中去，
>
> 回到有太阳、海湾和响彻钟声的土地
>
> 沿着朝向曼德勒的路走去……

那些年，一些自称为"塔什干精英"的首府青年人，喜欢读约翰·厄普代克、约翰·斯坦贝克、杰罗姆·塞林格的作品，以及几位苏联青年诗人的诗歌。其中，有安德列·沃兹涅先斯基、叶夫根尼·叶夫图申科、罗伯特·罗日捷斯特文斯基、布拉特·奥库扎娃。亚历山大·加利奇的诗歌有自己的特点，我最喜欢他的作品《骠骑兵之歌》（"这是巴列赫人的一幅画 / 有人在毯子上织出波列谢夫·亚历山大 / 他身穿黑色斗篷骑着骏马……"）和《乌云》（"乌云在飘啊，乌云，慢慢地飘动，像在电影里。我吃着烤雏鸡，我喝了一斤白兰地……"[2]）。

我们的塔什干诗人亚历山大·法因贝格，也是这个时期成名的，从1963 年起，我与他结下了亲密的友情。通常我们是在一个"角"里会面，这是塔什干第一个"大众化的"咖啡馆，它建在曾经是安·伊·伊兹拉艾利教授的狗窝的位置，在这里，人们可就某个诗人的创作进行对话和争论。

从 20 世纪 60 年代初起，以加富尔·古利亚姆命名的一家出版社，开始出版一些东方诗人的诗集。其中，有海亚姆、萨阿迪、哈菲兹、鲁米、巴布尔、扎维基、萨利力[3]、富尔卡特[4]，在他们的抒情诗里，充满了东方的

1　стихотворение Р. Киплинга "Мандалей"。此段为第四节中的内容，由陈杰军译自本书的俄语文本。
2　亚历山大·加利奇的诗《乌云》中的诗句。文中诗句由本书译者陈杰军翻译。
3　Салили
4　扎基尔江·富尔卡特（Закирджан Фуркат，1858—1909），乌兹别克斯坦诗人。

韵味和被升华的爱情悲剧主题。迄今，这些诗集还被珍藏在我的图书馆里。

　　大学时期自己喜爱并读过的文学作品，在此无法逐一列出，数量太多，难以计数。

　　为了看书，我找了两处僻静的角落，植物园和天文台，在这里就不会有人打扰我。

　　我的爱好世界里当然也有歌曲和音乐。除了古典音乐，像莫里斯·拉威尔的《波莱罗舞曲》，乔治·比才的歌剧《卡门》中的咏叹调，我都喜欢，我还喜欢流行的爵士乐曲、东方音乐，以及浪漫曲。我特别喜欢伊万·屠格涅夫、费多尔·丘特切夫、A.阿巴扎和彼得·布拉霍夫的浪漫曲，因为少年时期我就爱上他们的作品，当时曾随姐姐涅莉去听过他们作品的音乐会，多是由著名的歌唱家演唱，如加琳娜·卡列娃、伊莎贝拉·尤里耶娃、塔玛拉·策列捷莉、维里科·安扎帕里泽，后来是娜尼·布列格瓦泽，她的才华无与伦比。

　　之后，我又喜欢上了爵士乐，那是在1957年，艾迪·罗兹涅尔指挥的爵士乐团在基斯洛沃茨克进行了一次演出，那时，已经可以听到艾灵顿公爵的《大篷车》和传奇的路易·阿姆斯特朗的《圣路易斯蓝调》。1963年，在塔什干市斯维尔德洛夫剧院，我有幸听到了杰出的美国爵士乐音乐家本尼·古德曼的演奏会。瓦迪姆·科津演唱的尚松曾经风靡一时，而我听到他的歌曲时，是1951年，在基斯洛沃茨克的一个录音工作室里，同时还听到了亚历山大·维尔金斯基和布拉特·奥库扎娃的歌曲。青年人对所谓的"监狱"歌曲的喜爱程度依然挺高。而此时的流行歌曲已十分普遍。

　　每天，大学里的课程结束后，当回到住处，听到有音乐声飘出人家的窗户，尤其是在春天的四月，那种感觉非常美妙。也许，这是塔什干一年中最美的季节，大自然完全苏醒，鲜花盛开的时光到来：树枝上长出茂盛的叶子，四处繁花似锦，彩蝶飞舞，蜜蜂嗡嗡地飞来飞去，阳光温柔地洒在人的身上。

那时，由巴特尔·扎基罗夫[1]演唱的乌兹别克流行歌曲《阿拉伯探戈》《小渠流水》《纳曼干的苹果》[2]非常流行，不仅在中学和大学的晚会上演唱，而且在苏联的流行乐广场上，都能听到这些歌的旋律。在此之后，天才少年罗伯蒂尼·洛雷蒂的时代到来，他的歌《牙买加》和波拉德·比尤利-比尤利·奥格路[3]演唱的流行歌曲《今天你打过电话》[4]，在当时也很受听众欢迎。后者是穆尔图兹·马梅多夫的儿子，马梅多夫是享誉高加索地区的歌唱家，民间将其喻为"夜莺"（阿塞拜疆语为"比尤利-比尤利"）。

1966年，一首名为《黑猫》的歌曲占据了主导地位，它标志着苏联青年已经转向布吉伍吉[5]、摇滚和扭扭舞的舞蹈节奏。《黑猫》几乎是随时随地伴着我们，甚至在卡尔希，在城市监狱旁边进行发掘时，这首歌的唱片在高墙里被一遍遍地播放，也许，它能支撑起生活在里面的人的精神活力。

有时，在克伦克尔的街道上，我们也会举办小型音乐会。照例，演奏吉他的是格纳·阿法纳瑟耶夫，或者是身材瘦小的朝鲜族韩姓同学，他在不久前住进了我们的房间。而格纳总是演奏一些深情的浪漫曲，多是爱情主题，比如，《花园里的菊花已经开败》《白色金合欢的芳香》，而韩同学演奏的则多是忧伤的监狱歌曲。

也许可以说，在我的其他爱好中，足球是最重要的一项，我自己也曾踢得不错。就我而言，首次听广播里的足球报道，是在1948年，那是"第比利斯迪纳摩"与"莫斯科迪纳摩"两队间的比赛，听的是著名的"碟子"牌扬声器[6]，节目主持人是瓦迪姆·西尼亚夫斯基[7]，一位无与伦比的解说员。

我很早就是"第比利斯迪纳摩"队的球迷。该队曾有一批传奇球员，

1　Батыр Закиров

2　*Арабское танго，Воды арыка，Наманганские яблочки*

3　波拉德·比尤利-比尤利·奥格路（Полад Бюль-Бюль Оглы，1945—），著名的阿塞拜疆歌唱家、音乐家和人民演员，20世纪60年代在苏联成名。阿塞拜疆独立后，担任过文化部长和驻俄罗斯大使。名字中的"比尤利-比尤利"（Бюль-Бюль）为音译，阿塞拜疆语意为"夜莺"。其父亲穆尔图兹·马梅多夫是高加索地区家喻户晓的著名歌唱家，被民间誉为"夜莺"，因此，父子都有"比尤利-比尤利"的美誉。

4　*Сегодня ты звонила*

5　Буги-вуги，音译布吉伍吉（布基伍基，即 bogie-woogie）。

6　репродуктор-знаменитая "тарелка"

7　Вадим Синявский

像弗拉基米尔·马尔加尼亚和瓦利特尔·桑纳亚（守门员）、弗拉基米尔·埃洛什维利和易卜拉吉姆·萨尔支维拉泽（后卫），控球专家盖奥兹·哲哲拉瓦（在现代足球中，我尚未见到能与其比肩的球员），"轰炸机"鲍里斯·帕依恰泽和阿弗坦季尔·果果别里泽，曾将球队带进了苏联足球史上最强球队的名单。

1953 年第比利斯球员的一场比赛，开启了之后持续六年的倒退。直到 50 年代末期，在球队中出现了天才前锋米哈依尔·梅斯希[1]、钢铁后卫吉维·乔赫利和杰出的中场硕塔·亚马尼泽，"第比利斯迪纳摩"队曾经的光荣才重现。后来，又一位出色的球员斯拉瓦·梅特列维利[2]加入了该队，他与梅斯希和乔赫利一起进了苏联国家队，并在 1960 年赢得了首届欧洲杯冠军。

斯拉瓦的知名度极高，在全苏联是家喻户晓。那些遥远地区甚至是从不看足球比赛的人，都知道他的名字。很多人都记得一个流传很广的笑话：有个来自偏僻农村的格鲁吉亚人到了莫斯科，满眼见到的是一幅标语："光荣属于苏联共产党！"[3]于是，他迎向第一个走来的人并好奇地问："亲爱的，你能告诉我吗？这句标语上的'斯拉瓦·卡派塞塞'是谁呀？我只知道斯拉瓦·梅特列维利，那这个斯拉瓦是哪个球队的呀？"

我总是忘不掉 1964 年的一场比赛。在从梅尔夫古城回城途中，我得知，11 月 18 日，在塔什干的"帕赫塔科尔"体育场，将有一场"莫斯科鱼雷"和"第比利斯迪纳摩"争夺苏联冠军的比赛。回到塔什干后，我和科利亚·瓦谢茨基立即去买球票，结果很神奇！——我们居然真的买到了两张！我现在还记得，是西侧看台上的票。

比赛前夕，满城内出现了一种不同寻常的情况，现在回想起来有些不可思议！大家只讲足球，都在谈论这场即将进行的比赛。在大公宫殿旁的小公园里，聚集有很多群众，他们在那里讨论最新的体育新闻。这场决战

1　Михаил Месхи，有译为梅斯基。

2　Слава Метревели，有译为梅雷维利。其中，其名字"斯拉瓦"，俄语意为"光荣"。

3　"Слава КПСС"，直译为"光荣属于苏联共产党"。整句音译为"斯拉瓦·卡派塞塞"。其中，有"光荣"（斯拉瓦）一词。

之前，那里人多得都没路可走。例外的是，多数球迷看好第比利斯队，正如聚集的球迷中有人说，大家对莫斯科球队的称霸局面已经有些厌倦了。

比赛的日子终于到了。人山人海！人们成群结队地从四面八方涌向"帕赫塔科尔"中心体育场。给人的感觉是，有半数是格鲁吉亚人，他们多是在比赛的前几天就已经赶到了塔什干。有很多观众炫耀般地穿着时尚（那个时代）的博洛尼亚风衣，当时，这种衣服很受喜爱而且价格不菲。当我和科利亚快走进体育场时，人群中突然冲出一个格鲁吉亚人，他身披博洛尼亚风衣，兴奋地朝着我问："有票吗？""有！"我未假思索便回答说。"给我吧。"他一边求我把票转给他，一边从口袋里掏出了钱。我说："不，不！"而他依旧固执地说："把票给我吧！"这时，只见他把身上的博洛尼亚风衣脱了下来递到我面前。我摇头表示不肯。他终于不顾一切，把手腕上的表也摘了，放在了风衣上面，而且还弯下腰去解皮鞋的鞋带！他的真诚让我感到有些难过，可我还是想尽可能婉转地回绝他，便用格鲁吉亚语对他说："抱歉，阿姆哈纳果（朋友），别再求了，我就是从博尔若米来的……为了这张票，我送出了两件'博洛尼亚'。"陌生男人很惊讶，呆呆地沉默了片刻，然后回过神来，又跑回到人群当中。

整个体育场都沸腾了！它也曾这样热闹过，那是以前帕赫塔科尔队与来自乌拉圭的佩那罗尔和巴西的皮拉西卡巴两队进行比赛的时候。看台上的观众传言，在这场比赛前，梅斯希、巴尔卡亚和亚马尼泽几位球员去了老城，在那里买了一头小毛驴（按照格鲁吉亚人的习俗，小毛驴可带来运气），并把它拴在了看台下面，以求能给第比利斯队带来胜利。

这场比赛的过程（媒体上的报道非常详细），我就不转述了，我只说一点——迪纳摩队赢了！在苏联足球的历史上，格鲁吉亚球队以 4 比 1 的比分，首次夺得全苏的冠军。

在人生的旋涡里，常常会发生许多事件，它们会在人的一生中产生影响。对我来说，1966 年 2 月 18 日，父亲在久病后离世对我的打击很大。现在，每当我想起父亲，就会想到我和他在克鲁霍尔（今天的卡拉恰耶夫斯克）、泽连丘克、别斯兰、加格拉、纳利奇克、基斯洛沃茨克的谈话，这些都是艰辛的生活迫使他去谋生的地方。我们在一起谈论拉恰、格鲁吉亚，谈论风俗和礼仪——这方面他是行家，还聊他的童年和少年时代的生活，他所经历的 19 世纪末和 20 世纪初的那些岁月。随着父亲的离去，我与格鲁吉亚的亲缘关系也逐渐淡去。在此艰难的时刻，是丽迪亚鼓励和支持我再次返回塔什干，我们两人已经开始天天相见，或是在我住的地方，或是去她家，或是在图书馆，或是在城市里的街道上漫步。

　　平淡的日子刚刚进入习惯的轨道，却被发生在 1966 年 4 月 26 日的塔什干大地震瞬间毁掉了。尽管这场地震是一场悲剧，但回想起那天的经过，我还是忍不住会面带微笑。当时，在克伦克尔街租住的房间里，有我、瓦洛佳·费苏诺夫、格纳·阿法纳瑟耶夫和奥斯塔依·布塔纳耶夫（如今著名的哈卡斯学者、历史学家和民族志学家）。地震前夕，我们决定放下学习正事，稍微休息并"小酌"一下。按大学宴请的规矩摆好了桌子：面包加茶肠和二十六号波特酒。晚餐的气氛友好并愉快，一个不大的"莫斯科"牌收音机还播放着音乐，而为了把这个收音机接上广播网，我们拉了一根长长的电线，穿过了整个房间，因为插孔是在房间对面的墙上。一直聊到夜里两点，我们才躺下睡觉。但没睡多久，我就被惊醒了。我本能地从床上蹦了起来，而瞬间之后，一堆墙砖（在我床后的墙里，曾经是一个荷兰壁炉，后来用砖封了）就砸在了床上。我跳过大开的窗户（那天晚上很热）之后，就听到身后发出很大的声音，隆隆作响。一开始我想，房子会倒，但回头就看到了瓦洛佳·费苏诺夫，带着惊恐的眼神，脚脖上还缠着电线和那个收音机。很显然，黑暗中他从房间里跑出时，自然会被电线缠到，冲到院子里时，把这个"音乐伴奏器"也顺便带了出来。紧随其后，奥斯塔依·布塔纳耶夫也跑了出来。等我们回过神来，发现格纳不在我们身边。我冲回房间，猜我看到了什么？格纳还在大睡！安静地打着呼噜并在梦里喃喃自语。我发誓，我是勉强才推醒了他："格纳，快起来！地震了！"格纳的反应让人吃惊：像被电击了一样，他从床上跳了起来，傻傻地看了一圈，突然，从桌上抓起一块面包并迅速抱在胸前，子弹般地飞过了整个院子并跑到了街上。格纳就那样，身上是睡觉时的狼狈相，也就一条短裤，但胸前抱着一块面包！匆匆穿了衣服的人们，逐渐在街中央聚成了堆，议论着地震毁坏的程度。地震有 8.4 级，震中是在相邻的喀什噶尔卡区。就这样，我们感受到了灾害的威力。

过了一阵，人们开始散去，而我则跑去看望丽迪亚。我几乎步行走过了全城，开始是沿着恩格斯大街，走在惊慌失措的人群中间，有时，会走在倒塌的房子落在街道上的墙砖和屋顶瓦砾上面。许多房屋上面，都有很大的裂缝。等我走到大学校园，看到很多的石头碎块——此处建筑上部的装饰栏杆都塌落了下来。环视四周，到处都是废墟。我从花园处转身朝古比雪夫大道走去，我越往前走，毁坏的程度越剧烈，而且街上的人也不多。

一路走来，我的想象力能够勾勒出的，都是最忧郁的画面。步行了一个多小时，当我走到丽迪亚家时，眼前的一幕却让我非常惊讶：她手拿一把坎土曼[1]，正从渠里给自家的小花园引水。那时期，该地区还未通管道自来水，每家院里都有水井，以解决饮用水的问题，而小院浇地，要从附近的渠中取水。整条跑马场二号胡同旁边（现在的艾斯基-奥特恰帕尔）[2]，分布有一些小渠。

"你至少知道发生了什么事吧？怎么，你们这里没有发生地震吗？"我问。"有地震啊，一幅画从墙上掉下来了。"她回答说。直到后来我才了解到，这个地区位于奇尔奇克河的泛滥区，有一米的地层是厚厚的卵石层，正是该层结构消解了垂直性震动释放的力量。垂直性震动有别于水平晃动，因为水平晃动产生的地震，破坏力更大。

那一整天我们是在一起度过的。等我回到自己住处时，已经是夜里一点时分。走到古比雪夫大道（著名的"胜利"出租车基本见不着了，而公交车十二点前都已停运），我便步行向花园方向走去。有"夜间出租车"——洒水车帮忙，给司机塞一两个卢布，他们能送你去城市的任何一处。就这样，乘车到了花园后，我沿着恩格斯街向前走去，随处可见夜间巡逻的人员，

1　坎土曼（Кетмень），系突厥语词汇，类似锄头，是由木柄和安装在柄上经锻打的钢铁材料部分（带有锋利的切削刃）组成。它是一种具有悠久历史的工具，在中亚和我国新疆等地区，普遍用于锄地、耕种庄稼和挖土等生产劳动。坎土曼也常用于挖掘和清洁灌溉沟渠。在 20 世纪三四十年代的中亚和 20 世纪五六十年代我国新疆修建农业灌溉大渠的工程中，坎土曼都曾发挥过很大的作用，是大型机械不足时，人们使用的重要工具之一。

2　Второй ипподромный проезд（ныне Эски-Отчапар）

他们警惕地检查证件，以防发生抢劫案件。这个地区所有的房子都空无一人，因为人们担心会发生余震，就不敢再回来居住。为了解决人们的居住问题，一些大型的军用帐篷被紧急搭起，居民们都是整家地住了进去。

到了白天，紧挨着马路，尤其是在阿赖巴扎旁边，有各种各样的小巴扎。附近半损房屋里的居民，把自家的老式烛台、鼻烟盒、餐具、饰品盒和旧书拿来出售，在这里，还真能淘到一些有趣和稀罕的物品。我买到了几本19世纪的旧书，其中包括 K. H. 科罗利科夫的《马达托夫少将男爵的一生》[1]；Φ. B. 巴洛德的《伏尔加河的庞贝城》[2]，写的是金帐汗国时期伏尔加河下游的几个城市；还有 И. B. 穆希凯托夫[3]有关中亚地理的两卷本专著；还有不少其他的小东西。

地震后发生了许多事情，有一件我记得特别清楚。1966 年 5 月初，有位朋友来看望我，于是，我们准备"庆祝"一下我们的会面。买了波特酒和一点儿下酒小吃，把报纸当桌布铺在桌上。然后我们开始边喝边聊。那年 5 月初的天气出奇地热，所以，我们就脱了衬衣，仅穿着背心坐着。

盛筵正在进行，突然听到有人敲门。"也许是我的室友回来了。"我一边想，一边随意地应了一声："进来！"门开了，门口竟然站着沙拉夫·拉希多维奇！我们俩弹簧似的从桌边蹦了起来，为自己邋遢的外表和狼藉的桌面感到十分的窘迫。看到我们一副紧张的样子，沙拉夫·拉希多维奇用安慰般的语气对我们说："小伙子们，你们坐，你们坐。咱们是邻居，我是来看看你们女房东的房子，了解一下，需要什么帮助。"与我们交谈了不一会儿，沙拉夫·拉希多维奇仔细查看了整个房子的损坏情况，然后答应叶卡捷琳娜·奥努芙里耶夫娜，要帮助她把房屋修好。他很快就履行了承诺，没过几天，房子就被修缮利落。

与此同时，就在眼皮底下，塔什干，主要是城中心，变化开始发生——除了一些单独的房子被拆除，整条街道和整个街区也都在发生变化。到处都是正在工作的推土机、装载机、拖拉机，甚至是轰鸣的坦克，还有扬起

1　*Жизнь генерала-лейтенанта князя Мадатова*
2　*Приволжские Помпеи*
3　伊万·瓦西利耶维奇·穆希凯托夫（И. B. Мушкетов, 1850—1902），俄国著名的旅行家、地质学家。

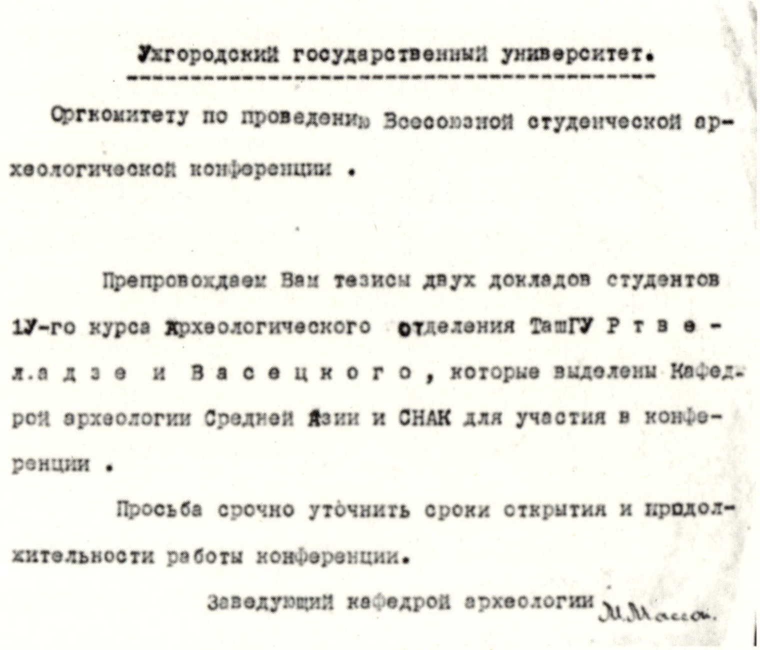

Ужгородский государственный университет.

Оргкомитету по проведению Всесоюзной студенческой археологической конференции .

Препровождаем Вам тезисы двух докладов студентов 1У-го курса Археологического отделения ТашГУ Р т в е л а д з е и В а с е ц к о г о , которые выделены Кафедрой археологии Средней Азии и СНАК для участия в конференции .

Просьба срочно уточнить сроки открытия и продолжительности работы конференции.

Заведующий кафедрой археологии

图 13.15　马松教授就尼·瓦谢茨基和瑞德维拉扎参加大会一事写给乌日格罗德国立大学的信

的厚厚尘土。被称为“小区”的建设正在加速进行，建好之后不仅安置了本地居民，还有外地来的建设者。他们都是响应苏联国家领导的决定和号召，前来塔什干开展“兄弟般的援助”。

尽管小型的余震还在继续，但大学里的课一天都没有停，同样，考古教研室的各种科学会议也照常进行。5 月 13 日，我和科利亚·瓦谢茨基乘飞机去遥远的乌日格罗德，参加全苏大学生考古大会，该会议每年都会在苏联的某个城市举行。飞乌日格罗德，我们要在莫斯科、基辅和利沃夫进行三次转机，空中旅途长达数个小时。此次大会是在激烈的辩论和争执中进行的，总体上说，也很有意思。同样有趣的是在外喀尔巴阡的参观，我们去了胡斯特、穆卡切沃、切尔诺夫茨，参观了一些中世纪的城堡，其中一个里面曾有很大的酒窖，出产外喀尔巴阡最好的红酒。参观期间，我们与各民族的代表见面，有匈牙利人、卢森尼亚人、斯洛伐克人、乌克兰人、克罗地亚人。

回塔什干时，我们取道利沃夫、罗斯托夫，在矿水城做了两天的停留，我去看望了住在基斯洛沃茨克的母亲和姐姐。但仅过数日，我们就飞到了卡尔希，在这里与克什考古地形考察队会合。

岁月流逝。在克伦克尔街这间出租屋里，我度过了最美好和最难忘的五年。在这里的生活结束时，也发生了不少重要事件，就如同开始时的那些事件一样，值得记忆。1967 年 5 月末，我和丽迪亚向登记处递交了结婚申请，到了 6 月 14 日，此时正值考试的高峰期，我俩乘有轨电车去了婚礼宫，它坐落在安霍尔大渠岸边的博格丹·赫梅利尼茨基（现在是巴布尔）街。在这里，我们完成了正式登记。自那时起到今天，我们一起生活了 47 年。

在这之后，我便永远地告别了克伦克尔街的这间屋子。仅仅在 21 世纪初，因要拍摄一部介绍我的科学生涯的电影，电影的导演决定拍摄我的学生生活单元，我又来到这里做了短暂的停留。当然，没变的东西仅剩下了原来房屋的墙，但当我知道，现在这里住的是叶卡捷琳娜·奥努芙里耶夫娜的孙女娜塔莉娅时，我感到非常宽慰。这就是我对平静的大学岁月的最后一次回访。

十四　第一次去摘棉花

苏联时期，每年的九月初，乌兹别克斯坦就开始进入棉花收获的繁忙季节。街道上，各单位门口的上方，四处可见号召大家去摘棉花的标语。报纸上，类似的标语口号也比比皆是。

根据各区党委给各单位下发的文件命令，包括企业、工厂、高等院校等，都必须按要求拨出一部分人手去摘棉花。对国家单位的职员和工人来说，有为期一个月的下田轮班时间表。

整个收获棉花的工作要持续两三个月（有时会到12月份），主要取决于天气。遇到下雪的天气，棉田会被一层又薄又柔软的雪花覆盖。这时，就会用这样的方法来摘棉花：两个人扯着一根绳子，从两侧夹着一行棉株在地里行走，先用绳子将棉株上的雪花掸掉；跟在他们后面的人，负责采摘棉桃，并把那些没有完全裂开就落到地上的棉桃捡起。

共和国每年承担着必须超额完成计划的任务——三、四、五百万吨——吨数每年都在递增。广播、电视、报纸都会报道各集体农庄、各区州，以至整个共和国逐级完成任务的进度。许多人在关注着统计报表，就像球迷看全国足球冠军杯的分数表一样。

参加"坐车去摘棉花"的活动，大多数学生是怀着真正的热情。第一，所有的课程在"农忙"时都做了推后的安排（这一点尤为使人欢欣鼓舞）；

图 14.1　在棉花地的合影，丽迪亚·布基尼奇（左）和 Л. 帕斯卡柳克。1958 年。

图 14.2　摘棉花出发时在大学楼前的合影，中间穿格子衬衣者为瑞德维拉扎。1963 年。

图14.3 摘棉花时的小憩，1958年。

第二，有晚会，大家围着篝火，有吉他伴奏，唱歌跳舞，简直就是罗曼蒂克！

我第一次去摘棉花，是1963年11月。在梅尔夫古城经历了两个月紧张繁重的考察工作，我脑子里就一个念头：要休息一下……但还不是时候。11月节日结束后就有通知，从11月10日起，所有大学生都要去摘棉花。如果没有非常特殊的原因又拒绝参加，会被大学除名。

我们被拉到了布卡区的一个集体农庄，住在当地的学校，宿舍很大，房间被分成了两半，一半是小伙子（我们大学的男生）住，另一半是姑娘（来自塔什干的一个单位）住。这就造成了某种不便，于是，姑娘们想着法子用帘子与我们分隔开来。

大学生分成了几个小组，划给每个小组一块棉田（有的距离很近，有的则需步行一个小时）。到了11月的下半月，上面带着干净棉花的棉桃在棉田里已所剩无几，因此，我们主要的工作就是采摘被当地人称为库拉克的棉桃。此前，我们已经接受过捡棉桃的方法培训，随身携带着帆布的连指手套，因为不戴手套去捡落地的棉桃很不舒服，桃壳、棉秆和叶子上的刺会扎手，双手很易受伤。

工作时间每天是7—8点开始，下午5—6点结束（中间有午饭间隙）。在最初的几天里，我与其他人一样，由于不习惯，腰背部很疼。过了一段时间，我觉得自己有点像哈丽特·比彻·斯托小说中的汤姆叔叔。我开始越来越多地逃避工作，"磨洋工"并躲进芦苇丛中。很快，我成了"榜样"，其他学生逐渐效仿，主要是一些女生，领导得知情况后十分气愤。

我的劳动成果（每天5公斤，而标准是50公斤）让我赢得了"年度落后棉农"的声誉。在每晚的小结会上，指挥部主任果加·阿布拉罗维奇·希多亚托夫[1]高声发表讲话："同志们，为完成亲爱的党和政府下达的任务，我们大家都在付出神圣的努力，为完成摘棉花的计划而奋斗。但在我们中间，有这样的学生，比如，瑞德维拉扎，他不仅没有完成指标，而且故意破坏纪律。" 我不知道，如果那件奇妙的事情没有发生，自己的结局会是怎样。有一天，在摘棉花的当地村民中间，我发现有一组男女有所不同，是"非本地"的外表，而且，他们之间在讲格鲁吉亚语。我走到他们中的一位体态匀称、留着下垂的小胡子的英俊小伙面前，我用格鲁吉亚家乡的方式与他打了招

图14.4　在棉花地里，中间仰躺者为瑞德维拉扎。布卡区，1963年。

1　果加·阿布拉罗维奇·希多亚托夫（Гога Абрарович Хидоятов，1930—2015），知名的苏联、乌兹别克斯坦历史学家、教授，1961—1994年任塔什干国立大学近现代史教研室主任。

呼后，立即听到了一个传统的回应"噶吉玛尔卓斯！"[1]，谈话就这么开始了。尤素夫（我新认识的人叫这个名字）开始问我：叫什么名字？从哪里来？当他知道我来自博尔若米，马上又问，我的父亲叫什么名字。得知我父亲是谁后，他用很崇敬的目光看着我说："我记得你父亲，他在我们中间有很高的威望。"

后来弄明白了，尤素夫是梅斯克特土耳其人，他是队长。梅斯克特土耳其人到乌兹别克斯坦（与在中亚其他国家的同胞一样）并非自愿。1943年，他们从格鲁吉亚几个邻近边境的区域被迁移至此，原因是苏联政府担心，在德国军队攻打斯大林格勒时，土耳其会为了帮助德国而参战。

在许多围绕20世纪90年代初费尔干纳事件而发行的出版物中，这个民族被说成是梅斯克特土耳其人，而这并不正确。梅斯克特土耳其人的名称，源于格鲁吉亚一个古老的历史文化地区——梅斯赫季[2]，这与扎瓦赫人[3]一样，其名称源于相邻的一个地区——扎瓦赫季[4]。这两个地方的名称，梅斯赫季和扎瓦赫季，从格鲁吉亚语翻译过来的意思就是"梅斯赫人的国"[5]和"扎瓦赫人的国"。这两个地区都位于库尔河的南面，在小高加索山脉的山前地带。自古就有格鲁吉亚（卡特维利）起源的部落在这两个地方居住。梅斯赫人，或莫斯赫人[6]，是卡特维利诸多部落中最古老的一个，与科尔基斯、萨斯佩尔人[7]、提巴列尼人[8]、伊比利亚人同时出现在公元前一千年中叶至下半段的希腊文字记载之中。杰出史诗《虎皮骑士》（"维普赫维斯·特卡奥萨尼斯"）的作者绍塔·鲁斯塔维利，就是梅斯赫人（或莫斯赫人）出身。20世纪50—60年代，拥有无与伦比的"控球专家"称号的足球运动员米哈依尔·梅斯希，让他的家乡梅斯赫季名扬天下。扎瓦赫人中也有

1　"Гагимарджос"，音译"噶吉玛尔卓斯"，格鲁吉亚语的问候语，是问候语"噶玛尔卓巴"（Гамарджоба）的回应句。

2　Месхети

3　Джавахи

4　Джавахети

5　Страна месхов

6　Мосхи

7　Саспейры 或 саспиры，古代（公元前5世纪）格鲁吉亚部落。

8　тибарены

著名人物，那就是院士伊瓦涅·扎瓦赫什维利，他是历史学家，第比利斯大学的奠基人，该校的名称迄今带着他的姓名。他的姓从格鲁吉亚语翻译过来的意思就是"扎瓦赫人之子"。

自11世纪中叶起，以奥古斯起源为主的各个突厥部落开始侵入梅斯赫季和扎瓦赫季。在16至17世纪奥斯曼帝国的鼎盛时期，这个过程变得目的更加明确。大量源于土耳其的家庭迁入梅斯赫季和扎瓦赫季定居。土耳其人与梅斯赫人、扎瓦赫人融合后出现的新的民族，有了一个名称叫土耳其梅斯赫特人（有趣的是，绝大多数人在保留了格鲁吉亚姓氏的情况下，用的是穆斯林的名字）。

类似的过程也发生在拉齐卡（拉齐斯坦）[1]，一个位于现代土耳其东北部的古代历史文化地区，它从锡诺普一直延伸到特拉布宗。包括最初在此定居的拉兹[2]人，居民起初都是格鲁吉亚人，后来都被土耳其化和伊斯兰化了。

我有些离题了。自打结识了尤素夫队长，我作为摘棉工的声誉有了迅速的转变，一下子就从落后人员变成了先进分子，几乎超额一倍完成了任务。尽管如此，我还是盼着尽快逃走：除了天还没亮的早起，让人厌烦的还有指挥部晚上的讨论会，使人筋疲力尽的劳动，共青团和其他组织代表们的大声呼叫，以及他们对摘棉花人员的督促。如何能早日离开？此想法与日俱增，我天天都在想法儿，怎样能在正式结束前走人。一天傍晚，我向伙伴们宣布了"逃跑"的决定。自然，他们开始劝我，都是想让我避免不良后果。但我决心已定，没有丝毫动摇。11月23日早晨，我出发了，顺着乡村道路绕开了村子，朝着通往布卡方向的公路走去。有个年轻姑娘跟在了我的后面。她是听到了我与几位同学的谈话，当即作出了出逃的决定。事已至此，还怎么好拒绝呢？！巡逻人员最危险，他们会拦下任何车辆，检查是否有逃跑的摘棉花工作人员。

多亏老天帮了大忙！我们未被发现，在路旁截住了一辆小卡车，司机

---

1 Лазика（Лазистан）
2 Лазы

同意拉我们到塔什干。在有轨电车"FOTON"厂站，他让我们下了车。而就在这里，我们得知了美国总统约翰·肯尼迪在达拉斯市被刺杀的消息。

几天后，所有学生也回到了塔什干。有段时间，我一直在等着哪天会被叫到系主任办公室站"地毯"，去接受关于"擅自行动"的批评。万幸的是，挨批的事最终都未发生。我摘棉花的故事，就这样结束了。在后来的学生岁月里，我再未参加过摘棉花的劳动。

十五　暑假，在北高加索的考察和路线

　　塔什干大学的五年，我都忙着学习和外出考察，为了让焦急期盼的假期能早日到来，有时我会请求老师允许我提前考试。有几次，老师接受了我的请求，其中就有列昂尼德·罗曼诺维奇·科森科夫和柳德米拉·格里戈里耶夫娜·阿莉巴乌姆。

　　身材敦实的列·罗·科森科夫副教授，在历史系上历史唯物主义和辩证唯物主义课，在当时苏联各大学，这两门也是最主要的课程。在他的课上，我们之间经常进行一些争论，问题涉及约瑟夫·斯大林在苏联国家的建立和社会主义建设中的作用，还有他的文章《被胜利冲昏头脑》和其他一些论点，比如"随着社会主义的临近，阶级斗争在苏联将会加剧"。列·罗·科森科夫搬出那个时代党的决议文件精神反驳我说："这样的论点是为迫害在做辩解。"而我则认为，约瑟夫·斯大林很清楚，就是苏联还没有那样的社会主义，并以此警告一点，即阶级矛盾在未来会更加激烈，而这一切，恰恰在 20 世纪 90 年代初不幸发生。这些争论从未越出教室范围，而且，列·罗·科森科夫的原则性很强，为人诚实，他参加过中亚的国内战争，像他那一代许多人一样，是真正有理想的共产党人，这与不少后辈有很大的区别。这些人在穿着上都保留着自己的风格，甚至内战前的新潮衣服依旧穿在身上。同样，讲苏联共产党史的米罗什金娜副教授，来上课时总是

穿着那件神奇的皮夹克。

我们的英语老师柳德米拉·格里戈里耶夫娜·阿莉巴乌姆，是一个非常漂亮的女人，尊重学生，而且方法得当。她经常对我说："艾迪克，你的确很有语言天赋。你没有考虑过好好地学习英语吗？"对她的问题，我回答说，我需要英语，就是用来翻译书籍和文章，不见得要学好口语交际（而后来的经历则告诉我，我只对了一半）。考试时，柳德米拉·格里戈里耶夫娜建议我，选一本英语的考古书籍，从中挑选部分内容翻译成俄语。我便挑选了德国考古学家恩斯特·赫茨菲尔德的《伊朗考古史》。尽管我的翻译质量离完美还很遥远，但柳德米拉·格里戈里耶夫娜给我打了"优秀"，大概，老师把该书英语版难度的因素考虑到了。

完成学年所有的考试科目（有提前的，有按时的）后，我会一大早跑到当时塔什干唯一的航空售票处（当时在舍甫琴科街，后来搬到了萨彼尔内街[1]和绍塔·鲁斯塔维利街的拐角处），开始排队，有时很幸运，能立即买到票；而有时，要在起飞前排两昼夜的队。从矿水城到基斯洛沃茨克，我通常是乘坐公交或电气火车，几个小时后就能到家。经历了这几年的磨难，也多亏妈妈的英雄主义——可以用这样的词来形容她的不易，在她的努力下，我们终于在古比雪夫街一栋新建的楼房里，有了一套两居室的房子。我回到家中，爸妈和姐姐涅莉总是喜出望外，因为我从不通知乘飞机的日期，就是想让家里人有一个惊喜。哥哥瓦列里在西西伯利亚从事油田开采，已当上了苏尔古特石油勘探队的总机械师，很少能回家休假。

回到家中，一直到傍晚，都在和亲人们聊最近的新闻。之后，我会出门，来到彼亚塔乔克街，基斯洛沃茨克城中最热闹的地方。这里总是人来人往，从火车站到柱廊街，再走回来，看到的是不分男女老少都在悠闲地逛街，但多数还是年轻人。真的几乎是每步都能遇到熟人，主要是中学时的男女同学，他们对我离开基斯洛沃茨克，在那么遥远的中亚生活十分好奇。柱廊公园的入口处有个铜管乐队正在演奏，绝大多数是一些老曲子，华尔兹和探戈等，就像布拉特·奥库扎娃一首非常有名的浪漫歌曲，歌词唱道："当

1　улица Сапёрная，音译为萨彼尔内街。直译是"工兵"街。

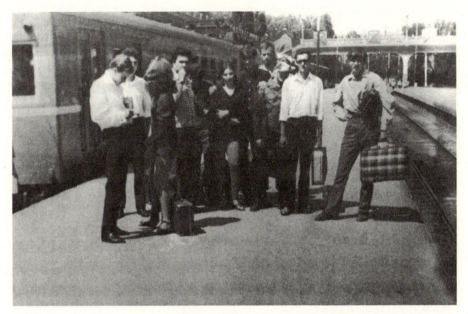

图 15.1　B.维诺格拉多夫在车站为考察队送行。基斯洛沃茨克车站，1967 年。

长笛和圆号在城市花园里响起，乐队指挥就想着展翅高飞。"卡普塔日[1]处的人很多，老老少少来到这里，为了接一两小杯名叫纳尔赞[2]的水来喝，这是基斯洛沃茨克特有的天然加气饮料。而在靠上方的那条彼亚塔乔克街上，火车站附近，有成排的商店，其中一家葡萄酒店引人注目，它的橱窗里有个旋转的大酒瓶十分抢眼。不时会有爱好者进到店里，去品尝格鲁吉亚的品牌红酒，像"奥佳乐诗""阿哈申尼""卡万奇卡拉"[3]，还有斯塔夫罗波尔马斯喀特系列红酒，如"普拉斯科维依的马斯喀特"和"斯塔夫罗波尔琥珀"。

1　Каптаж，据俄语"dic. academic"网的词汇解释，该词源于法语词汇"captage"，是将地下水（或石油、天然气）提取到地表并确保长期持续稳定处理所采水（包括流速、化学成分、温度等）的综合体（工程、技术及装置）。常用于工业、饮用水、矿泉水以及其他用途的水的开采使用，已经成为常见的"取水设施"的术语。本书作者所说的这处"卡普塔日"，就位于基斯洛沃茨克市纳尔赞画廊建筑内部。

2　Нарзан，纳尔赞（Narzan）源于厄尔布鲁士冰川融化形成的水，是一种具有疗效的可直接饮用的天然混合碳酸饮料，含钠、镁、钙等矿物质。在高加索民间有种说法："纳尔赞是给勇士喝的水！"

3　"Оджалежи"，"Ахашени"和"Хванчкара"，奥佳乐诗（或欧嘉乐事，ODJIALESHI）、阿哈申尼（AKHASHENI）和卡万奇卡拉（KHVANCHKARA）。

那一时期，让我感到震惊的一个现象，就是基斯洛沃茨克"地下生意"和投机倒把分子十分猖獗，他们非法倒卖日用生活品，特别是缝纫制品，因其短缺现象遍及全国。我记得，从赫鲁多夫医院到大巴扎，沿街边站着一条很长的小贩队伍，他们在兜售非正规途径弄来的商品，很多人是在卖皮拖鞋，但必须承认，东西的质量不错。这些皮拖鞋是由家庭作坊或地下车间生产，它们主要集中在一个亚美尼亚人的村里，所用的皮革原料来自当地的一家国营皮革生产企业，这些原料都是按计划调拨的，但却被以废品的名义处理，又落入私人手中。在卡拉恰伊人的村子乌奇科肯，也有另一种商品在生产，它得益于当地出产的大量优质的卡拉恰伊绵羊的羊毛，当地居民专门生产并销售各种羊毛制品。

当然，我还是回头来讲一下那些假期做的主要事情。

通常，到家的第二天，我就会去看望尼古拉·尼古拉耶维奇·米哈依洛夫，了解所有考古方面的新闻，并很快加入到小组的工作之中。

暑假的日子里，我会去马扎尔[1]古代聚落几次，在那里待上四至五天，有时则待一周时间，而从1965年起，安德列·彼得罗维奇·鲁尼奇也一同参与进来。在这些实地的考察中，我们的注意力主要集中在陶器和建筑装饰的发现物上，给我的感觉是它们中有许多与花剌子模的非常相似。在回到塔什干后，我把样品交给了尼娜·谢尔盖耶夫娜·格拉日丹金娜，她是乌兹别克斯坦科学院历史考古所化学实验室的主任，请她帮助做化学分析。在出土陶器和装饰文物的化学分析方面，她是一位出色的专家，包括米哈依尔·马松在内的考古工作者，对她都很敬佩。

从外表看去，尼娜·谢尔盖耶夫娜是一位柔弱的女性，但性格上却毫不怯懦。她家离灌溉研究所不远，丈夫 Π.科热甫尼科夫是乌兹别克苏维埃社会主义共和国科学院的通讯院士，两口子都很忙，仅有一个女儿，去了莫斯科工作并在那里生活，所以家中经常空无一人。没有料到的是，有时会有小偷乘虚而入。她给我讲了两次遭遇小偷的经历。第一次，她一个人在家，小偷溜进了院子，情急之下她抓起了小榔头向小偷打去，一击而中，

1　有关这个遗址研究是如何开始的故事，请看回忆录第一部。原注。

图 15.2　法赫尔丁·拉齐陵墓[1]，花剌子模之行。Л. Ю. 曼科夫斯卡娅和瑞德维拉扎（左）。1969 年。

甚至使他晕厥过去，直到警察赶到才苏醒过来。而另一次，是家里养的一只暹罗猫（尼娜·谢尔盖耶夫娜是一个极其爱猫的人）保护了她。当时，这只性格刚烈并机敏的小动物，发现有个"陌生人"从院墙上翻了过来，它迅速地扑向这位不速之客，用它的利齿和利爪发起攻击，气势像要把他吃掉。小偷完全没有料到这突如其来的一口，忍着疼痛仓皇逃窜。

　　我们的田野实践合作加友谊，成就了我与尼·格拉日丹金娜共同完成的一篇文章《花剌子模对金帐汗国之城马扎尔陶器生产的影响》[2]，此篇文章对 1969 年在库尼亚–乌尔根奇[3]古代聚落搜集的陶器做了对比性分析。文章发表在 1971 年第 4 期《苏联考古》杂志上。

　　除了马扎尔聚落，我还研究了附近的几个地区和库马河河谷，一直到

1　Мавзолей Фахр ад-Дина Рази

2　*Влияние Хорезма на керамическое производство золотоордынского города Маджара*

3　городище Куня-Ургенч，音译为"库尼亚–乌尔根奇"，曾为古代花剌子模的国都。

谷地的下游，其中包括对布尔贡-马扎尔[1]地区的调查。据那里年长者们的说法，这里曾经有过金帐汗国时期的墓葬遗址，依据他们所提供的墓地位置信息，能够看到的仅仅是一些火烧砖的碎块。除此之外，我在这些地方观察到了从土耳其迁移来的所谓的"涅克拉索夫人"。他们迁徙到土耳其的简短历史是这样的：18世纪初，首领涅克拉索夫带领部分顿河哥萨克人来到了这个国家，并在该国生活了两个半世纪，而这些哥萨克人，他们保留的不仅有语言，还有服饰、习俗和礼仪。到了20世纪60年代初，涅克拉索夫人向苏联政府请愿，请求回到祖国。他们的请求得到了满足，之后，他们回迁并被安置在库马河布琼诺夫斯克市下游沿岸的一些村庄。在一个村里，我结识了一些这样的人，妇女穿着绣花的长裙，男人穿着软靴和斜领衬衫，他们讲一口有些古怪的俄语，保留着固有的习惯和风俗，与迁居地的新习俗明显不同。我不知道，在国家经历如此巨大变革和社会生活变化的时代，"涅克拉索夫人"是否还维持着自己封闭的村社生活。

对马扎尔古代聚落多年研究的成果，是发表的许多文章和一篇副博士论文，题目是《13至14世纪北高加索地区城市文化历史及其与中亚的联系》。需要补充说明的一点是，这篇论文成了我后来创作的一系列基础专著的开始。

1965年夏天，在康斯坦丁诺夫斯克台地[2]开展的发掘，成了那几年的一个重大事件，该地的名称由康斯坦丁诺夫卡村的村名而来。这是一片被沟壑断开的宽阔的台地平原，一直延伸至皮亚季戈尔斯克附近的马舒克山前。从前，康斯坦丁诺夫斯克台地引起过考古学者的注意，因为这里有很多各个时代的墓葬遗址，从次新石器时代和青铜早期的迈科普文化，包括直到中世纪后期的卡巴尔达人的墓葬。著名的北高加索研究学者德米特里·萨莫克瓦索夫在这里做过发掘，并开始了自己的考古活动。还是在20世纪的20年代，鲍里斯·鲁宁曾居住在皮亚季戈尔斯克，之后搬到了罗斯托夫，在这里，他担任过北高加索历史、考古和民族志学爱好者协会的常任秘书。在该协会的一期刊物上，登有一张鲍里斯·鲁宁与俄罗斯考古泰斗瓦西里·阿

---

1 Бургун-Маджары
2 Константиновское плато

Э. В. РТВЕЛАДЗЕ

КРЕСТ-ЭНКОЛПИОН ИЗ МАДЖАР

Во время археологической разведки в июне 1963 г. на городище Маджар на правом берегу р. Кумы, в 200 м к северо-востоку от артезианского колодца, был поднят крест-энколпион (рисунок) — предмет, хорошо известный среди русских древностей первой половины XIII в.

Энколпион сохранился неполностью, утрачена передняя створка. Найденная створка представляет собой четырехконечный с закругленными концами крест. У начала закруглений концов находятся по одному с каждой стороны маленькие выступы.

Все четыре конца креста заняты медальонами с погрудными изображениями святых. Почти вся вертикальная перекладина занята фигурой богоматери в полный рост.

Фигура богоматери, так же как и фигуры святых, сделана в низком рельефе. Справа от нее помещена монограмма Іς, выполненная в обратном порядке. Там же и над головой богоматери остатки надписи, сделанной буквами русского алфавита. По аналогии с хорошо сохранившимися надписями на крестах этого типа она восстанавливается как «Богородица помогай» [1]. Энколпион отлит из меди в каменной форме, что доказывается наличием фигур в низком рельефе и обратных надписей.

Энколпион из Маджар

Энколпионы этого типа хорошо известны по находкам их в Киеве, Херсонесе [2], а Б. А. Рыбаковым убедительно доказано их киевское происхождение [3]. В Киеве они найдены в комплексах, непосредственно связанных с разорением Киева татаро-монголами [4]. Г. Ф. Корзухина выделяет их в четвертый тип энколпионов и датирует концом XII — первой половиной

[1] М. К. Каргер. Киев и монгольское завоевание. СА, XI, 1949, стр. 65, рис. 9.
[2] М. К. Каргер. Ук. соч., стр. 65, 73; А. Л. Якобсон. Средневековый Херсонес (XII—XIV). МИА, 17, 1950, стр. 35.
[3] Б. А. Рыбаков. Ремесло древней Руси. М., 1948, стр. 263.
[4] М. К. Каргер. Ук. соч., стр. 73, 77.

19 Советская археология, № 2 281

图 15.3 瑞德维拉扎发表的第一篇文章。《苏联考古》1965 年第 2 期，《来自马扎尔的“十字架胸前圣像画项链”》。

图15.4 康斯坦丁诺夫斯克台地墓葬发掘现场。中间戴帽者为瑞德维拉扎,其身后为安·鲁尼奇,左侧戴眼镜者为 E. 伊瓦什涅夫。1965 年。

图15.5 康斯坦丁诺夫斯克台地墓葬发掘现场。最右侧为瑞德维拉扎,与中学生考古小组成员在一起。1965 年。

图 15.6　康斯坦丁诺夫斯克台地墓葬发掘现场，1965 年。

列克谢耶维奇·戈罗德佐夫及另外几位知名学者的合影。还是在第二次世界大战前，鲍里斯·鲁宁作为军人，曾经调防至铁尔梅兹，战争结束后他来到了塔什干，开始了多方面的考古研究活动。他出版了不少有关中亚研究的书和历史学方面的书，其中包括介绍瓦·弗·巴托尔德院士和尼古拉·维谢洛夫斯基的书，并在许多年里担任了乌兹别克斯坦科学院历史所史学组的负责人。我不止一次见过鲍里斯·鲁宁，在考古教研室和大学生科学考古小组的会议上听过他的报告。他是一位出色的演讲者，非常善于抓住听众的注意力。我记得，我需要他写的有关康斯坦丁诺夫斯克台地发掘情况的那本书，鲍里斯·鲁宁把它递给我时说："艾迪克，这书我只有这一本，你拿去吧！"此书出版于 1920 年，我将它抄写了一遍（那时我们还没有见过复印机），便把书还给了他。

　　在鲍里斯·弗拉基米罗维奇·鲁宁的研究活动之后，仅有地方志及考古学者 H. 古米廖夫斯基于 20 世纪的 50 年代初在这个台地上进行了古墓发掘，绘图和绘画由安德列·彼得罗维奇·鲁尼奇完成。

　　我们在康斯坦丁诺夫斯克台地的考察，是皮亚季戈尔斯克地方志博物馆组织的活动，目的是研究此处的古代墓葬，因为台地南侧已经开始开采石子，这些古代墓葬面临彻底毁坏的危险。根据当时的法律规定，这些遗址应该先由考古学家开展先期研究，而那些在这里组织建筑作业和土地工程的单位，应该支付一些费用，用于开展对当地遗址的研究工作。这个法律在苏联得到了严格的遵守。还是在1965年的冬天，曾经担任过十月革命前皮亚季戈尔斯克地方志博物馆部门主任的叶甫盖尼·伊瓦什涅夫，承担了这些研究工作。当时他找到我，谈起要我来领导康斯坦丁诺夫斯克台地的现场发掘工作。我接受了他的建议。但是，首先要取得考古发掘"许可证"，该手续在苏联科学院考古研究所田野研究委员会办理。尽管我还是一名大三的学生，但在米哈依尔·马松的举荐下，我得到了这个许可证明。

1965年6月底，发掘工作开始。考察队的人员不多，有叶甫盖尼·伊瓦什涅夫，他是总负责人并掌管财务；М.И.雷边科负责监督每个发掘面的工作和工人守纪情况；我负责田野研究，画图并写下工作日记。考察小组还编入了安·鲁尼奇，他是每天下班后来到现场，负责清理墓穴并对发现物进行绘画。工人主要是年轻人，是附近村庄一所学校的学生，这个村子就在肉联厂的隔壁，他们中坚持工作最久的有谢尔盖·阿吉切夫和瓦洛佳·科兹洛夫。

我去发掘现场非常困难。每天要四点起床，然后走到火车站，坐五十分钟的电气火车才能到达皮亚季戈尔斯克，在车站上换乘有轨电车，要穿过全城坐到另一个终点站"肉联厂"。从这里再步行往山里走，上到台地，才能到达发掘现场。每天早晨来此地和晚上回到基斯洛沃茨克，整个路程需要花费四个小时的时间。有时，我会更换路线，坐过皮亚季戈尔斯克，到下一站"莱蒙托夫分岔口"下车，再从那里步行到马舒克山，穿过花草香味醉人的茂盛草地，它像一块厚厚的地毯，毛茸茸地铺在整个康斯坦丁诺夫斯克台地上面。为了节约时间和体力，有时我也会在空荡荡的采石场值班室里暂住几天。

我们共发掘了两处古墓遗址。一处位于台地边缘，仅剩一个塔状的残丘，在它下面有一个属于迈科普文化某个发展时代的墓葬。第二处古墓，直径有三十多米、高度约四米，保存完好，是一处四周用垂直摆放的大型石板堆出的圈状石冢。在这处古墓里，放满了由水平放置的砂岩石板做成的单葬和双葬的石棺，上面盖着一块厚实的同材质大石板。所有的石棺均呈放射形摆放，围绕着中心位置的一个石棺，看来，这是一个重要的人物。石棺里面发现了各种各样的器物，雕刻有几何和植物图案的陶器、青铜工具、箭头和各种饰品，如耳环、手镯和珠子等。

最有意思的发现物，是一些陶制低边浅碗，里面盛放着有机质材料做成的小球状物品，在它们的表面还有几何状符号。有可能，这是祭奠死者的祭祀用品的残余。要知道，在高加索民族中有一个非常流行的习俗，就是向死者敬奉上面刻有各种符号的所谓祭祀用的小面包。对墓葬物品的对比分析，能够确定墓葬年代为公元前两千年，属于青铜时期北高加索文化的遗址。

在发掘过程中，我们使用了当时最先进的方法打开了古墓，得益于这个方法，成功地建立了相对的年代顺序——从中央墓葬上方的小丘，到覆盖了所有石棺葬的相对较大的填土土堆的建造阶段顺序。

发掘工作一直持续到1965年9月6日，所以，我不得不致信米哈依尔·马松教授，请求他允许我把返回塔什干的日期推后至9月10—12日。结果是得到了准许，而且，在古墓发掘工作结束后，我和安德列·鲁尼奇有机会去了马扎尔。在回到塔什干后没几天，我和一组同学已经到了梅尔夫古城，开始布置南土考古综合考察的野外营地。

根据古墓发掘的成果，我编制了一个有图片和绘图的详细报告，之后被苏联科学院考古所田野研究委员会批准。后来，我不止一次得到过考古发掘工作的"许可证"，但这是第一张，也是最值得记忆的一张。

十六　返回塔什干

　　我去了卡巴尔达-巴尔卡尔科研所，找该所联系工作安排的事，但得到的答复是拒绝，借口是没有编制岗位（尽管也有其他原因）。当时的所长是 X.别列科托夫，我去时带着叶甫盖尼·伊格纳季耶维奇·克鲁普诺夫的推荐信，但结果碰了钉子。于是，我回到了基斯洛沃茨克。在这里，整个 8 月份我是和考古小组的伙伴们一起度过的，在别列佐夫卡河、罗马山、乌奇科肯村、潮湿山谷和乌卢-杜尔博恩鲁古代聚落，参加了不同时代的古墓发掘工作。然而，尽管这些研究有趣也很重要，但一切却不能让我感到忙碌和充实。最让我不安的一点，是自己该如何选择今后从事科学研究的地点——是中亚，还是高加索。

　　我的感觉还不完全清晰。北高加索的考古和历史仍旧吸引着我，可现在，当我亲眼认识了宏伟壮丽的中亚古代和中世纪的遗址后，这种吸引力不再如从前。

　　那时，当自己在纳利奇克遭遇挫折后，我便明白了一点，要在北高加索某个共和国的科研所找到工作，是一件非常困难的事，也可以说，没有希望。那些地方安排的都是本地人。

　　地方志博物馆对我而言并不合适，主要有几个原因。而最主要的一点，是这些博物馆几乎都不开展考古发掘工作。我的许多同行，尤其是瓦列里·阿

图16.1　在位于波德库莫克河河谷的乌鲁-都尔本鲁聚落[1]遗址。左起：瑞德维拉扎、B. A.库兹涅佐夫、B.阿加乔夫。1967年。

列克谢耶夫和格奥尔吉·费多罗维奇·图尔恰尼诺夫，都不建议我去那样的单位工作。"像你这样有刨根问底思维的人，无论如何都不能去博物馆，成天到晚按部就班的工作，会埋没你这位未来的学者。"格奥尔吉·费多罗维奇在信中劝告我。

　　共同的兴趣让我结识了著名的高加索学学者、北高加索语言专家格·费·图尔恰尼诺夫，我们之间保持了很久的通信联系。20世纪60年代，他在北高加索各民族中积极地收集有关古代和中世纪的文字资料。我也经常给他寄一些绘图和照片，都是在该地区不同地方找到的表面有文字的陶器碎片。他发表的有关北高加索碑文古迹的专著，收录了这些资料，但却遭到不少批评，尤其是关于著名的迈科普铭文[2]的解释部分。

　　经过长时间的思考和同行们的建议，我最终决定了以后的方向——中

1　городище Уллу-Дурбунлу（或 Уллу-Дорбунлу，Уллу-Дурбала），音译为"乌鲁-都尔本鲁"聚落遗址，位于北高加索俄罗斯卡拉恰伊-切尔克斯共和国境内。

2　Турчанинов Г.Ф. *Памятники письма и языка народов Кавказа Восточной Европы. Л.*，1971. 格·费·图尔恰尼诺夫，《东欧高加索地区各民族文字和语言的遗址》，列宁格勒出版社，1971年。原注。

亚，乌兹别克斯坦。

9月初，我与妈妈和姐姐道了别，直接飞到了塔什干，在短暂的休息之后，我便在塔什干考古队开始了工作。队长维拉·安德列耶夫娜·布拉托娃委托我在库克恰-达尔沃扎[1]地区开展发掘工作，这里还保留着一段塔什干古城墙。在这里开展考古发掘非常困难，因为库克恰是居住密度很大的平房区，每家的房子都是用生土砖块或夯土墙所建，有个不大的院子。后来总算找到了一块"空地"，在近一个月的时间里，我和一组挖土工人，成功地开出了城墙的剖面和一个地层坑。发掘的结果确定了一点，此处没有任何18世纪之前有人居住和生活的痕迹。我把报告和图纸提交给了塔什干考古队后，便开始准备在塔什干其他地区开展发掘工作。

1967年10月，加琳娜·普加琴科娃叫我去艺术学研究所，建议我在她负责的建筑和艺术史部担任化验员，并以其特有的果断语气对我说："艾迪克，既然你回北高加索工作的事情办不成，那就应该把它抛到脑后。你不能去博物馆，也不要听米哈依尔·叶甫根尼耶维奇的建议，去类似协会性的单位工作——这些都不适合你。我提议，你来研究巴克特里亚。你有绝对的科研潜质和才能，在这里，你会有最好的发挥。"我欣然接受了她的建议，因为，在这里能够保证我全身心地投入科学工作，可以选择有意思的科学题目，考古发掘工作丰富多样并且规模宏大，而且，在科学题目和论文的指导上能有真正的导师。还有一点令人欣慰，即乌兹别克斯坦艺术学考察项目，仍然延续由米哈依尔·马松在铁尔梅兹考古综合考察和南土考古综合考察中奠定的传统，而自打它们建立初始，加琳娜·普加琴科娃也是一位积极的参与者。

1963年，乌兹别克斯坦艺术学考察队停止了在粟特和米安卡利的研究，而我是在1962—1963年期间参与其中的。之后，考察队的工作全部转向，转为研究北巴克特里亚的考古遗址。此前，考察队在哈尔恰扬[2]发掘了一个宫殿，发现了贵霜早期精美的雕塑样本。在埃尔塔姆、哈腾-拉巴特、硕尔

1　район Кукча-дарвоза
2　Халчаян，音译为"哈尔恰扬"（也见"卡尔查延"）。

帖佩[1]的研究还在继续。1966年，在达利瓦尔津帖佩[2]古城的城郊区域，一座佛教庙宇的发掘工作揭开序幕，自那时起，直到后来的许多年间，它都是乌兹别克斯坦艺术学考察队驻站研究的基础项目。

1965年，加·安·普加琴科娃发表了关于哈尔恰扬的专著。在国内外期刊上，在一些很有代表性的论坛报告中，普加琴科娃首次描述了北巴克特里亚的艺术文化，它的基础根源，及其与一系列近东、中东国家的联系。乌兹别克斯坦艺术学考察研究的科学意义，引起了相关方向学者们的高度关注，其中，像达尼艾尔·什留姆别尔泽、本扎蒙·鲁兰德和罗曼·吉尔什曼，都在自己的综合研究中广泛地采用了乌兹艺术考察获得的资料。

应该说，我被安排工作的那一年，建筑和艺术史部的集体还不大，而在科学兴趣方面，成员们也是各自不同。学者队伍里，直接参加考古发掘工作的有 Б. 图尔古诺夫、З. 哈基莫夫和我本人，不久后，塔齐扬娜·别利娅耶娃也加入了我们的团队。虽然是不同的年级，但大家都是塔什干国立大学考古教研室的毕业生，都经历了米哈依尔·马松的南土考古综合考察学校的磨炼。

为了对发掘出的泥塑文物进行修复，我们的部门下面专门建立了一个修复实验室，在里面工作的都是专业的雕塑家，有达米尔·鲁兹巴耶夫、哈基姆·胡斯努丁霍加耶夫和弗拉基米尔·卢涅夫。该实验室的主任是叶甫根尼娅·费多罗夫娜·费多罗维奇。她是20世纪30年代末从列宁格勒迁到撒马尔罕的，然后到了塔什干，在化学研究所工作。叶甫根尼娅·费多罗夫娜是一位出色的化学专家，专门研究织物和各种有机物的成分，而且十分善于交谈。从她的讲述中，我得知了很多有关列宁格勒生活方面的情况，以及30年代发生在那里的事件，与在那些年占压倒性地位的关于赫鲁晓夫的评价，尤其是对谢·米·基洛夫被暗杀的评论，并不相符。

叶甫根尼娅·费多罗夫娜有位女性亲戚在澳大利亚，不知通过什么渠道给她寄来过英语文学作品，她与我分享英语文学方面的知识。我还和她

1　Айртам，Шортепа，Хатын-Рыбат
2　Дальварзинтепа

图16.2 考古教研室。左起：加·安·普加琴科娃、Л.И.阿利巴乌姆、马松教授、丽迪亚·布基尼奇、叶·费多罗夫娜。马松教授在观看梅尔夫古城佛塔出土的一件文物。

争论过弗拉基米尔·纳博科夫（西林）[1]的创作，而该作家在当时的苏联并不知名。总之，叶甫根尼娅·费多罗夫娜是 20 世纪二三十年代典型的知识分子。

1969 年，德米特里·米哈依洛夫被任命为艺术学研究所摄影实验室的主任后，他便成了我们所有考察活动不可或缺的参与者，拍摄了大量的发掘现场和物件的照片。作为考察队（乌兹艺术考察）的一员，他多年来在北巴克特里亚许多古城和聚落遗址上工作，对了解这一地区的物质和艺术文化做出了很大的贡献。

1　弗拉基米尔·弗拉基米罗维奇·纳博科夫（Владимир Владимирович Набоков，1899—1977），俄裔美籍作家。曾用笔名弗拉基米尔·西林（Владимир Сирин）。

十七 第一次来到巴克特里亚

哈腾-拉巴特

1967年10月底，加琳娜·普加琴科娃要我准备去苏尔汗达里亚州，继续从事乌兹艺术考察队于1966年在哈腾-拉巴特开始的发掘工作。当时，在加·安·普加琴科娃的领导下，З. А. 哈基莫夫、Б. А. 图尔古诺夫、К. А. 阿布都拉耶夫都参加了现场发掘工作。

哈腾-拉巴特位于巴克特里亚（古希腊文为巴克特里亚纳，古印度语为巴赫利卡，古波斯语为巴克特里什，阿维斯塔语为巴赫季，巴克特里亚语、波斯语为巴赫洛、巴尔赫）[1] 历史文化地区的正中心，整个地区分布在阿姆河两岸，在兴都库什山脉（阿富汗）至吉萨尔山脉（乌兹别克斯坦、塔吉克斯坦）之间。最初，它是位于巴尔哈布谷地[2] 内的一片不大的区域。其都城中心是巴克特拉城[3]，后来叫巴尔赫，位于现在的阿富汗北部。这个地区的开发，是在旧石器和新石器时期。在公元前三千年末至公元前两千年初，来自穆尔加布谷地的农耕定居部落，开始广泛地开发阿姆河沿岸的平原地区。在河流的谷地中，形成了一些绿洲聚落和一个有防御工事的中心。这些绿洲聚落已经具

1　括注中不同语种的"巴克特里亚"名称依次为：Бактриана，Бахлика，Бактриш，Бахди，Бахло、Балх。

2　Долина Балхаба

3　Город Бактра

有很高的农耕和手工艺文化水平，尤其是在陶器制作和冶炼加工方面。建筑艺术和建筑业以及贸易，都得到了很大的发展，此地居民开始建造纪念性的建筑和宫殿。公元前一千年初，古巴克特里亚国开始形成。

在公元前 6 世纪六七十年代的中期至公元前 330 年，巴克特里亚是强大的阿契美尼德王朝总督的辖地，它于公元前 329—前 327 年，被马其顿的亚历山大占领。从公元前 306 年至公元前 3 世纪中叶，巴克特里亚归塞琉古王朝管辖。在公元前 3 世纪中叶，出现了希腊-巴克特里亚国，大概持续了一百多年。在这一时期，该区域有许多特点鲜明的城市，拥有高度发达的物质和艺术文明，它们立足于本地文明但受到了希腊文明的很大影响。

公元前 2 世纪下半叶，从北方和东北方迁移来的塞人和月氏人（吐火罗）部落在巴克特里亚定居。有可能从这一时期起，按照吐火罗人的名称，巴克特里亚有了吐火罗斯坦之名。公元 1 世纪上半叶，在巴克特里亚出现了贵霜王朝。公元 3 世纪中叶，它被萨珊人占领。自公元 5 世纪中叶至 6 世纪下半叶，巴克特里亚-吐火罗斯坦是嚈哒国的主要中心之一。

从公元 6 世纪下半叶起，直到公元 8 世纪下半叶初期完全归顺阿拉伯人时，吐火罗斯坦是一个由突厥叶护最高政权领导下的领地联盟，主要居民是一支讲东伊朗语的巴克特里亚人。显然，从公元前一千年中期起，这里已开始出现一种外来的文字（楔形文字，阿拉米字母），而自公元前 4 至前 3 世纪开始，是希腊文字。在贵霜帝王迦腻色伽的统治时期，巴克特里亚文字开始被广泛使用，它在希腊文基础上形成，一直延续使用到公元 8 至 9 世纪。在巴克特里亚-吐火罗斯坦，还曾有过其他的文字：佉卢语、婆罗门语、阿拉米语、粟特语和一种不明文字。发达的东方和希腊化世界的文明，对巴克特里亚-吐火罗斯坦文明的形成，曾经做出了显著的贡献。

动身去苏尔汗达里亚州的前几天，我忙着办理去铁尔梅兹的边境通行证。那时的规定，没有通行证绝对禁止进入这个城市。11 月 4 日，我乘飞机来到铁尔梅兹，在机场通过了非常严格的边境检查。从机场乘公交，经过萨拉瓦特村到了铁尔梅兹市中心，我在这里转了好久，才找到波格拉尼

奇纳亚街 [1]。在这条街道上的 27 号楼里，住着扎法尔·哈基莫夫的亲戚。按照在塔什干的事先约定，扎法尔应该在这栋房子里接我，然后送我去哈腾-拉巴特，并协助招募工人。一切均如计划的那样。在波格拉尼奇纳亚街的这栋房子里，扎法尔的亲戚——沙希玛尔东·拉贾鲍夫，还有萨奥达特和朱拉两口子，热情地迎接了我，并非常友好地款待了我。

第二天，在铁尔梅兹巴扎的一个商店里，我们买了食品。苏尔汗达里亚州考古史志博物馆就位于巴扎的旁边，我在这里第一次见到了维克多·阿达莫维奇·科兹洛夫斯基，他身材瘦高，是博物馆业务负责人。维克多·阿达莫维奇是波兰人，在铁尔梅兹已经生活多年，对整个苏尔汗达里亚州的情况非常熟悉，常年参加拉扎里·伊兹拉伊列维奇·阿利巴乌姆领导的考古考察工作，与他结下了深厚的友谊。然而，由于我们乌兹艺术考察与拉·阿利巴乌姆领导的考古考察似有竞争关系，所以，他看我们工作队员时，都带着怀疑的眼神。在加琳娜·普加琴科娃得知达利瓦尔津帖佩发现有雕塑遗址之后，这种关系就变得更加尴尬，就好像是在他的鼻子底下，有人将这个项目从维克多·科兹洛夫斯基的手中"夺走"了一样。科兹洛夫斯基曾告诉我，这个项目曾注定是要给拉·伊·阿利巴乌姆的。即便如此，维克多·阿达莫维奇与我相得很好，我经常鉴定考古博物馆的钱币 [2]，因此，他总是愿意向我展示新的出土文物。

第二天早晨，我们出发前往哈腾-拉巴特，乘坐的是沙希玛尔东·拉贾鲍夫的汽车，虽经历过修修补补，多亏他的技术好，车子在路上经受住了考验。当我们在铁尔梅兹—杜尚别这段公路上行驶时，一切都还顺利；但在驶过哈腾-拉巴特方向的转弯之后，一切都变了样，路况非常差，我们不得不数次停下车来。最终，我们艰难地到达了目的地。

那时的哈腾-拉巴特，荒无人烟，仅在河弯处距离考古遗址不远的地方，驻有第 13 号边防哨所。位于中央土丘的西侧，有一间半废的房屋，没有门窗。我便在这间房屋里安顿了下来。很快，扎法尔返回铁尔梅兹去招募人手，于是，就成了我一人独自留守。我将这间房屋做了简单的收拾，因为自己

1　Пограничная улица，音译为"波格拉尼奇纳亚"街，该词意思为"边境的"。
2　铁尔梅兹新的考古博物馆于 2001 年开放。原注。

А Н К Е Т А

выезжающего в пограничную / запретную зону / *УзССР, Сурхак-*
/ указать куда
Дарьинская область, г. Термез

/ выезжает: республика,край,область,город,район,населенный пункт /

I. Фамилия *Ртвеладзе*

2. Имя, отчество *Эдвард Васильевич*

3. Дата рождения *14 мая 1942г.*

4. Место рождения *г. Боржоми, Грузинская ССР*

5. Адрес *г.Ташкент, 2ой Ишрамный проезд, 1ый Ишрамный тупик 25.*

6. Место работы ,должность *Институт Искусствознания*
им. Хамзы, старший лаборант.

7. Национальность *грузин* 8. Гражданство *СССР*

9. Партийность — б/п

I0. Подвергался ли судебным репрессиям — *не подвергался*

/ где, когда , по какой ст. УК/

II. *г. Термез - краеведческий музей*

указать все населенные пункты и учреждения , куда выезжающий должен
прибыть и где зарегистрироваться и на какой срок, если на постоянное
местожительство и работу - точное наименование предприятия и в качестве
кого; по частным делам - цель и мотивы поездки; во всех случаях указать
точные адреса, куда должен прибыть выезжающий;

I2. *XXIX - УЦ N 598766 выданный отделом ми-*
лиции Кировского Рика г. Ташкент 13 мая
1967г. на 10 лет.

- серия и номер паспорта, кем и когда выдан, на какой срок/

图 17.1 瑞德维拉扎办理去铁尔梅兹边境通行证的申请表格

上图表格所包含大致内容

前往边境／禁区／ 乌兹别克苏维埃社会主义共和国，苏尔汗达里亚州，铁尔梅兹市（填写前往地区的名称：共和国、州、市、区、居民区）

1.姓氏：

2.名字和父名：

3.出生日期：

4.出生地点：

5.地址：

6.工作地点、职务：

7.民族：

8.国籍：

9.是否是党员：

10.是否受过司法处分：（时间、地点、原因）

11.来访接待单位名称和地址等：

12.护照系列、号码、发证机关、发证日期：

要在里面生活近一个月时间。

哈腾-拉巴特是一座古城，位于阿姆河右岸，在铁尔梅兹以东40公里。它的主要定居时期是贵霜时代，尽管在其下文化层中存在更为古老的文化遗迹。那时的古城看上去，几乎还保留着它在公元3世纪被遗弃时的样子，像是原封未动。严格地讲，这不是准确概念上的古城，而是一个没有加固城防并分散布局的聚落。在西面部分有一处突起的土丘，看上去像是它的行政中心，有可能是行政首领的宫殿。在北侧、东侧，是它聚落本身的分布，由一个个单独的小土包构成，在对其中的一个进行了发掘之后，获得的迹象表明它曾是居民的房屋。在隆起的土丘和整个聚落的南侧，是流经这里的阿姆河，当时，这就是苏联与阿富汗的边界。

哈腾-拉巴特是一个规模足够大的聚落，它紧挨着阿姆河，自西向东绵延有近一公里，从北向南散落分布着一个个单独的小土包，这是曾经的住房遗迹，散落的陶瓷碎片，一直延伸到阿迪尔[2]处。也许，这其中有一些可能是纳乌斯——琐罗亚斯德教信徒的墓葬设施，但那时，我还不会辨认它们，

图17.2 达利瓦尔津帖佩。瑞德维拉扎与当地的牧羊人乌萨尔-帕沙在城堡的切口上绘图。远处背景为拜松山脉。

1　Байсунский хребет
2　原文中为"адыр"一词，突厥语，音译为"阿迪尔"，即"山麓丘陵"的意思。

到了后来的 70 年代，在发掘了达利瓦尔津帖佩和雅兰格图什帖佩[1] 的纳乌斯之后，我才知道如何辨别这些墓葬。

在中央土丘的东侧，可以看得出建筑密度较大，离中心越远，布局越分散。在东面这一侧，此前的研究已经发现了一处手工匠人的房屋和烧陶器的炉子。正是那时，考察队开始了对中央土丘的发掘，而我的任务则是扩大发掘。

过了几天，扎法尔带来了四名人手，"派遣"他们来帮助我开展工作，他们都是铁尔梅兹农业技校一年级的学生。他们干活儿不错，但是除了煮茶，在日常家务方面，他们什么都不会。连煮稀饭这样的活儿，都必须由我自己来做。日出之前吃早饭，然后动身去发掘现场，晚饭则要等到从发掘工地收工，回来后才开始做。带去发掘现场的午饭，只有面包和茶（面包由友好的哨所提供，作为友情交换，我为边防军人组织了两次遗址参观活动）。

尽管条件非常艰苦，但我们成功地发掘出一个挺大的有六个柱础的环形地块，显然，它是贵霜时期的一个圆柱艾伊宛[2] 留下的痕迹。当时还确定了一点，中央土丘的上文化层存在于公元 12 世纪末至 13 世纪初。其中，在土丘中发现了一枚穆罕默德·花剌子模沙赫[3]（1200—1220）的第纳尔金币。

在贵霜时期，哈腾-拉巴特是沿奥克苏斯[4]（阿姆达里亚）河通往巴克特里亚东北地区和巴达赫尚的一条重要商路的中间站点。这种驿站的作用，哈腾-拉巴特一直保留到了中世纪的晚期。在中央土丘西侧的不远处，在阿姆河的河沿断面上，可以清楚地看到烧制砖的砌体，那是商队驿站的遗迹，后来由考古学家 Ш. P. 彼达耶夫[5] 发掘发现。而整个聚落的名称，则源于这

1　Ялангтуштепа

2　Айван，音译"艾伊宛"（Aivan），据俄语"院士"百科网解释：第一，意为中亚地区的房屋、清真寺等建筑中，有圆柱或支柱并带有平坦地面的里院。第二，意为一侧开放的通向院里的有拱顶的宽大场所。在帕提亚和萨珊时期的建筑中，它们是宫殿里的接待大厅。到了中世纪时期，此类建筑风格被广泛运用在中东和近东的宫殿和宗教建筑中，尤其是在伊斯法罕、布哈拉、赫拉特等地的清真寺中。https://dic.academic.ru

3　Мухаммад Хорезмшах

4　Окс

5　Ш. Р. Пидаев

个商队驿站和与之相关的传说：哈腾-拉巴特[1]，意为"妇女商队的驿站"。

天气非常关照我们，一直都很温暖，而苏尔汗达里亚的 11 月份，多是这样的气候，尤其是在这个月的下半月。因此，直到 15—17 日，我仍不停地去卡姆佩尔帖佩做实地考察，在此处从事田野研究直到 12 月初。在哈腾-拉巴特中央土丘的南坡一侧，有特别好的阳光，中间休息时，可以解开衣服好好地晒晒太阳，享受阳光的沐浴。从这个位置放眼望去，景色十分美丽——就在土丘的脚下，阿姆河静静地流淌。那时的河水很丰沛。而就在河的那一边，在对岸一侧，可以看到一个高塔，那是阿富汗边防军的哨所，还有几个起伏的沙丘；再往远处，向南，就是高耸绵延的兴都库什山脉的雪峰，它们魔法般地吸引着我，使我渴望着一个遥不可及的世界，向往着巴克特里亚那片未知的土地。

正是为此，我选择这个位置进行小憩。但也不仅我一人，仿佛这里就是所有动物享受"沙滩阳光浴"的地方，有蚂蚁、甲虫和蜥蜴。有一天，正当我平展地张开身体进行阳光沐浴的时候，发现就在我身体的旁边，有一条挺大的锯鳞蝰正舒服地盘成一团，也在安静地睡觉。惊醒之后，我便轻轻地爬向另一侧，然后快速地跳起冲到一边，而这条锯鳞蝰对我的行为的反应却十分平静，我估计，它也懒得离开这块温暖的沙滩小浴场。

借着温暖的天气，边防军人们在驻地从事着一种特别的训练，比如，追赶边境违法者。在这样的追赶训练中，不知如何选择的路线，他们正好途经我的发掘地块。有一次，我正蹲在发掘坑里，一抬头就看到有人从河的方向径直朝着我这边跑来，他穿着一件包裹严实的棉袄，袖子很长并完全遮住了手臂。瞬间，我仅勉强地躲闪了一下，而他，已从我的头顶跨了过去，然后继续拼命地向阿迪尔方向跑去。如果只有一个人，也就罢了！紧跟着他后面跑来的，是一个连的边防军，还有一只很大的军犬。他们和狗一起，同样也从我的头顶跨了过去。正当我想就此"不慎行为"向他们要解释时，他们中的一位年轻的乌克兰小伙——他后来介绍自己名叫托梁，

---

1 Хатын-Рабат，音译为哈腾-拉巴特，其中，"哈腾"或"哈图姆"（Хатум）为波斯语"妇女"的意思，而"拉巴特"是建在戈壁的有城防的"商队驿站"（Караван-сарай），因此，全称就是"妇女商队的驿站"。（资料源于俄语百科 https://ru.wikisource.org）

一脸无辜地回答:"我们是在演习!您别不高兴,这样我们也会开心些。"后来,他坐车来过我的发掘现场,还带了一只新烤的面包、一些萨洛——"妈妈寄来的。"他说——和一瓶伏特加。我们在土丘南坡坐了下来,一起在夕阳下长时间地聊了人生。

到了11月下旬,我又成了孤家寡人,因为摘棉花的运动已经结束,必须要把在我这里干活的大学生送回铁尔梅兹,以继续他们的学习。用了两三天时间,我对圆柱艾伊宛进行了清理,绘制了平面图并做了地层切面,对地形进行了研究。

但是,天气很快就变坏了,天空乌云密布,太阳躲了起来,风也越刮越大,带来了帕米尔高原的寒意——发掘工作该结束了。

沙希玛尔东·拉贾鲍夫又开着他的"破车"来接我了,我和边防军朋友道了别,于11月29日晚上到了铁尔梅兹,次日便乘飞机回到了塔什干。

就这样,我在巴克特里亚的第一次考察结束了,在我的记忆里,哈腾-拉巴特成了永远熟悉的遗址。说实话,在北巴克特里亚,也正是从这里开始,持续47年,我在此进行了长期和大量的研究。然而,迄今仍在继续的在卡姆佩尔帖佩古城上的奥克苏斯战役,也始于这里,它离铁尔梅兹30公里,但不在东面,而是在西面。总之一句话,我在中亚的研究从一开始,就与阿姆达里亚[1],与这条伟大的河流和坐落在它岸边的考古遗址,连在了一起。

但是,一切还在前面:线路考察、发掘工作、发现的文物、博士论文、文章与著作,都将献给伟大的巴克特里亚文明……

我希望,我能在自己的三部曲回忆录的最后一本书里,再将这一切给大家悉数道来。

1　即阿姆河。阿姆达利亚是阿姆河音译全称。

我思，我读，我在
Cogito, Lego, Sum